《柳州铁道职业技术学院运输学院校本教材
LIUZHOU TIEDAO ZHIYE JISHU XUEYUAN YUNSHU XUEYUAN XIAOBEN JIAOCAI

城市轨道交通运营管理专业
实训项目标准化指导书

CHENGSHI GUIDAO JIAOTONG
YUNYING GUANLI ZHUANYE
SHIXUN XIANGMU BIAOZHUNHUA ZHIDAOSHU

主　编　○马成正
副主编　○王丽娟
主　审　○奉　毅

西南交通大学出版社
·成　都·

内容简介

本书为高等职业教育城市轨道交通运营管理专业的实训教材，是城市轨道交通运营管理专业实训项目标准化建设的主要成果之一。指导书共包括 7 门课程的课内实训，分别为：城市轨道交通车站客运组织工作、城市轨道交通运营票务工作、城市轨道交通运营车站行车工作、城市轨道交通运营调度工作、城市轨道交通运营安全与应急处理、城市轨道交通通信与信号系统、城市轨道交通车辆；4 门课程的整周实训，分别为：车站客运组织与服务工作实训、票务工作实训、城市轨道交通运营车站行车工作实训、城市轨道交通运营调度工作实训。

本书主要适用于高职城市轨道交通运营管理专业师生实训教学，也可作为城市轨道交通运营相关岗位员工职业技能培训实训教材，以及城市轨道交通各级管理人员、相关技术人员的参考用书。

图书在版编目（CIP）数据

城市轨道交通运营管理专业实训项目标准化指导书 / 马成正主编. —成都：西南交通大学出版社，2017.7
（2021.1 重印）
ISBN 978-7-5643-5541-8

Ⅰ.①城⋯ Ⅱ.①马⋯ Ⅲ.①城市铁路–交通运输管理–高等学校–教材 Ⅳ.①U239.5

中国版本图书馆 CIP 数据核字（2017）第 152300 号

城市轨道交通运营管理专业实训项目标准化指导书

主　编 / 马成正　　　　责任编辑 / 姜锡伟
　　　　　　　　　　　　助理编辑 / 宋浩田
　　　　　　　　　　　　封面设计 / 何东琳设计工作室

西南交通大学出版社出版发行
（四川省成都市二环路北一段 111 号西南交通大学创新大厦 21 楼　610031）
发行部电话：028-87600564
网址：http://www.xnjdcbs.com
印刷：成都中永印务有限责任公司

成品尺寸　185 mm×260 mm
印张　16　　字数　398 千
版次　2017 年 7 月第 1 版　　印次　2021 年 1 月第 3 次
书号　ISBN 978-7-5643-5541-8
定价　60.00 元

课件咨询电话：028-87600533
图书如有印装质量问题　本社负责退换
版权所有　盗版必究　举报电话：028-87600562

前言

伴随着城市轨道交通的快速发展及各种新技术在城市轨道交通的应用，城市轨道交通运营企业对运营技术人才、管理人才在数量和质量上都提出了新的更高的要求，急需大批具备一定理论基础、专业实践操作能力强、具有发展潜力的技术技能型专门人才。

高职城市轨道交通运营管理专业旨在培养具有较强的城市轨道交通行车、客运等岗位职业技术能力和较强的学习能力，且安全责任意识强和良好团队合作精神的城市轨道交通运营一线生产、经营、管理和服务岗位技术技能型专门人才。为提高专业毕业生的实践操作能力，满足专业人才培养教学需求，学校开展了实训室标准化、实训项目标准化与实训行为标准化的建设，本教材是"实训项目标准化"的主要成果。

教材根据城市轨道交通运营人员的基本技能进行编写，内容涵盖了运营岗位的必备操作技能项目。全书共包括7门专业课程的课内实训，4门课程的整周实训。编写内容尽可能体现"以岗导学，岗学对接"的特点，使实训项目兼具职业性、实践性和实用性。另外充分考虑了实训设备与实训环境的要求，在开展专业实践技能训练的同时，尽可能缩短与现场实际岗位的差距。

本教材由柳州铁道职业技术学院马成正担任主编，负责全书编写思路的设计及统稿以及行车方向各门课程实训项目指导书的修改校对工作。王丽娟任副主编，主要负责客运方向各门课程实训项目指导书的修改校对工作，由奉毅担任主审。具体编写分工如下：马成正编写《城市轨道交通运营安全与应急处理》课内实训、《城市轨道交通运营调度工作》课内实训，《城市轨道交通运营调度工作》整周实训；王丽娟编写《城市轨道交通运营票务工作》课内实训与《城市轨道交通运营票务工作》整周实训。朱华编写《城市轨道交通车站行车工作》课内实训4-8与《城市轨道交通车站行车工作》整周实训。王智超编写《城市轨道交通车站行车工作》课内实训1-3、9-11。梁良编写《城市轨道交通运营车站客运组织工作》课内实训，张翊华编写《车站客运组织与服务工作》整周实训。曾丽芬编写《城市轨道交通通信与信号系统》课内4个实训项目，陈小明负责编写《城市轨道交通车辆》4个课内实训项目。

本指导书在编写过程中，收集和参考了深圳地铁、南宁地铁、广州地铁的大量资料，在此表示衷心感谢。

由于编者水平有限，书中难免有错误和疏漏之处，恳请各位专家、广大师生和读者批评指正。

编　者
2017年6月

目 录

《城市轨道交通运营车站客运组织工作》课内实训指导书……………………001
《城市轨道交通运营车站客运组织工作》课内实训项目目录………………001
 实训一：站厅层布局……………………………………………………002
 实训二：站台层布局……………………………………………………003
 实训三：车站平面布局…………………………………………………006
 实训四、五：导向标识布局……………………………………………008
 实训六：换流客流引导…………………………………………………010
 实训七：乘客失物处理…………………………………………………013
 实训八：计算客流调查主要统计指标…………………………………015
 实训九、十：断面客流量计算…………………………………………020

《城市轨道交通运营票务工作》课内实训指导书……………………………023
《城市轨道交通运营票务工作》课内实训项目目录…………………………023
 实训一、二：票价计算…………………………………………………023
 实训三、四：售票员相关票务报表填写………………………………025
 实训五：填写车站营收日报……………………………………………029
 实训六：日常车票配送…………………………………………………032
 实训七：票款清分结算…………………………………………………034

《城市轨道交通运营车站行车工作》课内实训指导书………………………037
《城市轨道交通运营车站行车工作》课内实训项目目录……………………037
 课内实训一：调度集中控制下的列车运行组织………………………037
 课内实训二：调度监督下半自动控制的列车运行组织………………040

城市轨道交通自动闭塞法接发列车作业………………………………………043
 课内实训三：列车折返作业组织………………………………………044
 课内实训四：ATS 故障时的行车组织…………………………………045
 课内实训五：ATP 故障时的行车组织…………………………………049

课内实训六：站间电话闭塞法组织行车时接发列车作业 …………………………052
　　课内实训七：联锁设备出现异常时的处理 …………………………………………055
　　课内实训八：联锁站联锁设备故障，开放引导信号接车 …………………………058
　　课内实训九：手摇道岔与清扫道岔 …………………………………………………061
　　课内实训十：加开救援列车作业程序 ………………………………………………065
　　课内实训十一：手信号演练 …………………………………………………………066

《城市轨道交通运营调度工作》课内实训指导书 ………………………………………071
《城市轨道交通运营调度工作》课内实训项目目录 ……………………………………071
　　课内实训一：列车退行组织 …………………………………………………………072
　　课内实训二：轨行区拾物处理 ………………………………………………………074
　　课内实训三：紧急停车按钮、LCP 盘的操作 ………………………………………075
　　课内实训四：填写施工登记表 ………………………………………………………077
　　课内实训五：计算全日行车计划 ……………………………………………………085
　　课内实训六：计算车辆配备计划 ……………………………………………………089
　　课内实训七：铺画站名线 ……………………………………………………………091
　　课内实训八：铺画列车运行方案图 …………………………………………………093
　　课内实训九：列车运行调整 …………………………………………………………099

《城市轨道交通运营安全与应急处理》课内实训指导书 ………………………………104
《城市轨道交通运营安全与应急处理》课内实训项目目录 ……………………………104
　　课内实训一：车站设备区火灾应急处理实训指导书 ………………………………104
　　课内实训二：站厅、站台火灾应急处理指导书 ……………………………………108
　　课内实训三：列车区间火灾应急处理处理指导书 …………………………………112
　　课内实训四：挤岔事故应急处理指导书 ……………………………………………115
　　课内实训五：列车冲突的应急处理指导书 …………………………………………118
　　课内实训六：列车正线脱轨应急处理指导书 ………………………………………120
　　课内实训七：接触轨触电事故处理指导书 …………………………………………124
　　课内实训八：屏蔽门或车门夹人/物应急处理指导书 ………………………………127
　　课内实训九：列车区间疏散应急处理（不影响人员生命安全）指导书 …………130
　　课内实训十：列车区间疏散应急处理（危及乘客人身安全时）指导书 …………133

《城市轨道交通通信与信号系统》课内实验指导书 ……………………………………137
《城市轨道交通通信与信号系统》课内实训项目目录 …………………………………137
　　课内实验一：6502 电气集中控制台列车进路的操作办理 …………………………137
　　课内实验二：6502 电气集中控制台调车进路及引导接车操作 ……………………140
　　课内实验三：计算机联锁系统操作 …………………………………………………142
　　课内实验四：LOW 操作 ………………………………………………………………148

《城市轨道交通车辆》课内实训指导书 ·· 157
《城市轨道交通车辆》课内实训项目目录 ··· 157
 实训一：列车制动缓解实训指导书 ·· 157
 实训二：列车应急设备实训指导书 ·· 158
 实训三：车钩连接与解钩实训指导书 ·· 160
 实训四：车门故障处理实训指导书 ·· 162
《车站客运组织与服务工作》整周实训指导书 ······································· 164
《车站客运组织与服务工作》整周实训项目目录 ···································· 164
《票务工作实训》整周实训指导书 ·· 181
《城市轨道交通运营票务工作》整周实训项目目录 ································ 181
《城市轨道交通运营车站行车工作》整周实训指导书 ···························· 205
《城市轨道交通运营车站行车工作》整周实训项目目录 ························· 205
 附件1 手信号、音响信号的显示 ·· 211
 附件2 人工准备进路（手摇道岔）技能考核评分表 ························ 214
 附件3 站间电话闭塞法作业程序 ··· 216
 附件4 6502电气集中联锁单线半自动闭塞接发列车操作综合实训 ······· 218
《城市轨道交通运营调度工作》整周实训指导书 ···································· 227
《城市轨道交通运营调度工作》整周实训项目目录 ································· 227
 附件1：正线信号布置示意图 ·· 248

《城市轨道交通运营车站客运组织工作》课内实训指导书

适用专业	城市轨道交通运营管理	课程名称	城市轨道交通运营车站客运组织工作	实训课时	20
编制执笔人	梁 良　王丽娟		编制时间	2015 年 7 月 20 日	

《城市轨道交通运营车站客运组织工作》课内实训项目目录

课程名称	实训名称	课时数	实训目的	实训内容	主要仪器设备	备注
城市轨道交通运营车站客运组织工作	实训一：站厅层布局训练	2	根据车站的客流情况，为车站配置自动售检票机的数量和安排摆放位置，并划分付费区和非付费区	站厅层布局	车站模型、现场图片	
	实训二：站台层布局训练	2	分析车站站台能力，依据乘客乘降量，计算车站站台平面布局中站台的有效长度和宽度	站台层布局	车站模型、现场图片	
	实训三：车站平面布局训练	2	分析车站站厅层布局和站台形式，依据车站的具体情况计算自动售检票设备的配置数目和设计位置，依据乘客乘降量站台的有效长度和宽度，整体设计车站站厅层和站台的布局	车站站厅层和站台的综合布局	车站模型、现场图片	
	实训四、五：导向标识布局训练	4	依据车站形式，结合客流组织形式合理布置各类导向标识	站外导向、站厅导向和站台导向	车站模型、现场图片	
	实训六：换流客流引导	2	根据车站立体图设计车站采用的换乘方式，描绘换乘径路并尝试绘制换乘站平面图	换乘客流组织工作	车站模型、现场图片	
	实训七：乘客失物处理	2	熟悉乘客失物处理办法，明确乘客失物处理的程序	乘客失物的登记、保管、认领和移交工作	模拟车站	
	实训八：计算客流调查主要统计指标	2	根据某市城市轨道交通线网图和统计期内城市轨道交通客运情况列表，计算各线日均客运量、网络日均客运量、网络日均出行量、网络日均换乘客流量、网络换乘系数	客流调查主要统计指标的计算		
	实训九、十：断面客流量计算	4	根据线路图和高峰小时客运量，确定高峰小时站间OD、客流图、最大单向断面客流量，并绘制高峰小时站间OD表	高峰小时站间最大单向断面客流量的确定		

实训一：站厅层布局

一、实训目的

（1）掌握 TVM 和进出站检票口的配置。
（2）熟悉城市轨道交通车站站厅层的布局。

二、实训任务

【已知】某站高峰小时使用自动售票机的人数为 3 000，该站高峰小时客流量为 10 000 人，其中进站客流量占 60%。
【实作】试计算 TVM 和进出站检票口的配置数量，并绘制站厅层平面布局图。

三、实训组织管理

每位同学有一份站厅层布局任务单，依据既定的条件，各同学独立完成对 TVM 配置数量和检票口配置数量的计算，并依据设备的配置原则绘制站厅层布局图。

四、实训步骤及注意事项

（一）项目简介

根据车站的客流情况，为车站配置自动售检票机的数量和摆放位置，并划分付费区和非付费区。

（二）实训步骤

1. TVM 的设置

（1）TVM 的设置原则。
① TVM 的设置不能占用通道。
② TVM 一般设置在进站流线的一侧，需为直接进站和出站的流线预留空间。
③ TVM 一般集中摆放在一个或两个区域。
④ TVM 的配置数量要合理，依据车站的规模和客流量来确定。
（2）TVM 配置数量的确定。
TVM 配置数量的计算公式：

$$N_1 = \frac{M_1 K}{m_1}$$

式中 M_1——使用售票机的人数或上下行上车的客流总量（按高峰小时计）；

K——超高峰系数，选用 1.2~1.4；

m_1——自动售票机每台的每小时售票能力取 600 人/h。

2. 检票口的设置

（1）AG 的设置原则：

① AG 设置在非付费区与付费区之间。

② AG 设置要考虑进出站流线，尽量避免流线间的干扰。

③ AG 的配置数量要合理，结合进出站客流量合理配置。

（2）进出站检票口配置数量的确定。

进出站检票口配置数量的计算公式：

$$N_2 = \frac{M_2 K}{m_2}$$

式中　M_2——高峰小时进站客流量（上下行）或出站客流量总量；

K——超高峰小时系数，选用 1.2~1.4；

m_2——检票机每台每小时检票能力，取 1 200 人/h。

（3）绘制站厅层平面布局图。

要求按照给定比例绘制站厅层布局图，并列表说明各设备功能、使用数量等情况。

（三）注意事项

TVM 和进出站检票口配置数量采用四舍五入的方式取整、设备区则采用两端布置的方式。

五、考核标准

考核内容	考核标准	评分标准	考试形式
课内实训综合成绩	实训纪律、工作态度、专业技能、合作精神、综合素质	课内实训综合成绩是课程平时成绩的重要组成部分。采用倒扣分的形式评分，错、漏一处扣5分，按总评成绩分数分为：A（90~100分）、B（80~89分）、C（70~79分）、D（60~69分）、E（0~59分）五级	综合评定

实训二：站台层布局

一、实训目的

（1）会计算站台的有效长度和宽度。

（2）熟悉城市轨道交通站台层的布局。

二、实训任务

（1）【已知】某地铁车站拟设计为侧式站台，其远期预测高峰小时每列车单向上下车人数为 900 人，该线选用的是 B 型车，运营初期列车编组为 4 节，远期列车编组为 6 节。

【实作】试求该站台的有效长度和宽度，并绘制该站台层的布局图。

（2）【已知】某地铁车站拟设计为岛式站台，其远期预测高峰小时每列车单向上下车人数为 1 000 人，该线选用的是 A 型车，运营初期列车编组为 6 节，远期列车编组为 8 节。

【实作】试求该站台的有效长度和宽度，并绘制该站台层的布局图。

三、实训组织管理

每位同学有一份站台层布局任务单，依据既定的条件，各同学独立完成站台有效长度和宽度的计算，绘制站台层布局图。

四、实训步骤及注意事项

（一）项目简介

分析车站站台能力，依据乘客乘降量，计算车站站台平面布局中站台的有效长度和宽度图 1.1 为站台示意图。

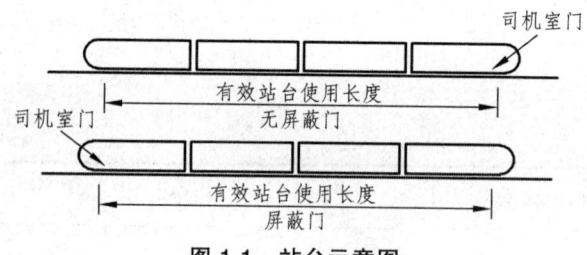

图 1.1 站台示意图

（二）实训步骤

1. 站台有效长度的确定

有效长度的计算公式：

$$L = l \cdot n + C \text{ (m)}$$

式中　l——每节车平均长度；

　　　n——列车编组数；

　　　C——允许的停车误差（4~10 m）。

2. 侧式站台宽度的确定

侧式站台宽度计算公式：

$$B_1 = \frac{M \cdot K \cdot W}{L} + 0.48 \text{ (m)}$$

式中　M——高峰小时每列车单向上下车人数；

　　　K——超高峰系数，选用 1.2～1.4；

　　　W——人流密度，按 0.4 m²/人计算；

　　　L——站台有效长度（m）。

3. 岛式站台宽度的确定

岛式站台宽度计算公式：

$$B_2 = 2B_1 + C + D \text{ (m)}$$

式中　B_1——侧式站台宽度（m）；

　　　C——柱宽（一般取 0.3～0.5 m）；

　　　D——楼梯、自动扶梯宽（一般取 2～3 m）。

4. 与站台规定最小宽度（$B_{\min}$）的比较

当计算 $B<B_{\min}$，取 $B_{\min}$；当 $B>B_{\min}$，取 B。见表 1-1。

表 1.1　站台最小宽度

站台形式	站台最小宽度 $B_{\min}$
侧式站台	3.5 m
岛式站台	8.0 m

5. 绘制站台层平面布局图

要求按照比例绘制站厅层布局图，并列表说明各设备功能、使用数量等情况。如图 1.2 所示。

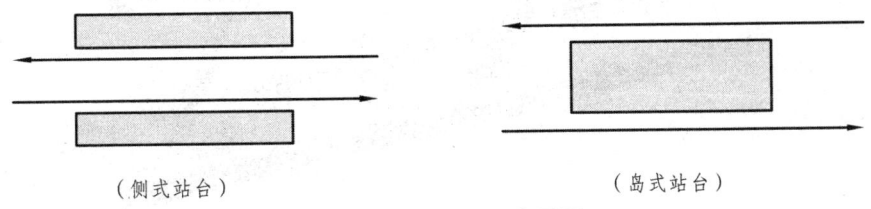

（侧式站台）　　　　　　　　　　（岛式站台）

图 1.2　站台层平面布局图

（三）注意事项

站台有效长度 L 以米（m）为单位，尾数取值采用直接进整的方式。站台的宽度以厘米（cm）为单位，尾数采用四舍五入的方式处理。

五、考核标准

考核内容	考核标准	评分标准	考试形式
课内实训综合成绩	实训纪律、工作态度、专业技能、合作精神、综合素质	课内实训综合成绩是课程平时成绩的重要组成部分。采用倒扣分的形式评分，错、漏一处扣5分，按总评成绩分数分为：A（90～100分）、B（80～89分）、C（70～79分）、D（60～69分）、E（0～59分）五级	综合评定

实训三：车站平面布局

一、实训目的

模拟训练真实车站平面布局。

二、实训任务

【已知1】石夏站三维平面如图1.3所示。

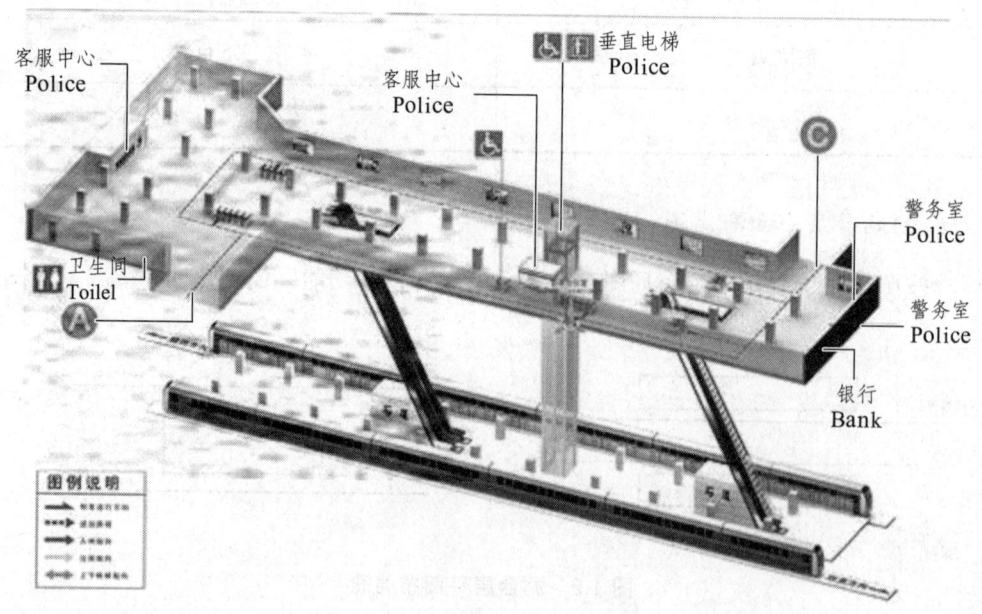

图1.3　石夏站三维图

【已知2】石夏站高峰小时使用自动售票机的人数为4 000，该站高峰小时客流量为12 000人，进站客流量占52%。

【已知3】石夏站远期预测高峰小时每列车单向上下车人数为800人，该线选用的是B型车，运营初期列车编组为4节，远期列车编组为6节。

【实作1】计算石夏站TVM和进出站检票口的配置数量，绘制站厅层平面布局图。

【实作2】计算石夏站站台的有效长度和设计宽度，绘制站台层的布局图。

三、实训组织管理

每人有一份石夏站车站平面布局基础资料，依据现场设备合理配备各客运相关的设备设施，独立思考，完成任务。

四、实训步骤及注意事项

（一）项目简介

分析车站站厅层布局和站台形式，依据车站的具体情况计算自动售检票设备的配置和设计位置，依据乘客乘降量设计站台的有效长度和宽度，并且整体进行车站站厅层和站台的布局设计。

（二）实训步骤

（1）依据真实的车站的三维布局图判定车站自动售检票的布局，以及付费区和非付费区的界定。

（2）依据使用自动售检票设备的人数和客流量的统计数据，计算TVM和检票口的配置数量，并绘制站厅层布局图。

（3）依据远期预测的高峰小时每列车单向上下车人数和远期的列车编组数数据计算站台的有效长度和宽度，并绘制站台层布局图。

（三）注意事项

准确判别车站的站厅层各设备设施的布局，除了自动售检票设备外还有边门、客服中心、残通道等，站台形式和标注也应采用规范画法。

五、考核标准

考核内容	考核标准	评分标准	考试形式
课内实训综合成绩	实训纪律、工作态度、专业技能、合作精神、综合素质	课内实训综合成绩是课程平时成绩的重要组成部分。采用倒扣分的形式评分，错、漏一处扣5分，按总评成绩分数分为：A（90~100分）、B（80~89分）、C（70~79分）、D（60~69分）、E（0~59分）五级	综合评定

实训四、五：导向标识布局

一、实训目的

（1）了解站外导向标识、站厅层导向和站台层导向标识的布局。
（2）模拟训练真实车站导向标识的布局。

二、实训任务

【已知1】车公庙站地面示意图（图1.4）。

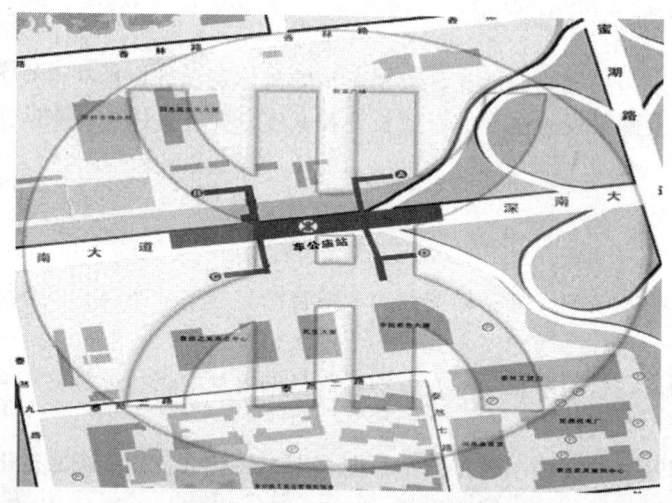

图1.4 车公庙站地面示意图

【已知2】车公庙站三维透视图（图1.5）。

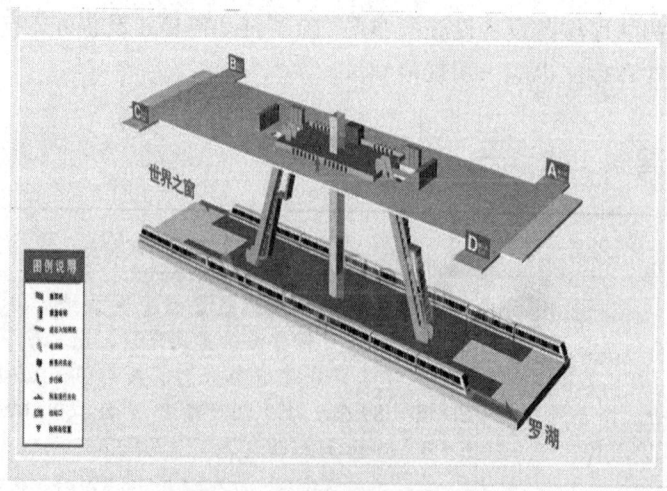

图1.5 车公庙站三维透视图

【已知3】N（TVM）= 6（台）；N（En Gate）= N（Ex Gate）= 8（通道）
【已知4】车公庙站出入口地面信息（见图1.6）。

A出入口地面信息	B出入口地面信息	C出入口地面信息	D出入口地面信息
·香蜜湖路	·农园路	·泰然九路	·香蜜湖路
·财富广场	·农科中心	·深圳电气科学研究所	·中国邮政
·水上乐园	·深蓝中心	·泰然工业区	·天安数码时代
·东海花园	·天主教堂	·喜年中心	·天安数码城
	·招商银行大厦		·天安创新科技广场
	·东海花园		·中国有色大厦
			·安徽大厦

图1.6 车公庙站出入口地面信息

【实作】试布置该站的导向标识（站外导向、站厅层导向、站台层导向）。

三、实训组织管理

每人有一份车公庙站导向标识布局的基础资料，依据客流组织和导向标识布局的原则，以2人一组的方式共同完成任务。

四、实训步骤及注意事项

（一）项目简介

依据车站形式，结合客流组织形式合理布置各类导向标识（站外导向、站厅导向和站台导向）。

（二）实训步骤

1. 导向标识的布置原则

（1）最大限度地方便乘客。
（2）以进站、出站和换乘客流流线为基础。
（3）醒目位置，客流方向决策处为佳。
（4）设置在通道及客流通行区域的中心线，与客流方向垂直。
（5）连续性与一致性。
（6）系统化、标准化和国际化。

2. 站外导向标识

采用垂直平分线法和道路隔离法。

3. 站厅导向标识

结合导向标识的布置原则，进出站客流隔离，尽量人性化和标准化。

4. 站台导向标识

结合导向标识的布置原则，进出站客流隔离，线路方向指引明确。

（三）注意事项

导向标识的布局需结合客流流线组织，以方便乘客作为宗旨。

五、考核标准

考核内容	考核标准	评分标准	考试形式
课内实训综合成绩	实训纪律、工作态度、专业技能、合作精神、综合素质	课内实训综合成绩是课程平时成绩的重要组成部分。采用倒扣分的形式评分，错、漏一处扣5分，按总评成绩分数分为：A（90～100分）、B（80～89分）、C（70～79分）、D（60～69分）、E（0～59分）五级	综合评定

实训六：换流客流引导

一、实训目的

训练换乘客流组织工作。

二、实训任务

根据深圳地铁老街站立体图（见图 1.7）设计车站分析该站采用的换乘方式，描绘换乘径路并试绘制换乘站平面图。

图 1.7 深圳地铁老街站立体图

三、实训组织管理

每人手头有一份深圳地铁老街站立体图,在图上完成相关任务。

四、实训步骤及注意事项

(一)换乘客流流线

(1)付费区换乘:乘客到达换乘站后,无须出付费区。即在付费区的乘客可以实现站台间的相互换乘。站厅付费区换乘即下车乘客经站厅到另一线路的站台进行换乘的过程。

(2)非付费区换乘。乘客到达换乘站后,需出付费区或出站,到另一条线路重新进入付费区进行换乘。

(二)判断实际车站的换乘方式(见表1.2)

表1.2 车站的换乘方式

换乘方式		特点	适用范围	图示
站台换乘	同站台	直接换乘	2条线的列车停靠同一站台	同站台
	不同站台	通过天桥、地道或通道换乘	2条线的列车停靠不同站台呈一字、十字、T形或L形交叉	B站台 A站台
站厅换乘		通过公用站厅或各线独立站厅	2条线的列车停靠不同站台	A站台 ↔ 同站厅 ↔ B站台
站外换乘		通过站外通道换乘	2车站临近	A站 ↔ 站外通道 ↔ B站
通道换乘		通过联络通道换乘	2车站临近	A线 ↔ 换乘通道 ↔ B线

（三）绘制换乘站的示意图（见图1.8）

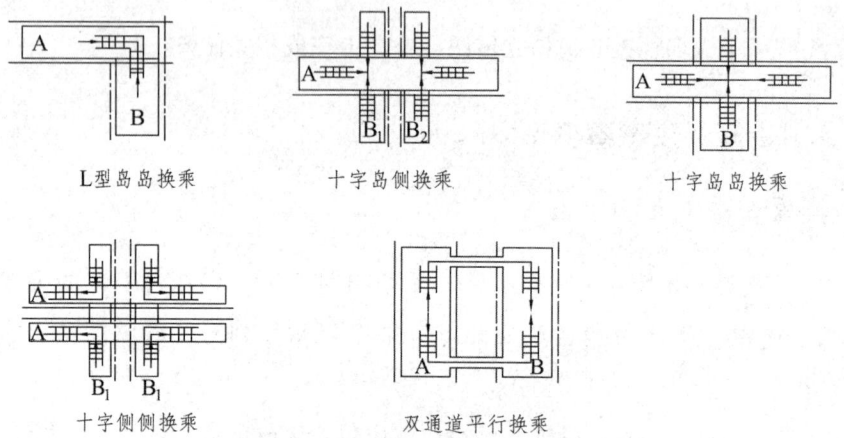

图1.8　各换乘站的平面示意图

（四）绘制换乘客流流线图

结合实际换乘站采用不同的换乘方式，拥有不同的客运设备的配置的情况，绘制实际车站的换乘客流流线图时要坚持以下原则：

（1）随时掌握客流变化规律，经常统计和分析客流量，监视客流的骤变情况，同时密切注视乘客的安全状况。

（2）合理设计乘客流向，在站台、楼梯、大厅处尽量减少客流的交叉和对流，并设计标线，要求乘客在楼梯和扶梯上尽量靠右行走和站立，做到有序上下。

（3）在客流容易混行的区域，如大厅或楼梯等处，需设置必要的安全线或栅栏进行隔离，以免流向不同的乘客之间互相干扰。

（4）引导乘客在换乘通道单向流动，以免出现双方向大客流相互冲击的情形。

（5）完善统一导向标识系统，准确快速地分散客流，避免乘客交叉聚集和拥挤。

（6）应尽量为乘客提供方便，减少进出站和换乘的时间及距离。

注意事项：换乘客流流线图的绘制是从始端（站台下车）到终端（乘车）的。

五、考核标准

考核内容	考核标准	评分标准	考试形式
课内实训综合成绩	实训纪律、工作态度、专业技能、合作精神、综合素质	课内实训综合成绩是课程平时成绩的重要组成部分。按总评成绩分数分为：A（90～100分）、B（80～89分）、C（70～79分）、D（60～69分）、E（0～59分）五级	综合评定

实训七：乘客失物处理

一、实训目的

训练车站发生乘客丢失物品时的处理过程。

二、实训任务

【情景】乘客 A 在车站内捡到一个包裹，交到客服中心，作为车站工作人员的你试完成以下任务。

【任务要求】

任务1：应该如何来确认包裹的安全性？

任务2：是否需要直接打开包裹，有哪些注意事项？

任务3：填写《车站失物处理登记单》。

任务4：如何找到失主。

三、实训的组织管理

分组演练，每组8人，站务员1人、客运值班员1人，值班站长1人，其余扮演乘客，模拟乘客失物处理的过程，具体失物自拟。

四、实训步骤及注意事项

（一）项目简介

了解乘客失物处理办法和程序，能够依据现场模拟情景处理乘客失物的登记、保管、认领和移交工作。

（二）实训指导

1. **失物处理办法**

（1）车站对失物实行专人专管，客运值班员负责本站遗失物品的登记、保管、认领、移交等工作。

（2）遗失物品的清点、检查、登记、认领应由双人（客运值班员以上职位的工作人员）同时进行。

（3）失主认领遗失物品时，应描述失物特征，出示有效证件，车站当值客运值班员及值班站长现场核查无误并办理有关手续后，方可将失物交还失主。

（4）如遗失物品为违禁品、危险品、机要文件、大额现金时，应立即转交地铁公安。

（5）公安处理遗失物品，在未交还失主前，应妥善进行保管。任何单位和个人不得侵占和挪用。

（6）车站只办理当天失物的认领工作，隔日的失物认领统一到失物处理中心进行办理。

（7）遗失物品在事务处理中心保管时间超过三个月的，按无人认领失物处理。

2. 失物处理程序

（1）一般失物处理程序：

车站客运值班员与失物拾获人当面检查、核对失物，并详细填写《车站失物处理登记单》，注明失物数量及特征，双方签名确认。

根据《车站失物处理登记单》填写《失物标签》，并粘贴在失物上。

有失主联系资料的，先即时通知失主到车站认领失物。如无失主联系资料，车站应对失物做好妥善保管。

当天如果无失主认领失物，车站应在当日运营结束前利用末班车（也可在第二天一早）将本站失物移交失物处理中心。

（2）特殊失物处理程序：

信（文）件、现金、危险品、违禁品和易腐物品等属于特殊失物，按以下程序处理：

① 信（文）件。

有"特殊专递""挂号""机密""绝密"等字样或未付邮资的信（文）件，填写《车站失物处理登记单》后立即交站内地铁公安签收处理。

已付邮资的一般信件由车站代为邮寄。

其他信（文）件按一般失物处理。

② 现金及其他有价票据。

2 000元以内现金由车站当值值班站长与车站当值客运值班员双人核实，填写《车站失物处理登记单》后装入信封密封，并加盖个人私章后妥善保管。当日无人认领时，随《车站失物处理登记单》移交失物处理中心进行处理。

对现金总额在2 000元以上的，车站应要求地铁公安介入协助，在填写《车站失物处理登记单》后移交地铁公安签收处理。

③ 危险品及违禁品。

发现枪支、弹药、汽油、硫酸等易燃、易爆、腐蚀、剧毒物品时，车站人员填写《车站失物处理单》后立即移交地铁公安签收处理。

④ 食品与易腐蚀物品。

食品与易腐蚀物品不移交失物处理中心，可由车站自行处理。

有包装的食品保管期限为72 h，如无人认领由车站自行处理。

无包装的食品及易腐蚀物品（如肉类、蔬菜等），保管到当天关站时由车站自行处理。

3. 注意事项

对于失物在没有特别说明物质特性时，要按照不同失物类别进行假设性说明处理。

五、考核标准

考核内容	考核标准	评分标准	考试形式
课内实训综合成绩	实训纪律、工作态度、专业技能、合作精神、综合素质	课内实训综合成绩是课程平时成绩的重要组成部分。按总评成绩分数分为：A（90~100分）、B（80~89分）、C（70~79分）、D（60~69分）、E（0~59分）五级	综合评定

实训八：计算客流调查主要统计指标

一、实训目的

掌握客流调查主要统计指标的计算。

二、实训任务

根据某市城市轨道交通线网图和统计期内城市轨道交通客运情况列表，计算各线日均客运量、网络日均客运量、网络日均出行量、网络日均换乘客流量、网络换乘系数。

实作题：

已知1：某市城市轨道交通线网图（见图1.9）。

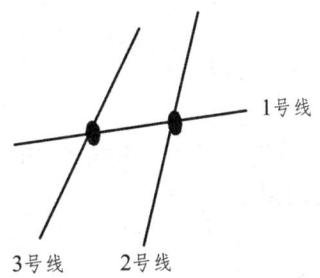

图1.9 某市城市轨道交通线网图

已知2：统计期（5 d）内城市轨道交通客运情况见表1.3。

表1.3 城市轨道交通客运情况

线路	本线客运量（万人）	运营长度（km）	平均运距（km）	线间	换乘量（万人）
1号线	200	35	16	1、2号线	15
2号线	100	20	11	2、3号线	20
3号线	250	45	20	1、3号线	30

试求：

该市各线日均客运量、各线日均客运周转量、各线客运强度、各线负荷强度、网络日均客运量、网络日均客运周转量、网络日均出行量、网络日均换乘客流量、网络换乘系数、网络客运强度、网络负荷强度、网络出行强度（计算结果保留两位小数，第三位四舍五入）。

三、实训的组织管理

每人手头有一份某市的城市轨道交通线网图和统计期（5 d）内城市轨道交通的客运情况，按照规定独立完成相关客流调查主要统计指标的计算。

四、计算客流调查主要统计指标实训指导与步骤

分析某市城市轨道交通线网图和统计期内城市轨道交通客运情况列表。

引导学生进行各线日均客运量、网络日均客运量、网络日均出行量、网络日均换乘客流量、网络换乘系数的计算。

以下是实训指导。

（一）客运量

1. 客运量

定义：单位时间内（年、月、日），运送乘客的总人数。

单位：人次。

2. 车站高峰小时客运量

定义：车站高峰小时运送乘客的总人数。

单位：人次。

车站高峰小时客运量是确定车站出入口、楼梯数量，计算站台、楼梯、通道宽度和配置售检票设备数量，车站定员人数的依据。

3. 线路日均客运量

定义：统计期内，线路日运送乘客总量的平均值。

单位：万乘次/日。

计算方法：线路客运量由本线进且本线出客流、换入至本线客流、由本线换出客流、途经客流四部分组成。包含可采用统计分析或客流抽样调查等方法进行清分的使用公务票、老人票、纪念票等的非付费客流。

线路日均客运量 = $\sum$线路日客运量/统计天数。

4. 线路最高日客运量

定义：统计期内，线路日客运量中最大的日客运量。

单位：万乘次/日。

计算方法：线路最高日客运量 = Max{线路日客运量}。

5. 线路客运量增长率

定义：本期线路日均客运量与上期线路日均客运量相比的增长比例。

单位：%。

计算方法：线路客运量增长率 =（本期线路日均客运量 – 上期线路日均客运量）/上期线路日均客运量×100%。

6. 网络日均客运量

定义：统计期内，网络日客运总量的平均值。

单位：万乘次/日。

计算方法：网络日均客运量 = ∑线路日均客运量。

7. 网络最高日客运量

定义：统计期内，最大的网络日客运量。

单位：万乘次/日。

计算方法：网络最高日客运量 = Max{网络日客运量}。

8. 网络客运量增长率

定义：本期网络日均客运量与上期网络日均客运量相比的增长情况。

单位：%。

计算方法：网络客运量增长率 =（本期网络日均客运量 – 上期网络日均客运量）/上期网络日均客运量×100%。

9. 网络日均出行量

定义：统计期内，平均每日利用轨道交通网络出行的乘客数量。乘客在网络中换乘一次或多次时，均视为一个出行人次。

单位：万人次/日。

计算方法：各线进站客流量的总和，包含使用公务票、老人票、纪念票等的非付费客流。

（二）客运周转量

1. 客运周转量

定义：一定时间内（年、月），乘客乘坐里程的总和。或在一定时期内（通常是年）完成的乘客人公里数。

计算单位：人公里、人·km。

计算公式：客运周转量 = ∑乘客人公里数 = $\sum AL = A \cdot L_{\text{平}}$

2. 线路日均客运周转量

定义：统计期内，线路日客运周转量的平均值。

单位：万乘次公里/日。

计算方法：设有自动售检票系统的城市，根据票务系统统计客运周转量；没有自动售检票系统的城市，根据客流抽样调查的方法估算平均运距，再通过计算得到客运周转量。

3. 网络日均客运周转量

定义：统计期内，网络每日客运周转量的平均值。

单位：万乘次公里/日。

计算方法：网络日均客运周转量 = ∑线路日均客运周转量。

（三）换乘量

1. 换乘站日均换乘客流量

定义：统计期内，某一换乘站各线路间每日换乘客流总和的平均值。

单位：万人次/日。

计算方法：通过自动售检票系统连续计费的换乘客流可通过票务系统清分模型得到，其他情况可采用客流抽样调查的方法得到。

2. 网络日均换乘客流量

定义：统计期内，网络日换乘客流总和的平均值。

单位：万人次/日。

计算方法：网络日均换乘客流量 = 网络日均客运量 – 网络日均出行量

3. 网络换乘系数

定义：衡量网络内部连通性的指标，为客运量与出行量的比值。

单位：无。

计算方法：网络换乘系数 = 网络日均客运量/网络日均出行量。

（四）运距/乘距

1. 平均运距

定义：乘客每次乘车的平均距离。

计算单位：公里/乘次。

计算公式：$L_{平} = \dfrac{\sum A \cdot L}{A_{总}}$

2. 线路平均运距

定义：统计期内，在某一线路上乘客一次乘车的平均距离。

单位：公里/乘次。

计算方法：设有自动售检票系统的城市，线路平均运距 = 线路日均客运周转量/线路日均客运量；没有自动售检票系统的城市，根据客流抽样调查方法估算平均运距。

3. 网络平均乘距

定义：统计期内，网络中乘客平均一次出行全程的总乘车距离。

单位：公里/人次。

计算方法：网络平均乘距 = 网络日均客运周转量/网络日均出行量。

（五）强度/负荷

1. 线路客运强度

定义：线路日均客运量与线路运营长度之比，反映线路单位长度上每日的载客量，在一定程度上体现线路的运营效率。

单位：万乘次/（公里·日）。

计算方法：线路客运强度 = 线路日均客运量/线路运营长度。

2. 线路负荷强度（线路周转强度）

定义：线路日均客运周转量与线路运营长度之比，反映线路单位长度上每日承担的客运周转量。

单位：万乘次公里/（公里·日）。

计算方法：线路负荷强度 = 线路日均客运周转量/线路运营长度。

3. 网络客运强度

定义：网络日均客运量与网络运营长度之比，反映全网单位长度上每日的载客量，在一定程度上体现网络的运营效率。

单位：万乘次/（公里·日）。

计算方法：网络客运强度 = 网络日均客运量/网络运营长度。

4. 网络负荷强度（网络周转强度）

定义：网络日均客运周转量与网络运营长度之比，反映全网单位长度上每日承担的客运周转量。

单位：万乘次公里/（公里·日）。

计算方法：网络负荷强度 = 网络日均客运周转量/网络运营长度。

5. 网络出行强度

定义：网络日均出行量与网络运营长度之比，反映全网单位长度上每日的出行量，在一定程度上体现网络的使用效率。

单位：万人次/（公里·日）。

计算方法：网络出行强度 = 网络日均出行量/网络运营长度。

以下是讲评与总结。

注意事项：指标计算结果保留两位小数，第三位采用四舍五入的方式处理，计算过程中要留意网络日均客运量与网络日均出行量之间的区别。

五、考核标准

考核内容	考核标准	评分标准	考试形式
课内实训综合成绩	实训纪律、工作态度、专业技能、合作精神、综合素质	课内实训综合成绩是课程平时成绩的重要组成部分。按总评成绩分数分为：A（90～100 分）、B（80～89 分）、C（70～79 分）、D（60～69 分）、E（0～59 分）五级	综合评定

实训九、十：断面客流量计算

一、实训目的

训练高峰小时站间最大单向断面客流量的确定。

二、实训任务

根据线路图和高峰小时客运量，确定高峰小时站间 OD，客流图，最大单向断面客流量，并绘制高峰小时站间 OD 表。

实作题：

已知 1：线路图（见图 1.10）。

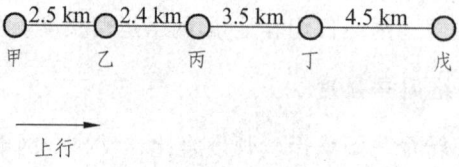

图 1.10　线路图

已知 2：高峰小时站间客运量。

甲站发送到达甲站 100 人，乙站 3 545 人，丙站 2 050 人，丁站 938 人，戊站 856 人；
乙站发送到达甲站 3 823 人，乙站 75 人，丙站 1 436 人，丁站 770 人，戊站 501 人；
丙站发送到达甲站 1 823 人，乙站 830 人，丙站 150 人，丁站 2 622 人，戊站 865 人；
丁站发送到达甲站 920 人，乙站 900 人，丙站 1 430 人，丁站 20 人，戊站 2 493 人；
戊站发送到达甲站 780 人，乙站 1 300 人，丙站 1 170 人，丁站 1 460 人，戊站 65 人。
试求：高峰小时站间 OD，客流图，最大单向断面客流量。

三、实训的组织管理

每人手头有一份某市城市轨道交通线网图和高峰小时站间客运量表，按照规定独立完成相关客流调查主要统计指标的计算。

四、断面客流量计算实训指导与步骤

（1）分析线路图和高峰小时客运量表格。

（2）引导学生进行高峰小时站间 OD，客流图，最大单向断面客流量的计算并制作高峰小时站间 OD 表。

① 站间 OD。（见图 1.11）

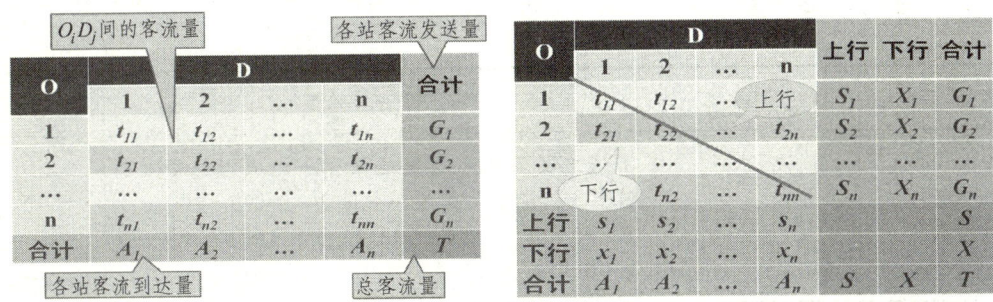

图 1.11　站间 OD 表格图

② 客流图。（见图 1.12）

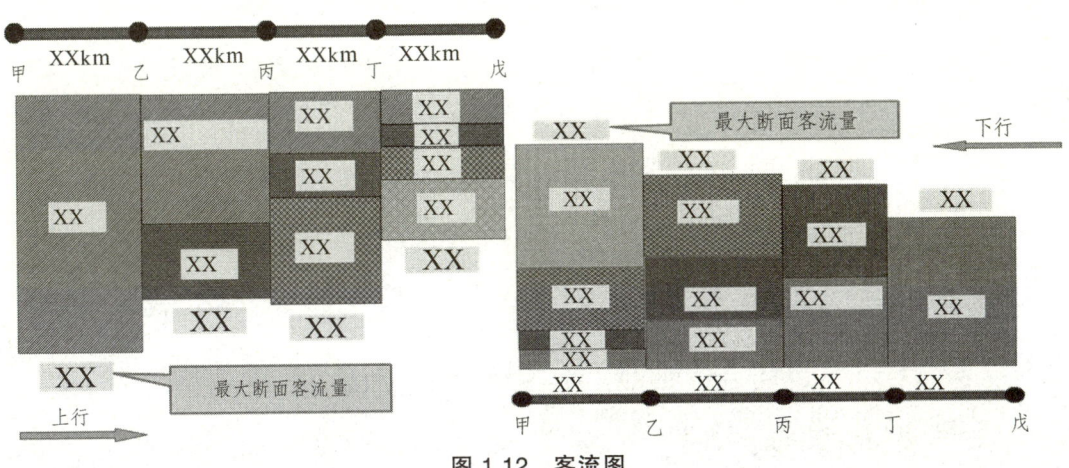

图 1.12　客流图

③ 断面客流量。

定义：一定时间内，沿同一方向通过轨道交通线路某断面的乘客数量。

通常指高峰小时最大断面客流量和全日分时最大断面客流量。

根据断面客流量可以计算：客流方向不均衡系数、客流断面不均衡系数、客流时间不均衡系数。

单位：人。

④ 线路高峰小时断面客流量。

定义：统计期内，线路高峰小时单向最大断面客流量。

计算单位：万人次/h。

计算方法：指正常运营状态，不包括由于城市大型公共活动或其他突发事件引起的持续影响期小于一周的突发客流情况。在使用自动售检票系统时由系统直接计算得出结果（或采用客流调查方式取得），每条线路取统计期内的最大值。

（3）讲评、总结。

注意事项：最大断面客流量的判断。

五、考核标准

考核内容	考核标准	评分标准	考试形式
课内实训综合成绩	实训纪律、工作态度、专业技能、合作精神、综合素质	课内实训综合成绩是课程平时成绩的重要组成部分。按总评成绩分数分为：A（90~100分）、B（80~89分）、C（70~79分）、D（60~69分）、E（0~59分）五级	综合评定

《城市轨道交通运营票务工作》课内实训指导书

适用专业	城市轨道交通运营管理	课程名称	城市轨道交通运营票务工作	实训课时	14
编制执笔人	王丽娟		编制时间	2015年7月20日	

《城市轨道交通运营票务工作》课内实训项目目录

课程名称	实训名称	课时数	实训目的	实训内容	主要仪器设备	备注
城市轨道交通运营票务工作	实训一、二：票价计算	4	根据按计程票制的原理，整理计算出票价表	按区间分段计价进行票价计算 按里程分段进行票价计算	票价表	
	实训三、四：票务报表填写	4	熟悉票务报表填写的规范，能够依据不同的情景对应填写票务报表	OP101填写 OP105填写	OP101 OP105	
	实训五：填写车站营收日报	2	熟悉车站营收日报的填写规定，会结合车站不同营收统计情况填写日报	车站营收日报填写	《车站营收日报》	
	实训六：日常车票配送	2	掌握票务中心对车站的配票流程，以及车票的交接程序	日常车票的配送作业情景模拟	《配收计划单》和《配送明细单》	
	实训七：票款清分结算	2	分析国内外主要城市轨道交通清分结算方案举例，训练最短路径法计算清分和结算	最短路径法计算清分和结算	票款清分方案	

实训一、二：票价计算

一、实训目的

（1）学会计程票制——按区间分段计价票价的计算方法。
（2）学会计程票制——按里程分段计价票价的计算方法。

二、实训任务

（一）计程票制——按区间分段计价

【已知1】票价方案为每相邻两站之间为1个区间，起价2元，可乘坐4个区间，超过4个区间后每2个区间（不足2个区间按2个区间计算）票价增加1元。

【已知2】线路图（见图2.1）。

【实作】试求各站间票价。

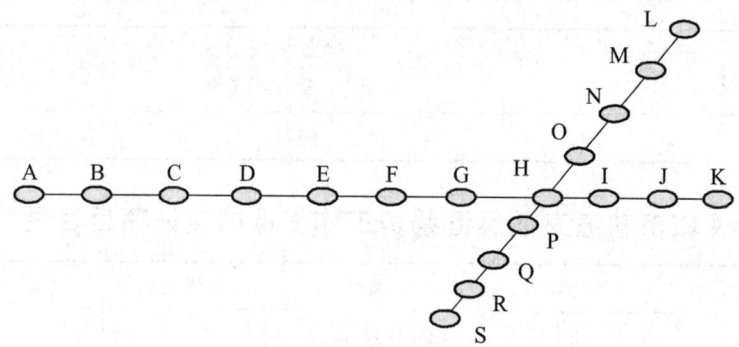

图 2.1 线路图（1）

（二）计程票制——按里程分段计价

【已知1：票价方案】起步 3 km 以内 2 元；3~12 km 范围内每递增 3 km 加 1 元；12 km 以后，每递增 4 km 加 1 元。

【已知2：线路图见图 2.2】

【实作】试求各站间票价。

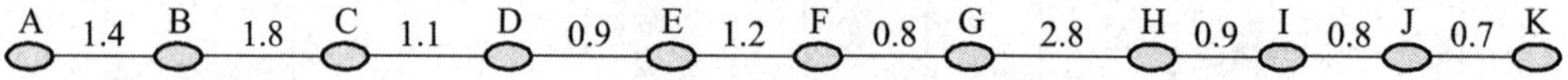

A 1.4 B 1.8 C 1.1 D 0.9 E 1.2 F 0.8 G 2.8 H 0.9 I 0.8 J 0.7 K

图 2.2 线路图（2）

三、实训组织管理

每人有一份票价计算任务单，依据票价方案独立计算完成，并以 2 人一组的形式核对验算票价表的正确与否。

四、实训步骤及注意事项

（一）计程票制——按区间分段计价

1. 项目简介

根据按区间分段计价的原理，计算票价表。

2. 实训步骤

按区间分段计价：指按乘客乘坐的车站区间数量实行多级票价，根据设定的基本起步价、起价区间、每个计价段所包含的区间数、每一计价段价格等进行票价的计算。

$$票价 = 起步价 + 计价段价格$$

（1）依据票价方案确定票价的区间分段。
（2）依据线路图确定各站相距区间数。
（3）票价表计算。

3. 注意事项

票价区间分段要划分至最远区间数所在区间分段。

（二）计程票制——按里程分段计价

1. 项目简介

根据按里程分段计价的原理，计算票价表。

2. 实训步骤

按里程分段计价：指按乘客乘坐的运营里程长短实行多级票价，根据设定的基本起步价、起价里程、每个计价段所包含的里程数、每一计价段价格等进行票价的计算。

$$票价 = 起步价 + 里程价（通常以1元为递进单位）$$

（1）依据票价方案确定票价的里程分段。
（2）依据线路图确定各站相距里程。
（3）票价表计算。

3. 注意事项

票价里程分段要划分至最远里程数所在的里程分段。

五、考核标准

考核内容	考核标准	评分标准	考试形式
课内实训综合成绩	实训纪律、工作态度、专业技能、合作精神、综合素质	课内实训综合成绩是课程平时成绩的重要组成部分。采用倒扣分的形式评分，错、漏一处扣5分，按总评成绩分数分为：A（90~100分）、B（80~89分）、C（70~79分）、D（60~69分）、E（0~59分）五级	综合评定

实训三、四：售票员相关票务报表填写

一、实训目的

（1）掌握售票员结算单（OP101）的填写。
（2）掌握乘客事物处理单（OP105）的填写。

二、实训任务

【情景描述1】10月21日，公园前站售票员王刚（01072386）当班期间（上岗时间6：00-15：00，操作BOM02），早班客运值班员李甲（01071089）配备用金3 000元，配普

通储值票 40 张（50 元），学生储值票 30 张（50 元），老免卡 20 张，纸票 4 元 100 张，之后备用金不够，又增配 1 000 元。关窗时各种车票的数量分别为普通储值票 15 张，学生储值票 10 张，老免卡 10 张，纸票 4 元 10 张，期间在储值票加值 6 500 元，乘客事务差额 –3.20 元，单程票退款 5 元，IC 卡（2 张退卡）退款 46.80 元。王刚当班期间实收总金额为 10 100 元，遗失一张老免卡，给普通储值票（ID：1002536147）充值服务过程中存在异常情况，收取乘客 50 元。

【实作任务 1】依据情景描述 1 填写《售票员结算单》(OP101)（见图 2.3）。

售票员结算单 NO:00000002 GDY/QW-DP12-043
OP101

时间	从	至	配备用金金额				
BOM编号			值班员签名				

票种	项目	配出张数	回收张数	出售				票种	项目	配出张数	回收张数	出售	
				张数	遗失	押金	金额（元）					张数	金额
地铁IC卡车票								纸票					
	小计金额（元）								小计金额（元）				
实收总金额													
备注													
	售票员					值班员							
	售票员员工号					值班员员工号							

第一联—票务分部（黄色） 第二联—车站（蓝色）

图 2.3　售票员结算单（OP101）

【情景描述 2】11 月 9 日，广州东站售票员李丽当早班，当值客运值班员王秀珍，李丽当班期间办理了以下几件事务：V01 少找零 2 元，退还乘客 2 元；V03 发售一张 4 元无效票（乘客已购票）；V04 卡 3 元，BOM 发售一张 3 元车票；一张储值票出站无效，经询问乘客由坑口站进站，向乘客收取 3.8 元，发放一张免费出站票；BOM 故障时办理乘客超程车票，收取 2 元；还办理了一张闸门被误用票；一张持过期单程票出站；一张单程票和一张普通学生卡（ID：1002584120）无效不能出闸的乘客事务。

【实作任务 2】试依据情景描述 1 填写《乘客事务处理单》(OP105)（见图 2.4）。

三、实训组织管理

每人一份 OP101、OP105，按报表填写规则并独立完成实训。

乘客事务处理单　　　　NO: 00000002　　GDY/QW-DP12-046
OP105

　　站　　　　　　　　　　　　　　　　　　　　　　　年　月　日

	事件详情 (TVM 的乘客事务须注明 TVM 的编号、涉及的金额)					处理结果	涉及金额+/-（元）	乘客资料		办理人	确认人
	TVM少找零	TVM卡币	TVM卡票	TVM发售无效票	储值票免费更新	其它			姓名	电话	
现金事务											
小计	BOM 发售有值车票共____张										
	免费出站票				付费出站票						
	闸门被误用	车票无效不能出闸(注明票种)	发售免费出站票一张	其它	付费区持过期单程票	付费区无票乘车	付费持人为折损无效单程票	其它	发售付费出站票一张		
非现金事务											
小计	发售免费出站票共____张　　发售付费出站票____张										

第一联—票务分部（黄色）　　第二联—车站（蓝色）

图 2.4　乘客事务处理单

四、实训步骤及注意事项

（一）项目简介

熟悉票务报表填写的规范，能够依据不同的情景对应填写票务报表。

（二）实训指导

1. 报表填写要求

报表填写必须真实、准确、完整、及时。报表填写完毕后，填写人员必须加盖私章。

真实：报表填写必须如实反映票务情况，不得捏造事实，弄虚作假。

准确：报表填写需确保数据正确。

完整：必须按报表所列事项填写，不得遗漏。

及时：报表必须在规定期限内填制完毕，并按规定时间上交调度票务部票务分部，不得故意拖延。

过底报表：属于过底的报表，一定要写透，不要上面清楚，下面模糊。

文字：必须用蓝色或黑色笔填写，字迹必须清晰、工整，不得潦草。属于过底的报表用圆珠笔填写，属于非过底的报表可用钢笔或签字笔填写。

数字：阿拉伯数字应一个一个地写，不得连笔书写。

报表改错规定：报表填写发生错误时，不得刮擦、挖补、涂抹或用化学药水更改字迹。

更改数字时必须用"画线更正法"。应用"画线更正法"更正时，在报表中错误文字或数字上画一红线，以示注销，要求画去整个错误数字，然后在该处盖上更改人员名字修正章以示负责；若一张报表更改超过8处时，应另填写一份（重填时非本人的员工签章无需填写），该报表作废。重填的报表需在空白处注明报表更改人，并签章确认。

2. 作废报表的处理规定

报表在写坏作废时，各联应当加盖"作废"戳记，第一联随报表上交调度票务部票务分部，其他联由车站留存保管。

3. 报表的申印及保管

报表申印：车站报表的申印、发放及保管由车务部负责。报表格式更换时，由调度票务部票务分部提前一个月提供报表样板。

报表保管：车站应定期整理装订报表。车站保管报表时需确保报表的安全。

车站报表保管期限按统计范畴规定执行，保管期限满后由车务部统一注销和销毁，严禁私自进行报表注销、销毁。

4. 报表上交

各站将需上交的报表归整齐全后放入文件袋中，由客运值班员与调度票务部人员在指定车次的列车车头进行交接。

5. 报表填写说明

《售票员结算单》（OP101）填写说明：

（1）"时间"栏由售票员以24小时制填写上岗时间。

（2）"配备用金金额"栏填写给售票员所配的各次备用金金额（含上岗前所配备用金和中途追加的备用金），配发备用金的客运值班员应在"值班员签名"中的对应栏签章确认。

（3）各分区的"票种"一列按车票及票据的种类进行填写。

（4）"开窗张数"一列填写客运值班员配给售票员的各票种车票的张数。当配发车票数量不足需要追加时，则"开窗张数"列用"A＋B＋…"形式表示（A为上岗前所配张数，B为追加张数）。

（5）"关窗张数"一列填写本班售票结束后，客运值班员回收的各票种车票的实际张数。

（6）"开窗张数"和"关窗张数"栏原则上不允许更改，确实是由于笔误而必须更正的，在更改后必须由当事人双人共同确认并签章。

（7）各票种车票对应的"出售张数"（用M表示）的计算公式为："出售张数"＝"开窗张数"－"关窗张数"－"遗失张数"。

（8）IC卡储值票对应"出售"栏的"押金"列计算方法为"$M \times 20$"，"出售金额"按"$M \times 50$"计算填写；纸票和预制票对应的出售金额按"$M \times$相应票价"计算填写。

（9）地铁车票退款情况反映在"地铁IC卡车票"栏内，以负值形式表示。IC卡储值票退款总计金额填写在"IC卡退款"栏，分"押金"和"金额"两列进行填写；单程票退款金额填写在"单程票退款"对应的"金额"栏。

（10）"预收款金额"栏填写客运值班员在售票员结账前从该班售票员处收取的现金总额，要求客运值班员签章确认，并填写收款人员工号。

（11）"实收总金额"栏填写售票员的实际收入金额，公式为：实收总金额＝结账时的实点现金总额＋预收款金额－所配备用金总额。该栏原则上不允许更改，确实是由于笔误而必须更正的，在更改后必须由当班客运值班员、值班站长及售票员本人三人共同确认并签章。

（12）乘客事务差额根据《乘客事务处理单》（OP105）"现金事务－涉及金额"后的"小计"金额而来，填写在"地铁IC卡车票"分区的"乘客事务差额"对应的"金额"栏，分正、负值填写。

《乘客事务处理单》（OP105）填写说明：

（1）车站办理乘客事务时需填写OP105。

（2）乘客事务分为"现金事务"和"非现金事务"两类，分区填写。

（3）"处理结果"栏由售票员根据实际处理情况填写处理结果。

（4）"涉及金额＋/－"栏填写处理乘客事务所造成的差额数，分正（＋）、负（－）差额填写。

（5）"乘客资料"栏由乘客填写，若是车站发售的付费出站票，则无需填写。

（6）办理乘客事务填写OP105时均要求车站客运值班员以上人员到现场确认处理情况。

（7）"事件详情""涉及金额""非现金事务"栏"发售免费出站票一张""发售付费出站票一张"项填写错误需更改时，须由当事人双人签章确认。

（三）注意事项

严格按照票务报表的修改和作废规定，填写报表时不得随意涂改，并且填写格式规范，注意是否漏填和误填的情况。

五、考核标准

考核内容	考核标准	评分标准	考试形式
课内实训综合成绩	实训纪律、工作态度、专业技能、合作精神、综合素质	课内实训综合成绩是课程平时成绩的重要组成部分。采用倒扣分的形式评分，错、漏一处扣5分，按总评成绩分数分为：A（90～100分）、B（80～89分）、C（70～79分）、D（60～69分）、E（0～59分）五级	综合评定

实训五：填写车站营收日报

一、实训目的

掌握车站营收日报的填写。

二、实训任务

车站营收日报

车站：　　　　　　　　　　年　　月　　日　　　　　　　　NO.0000000

票款收入		白班	晚班	合　计
TVM 收入	钱箱			
	小计（1）			
AVM 收入	充值			
	小计（2）			
BOM 收入	票　款			
	计次票			
	定期票			
	预制票			
	小计（3）			
卡押金（4）				
实收总金额（5）=（1）+（2）+（3）+（4）				
滞留票款（6）				
补款（7）		—		
票款抵充备用金金额（8）				
本日解行金额（9）=（5）+（6）+（7）-（8）				
本日返还现金缴款单回执金额				
客运值班员签名				
客运值班员工号				
备注		填写补款的详细情况。 填写本日结存的备用金金额		
复核人签名			复核人工号	

三、实训组织管理

每人有一份《车站营收日报》，按报表填写规则独立完成实训。

四、实训步骤及注意事项

（一）项目简介

会依据车站票务的作业情景对应填写车站营收日报。

（二）实训指导

（1）《车站营收日报》是统计车站每日票款收入及解行金额的手工报表，为一式两联，需上交票务中心。

（2）报表填写人：客运值班员（值班站长确认）。

（3）车站：填写车站名称。

（4）年 月 日：当日报表填写日期。

（5）NO：000000：报表印刷时连号印刷，不用手工填写。

（6）票款收入由 TVM、AVM、BOM 收入构成，分白晚班两个班次填写。

TVM 收入：白班根据从 TVM 更换的纸币钱箱金额填写，晚班根据（从 TVM 更换的纸币钱箱金额 + 从 TVM 回收的硬币钱箱金额 – TVM 加币补币金额）填写。

AVM 收入：根据从 AVM 更换的纸币钱箱金额填写。

BOM 收入：按客运值班员当班处理的《售票员结算单》填写。

其中"BOM 收入"栏中的"票款"栏填写"深圳通"卡的售卖收入（剔除押金）、单程票收入（剔除预制票）、其他收入（剔除计次票、定期票）以及充值、乘客事务处理等；预制票、计次票以及定期票单独填写，发生拾获纸硬币的情况时可在空白格中填写。

（7）卡押金：一般填写储值票卡的押金（根据《售票员结算单》填写）。

（8）实收总金额（5）=（1）+（2）+（3）+（4）。

（9）滞留票款（6）：上日未及时解行的票款（一般是晚班填）（如果本日有产生，填写在次日的报表内）。

（10）补款（7）：根据售票员补短款金额及车站补银行解行短款金额填写。同时需在备注栏进行详细说明。

（11）票款抵充备用金金额（8）：根据每季度初根据上个季度核销的备用金金额填写《车站备用金核销统计表》。

（12）本日解行金额：（9）=（5）+（6）+（7）–（8）。此金额与当天填写的《现金缴款单》上的解行金额一致。

（13）本日返还现金缴款单回执金额：根据当日收取的银行《现金缴款单》回执上的解行金额填写。

（14）客运值班员签名及工号：客运值班员在无个人私章前需手工填写，无工号的话可不用填写。

（15）备注：一般需填列规定的两项内容，出现其他异常情况可在空白处填写。

（16）复核人签名及工号：复核该报表的一般是值班站长，在无个人私章前需手工填写，无工号的话可不用填写。

（三）注意事项

必须严格按照票务报表的修改和作废规定，填写报表时不得随意涂改，并且填写格式必须规范，注意是否有漏填和误填的情况出现。

五、考核标准

考核内容	考核标准	评分标准	考试形式
课内实训综合成绩	实训纪律、工作态度、专业技能、合作精神、综合素质	课内实训综合成绩是课程平时成绩的重要组成部分。按总评成绩分数分为：A（90~100分）、B（80~89分）、C（70~79分）、D（60~69分）、E（0~59分）五级	综合评定

实训六：日常车票配送

一、实训目的

掌握日常车票配送作业流程以及相关台账的填写。

二、实训任务

【作业情景】6月28日会展中心举办蔡依林演唱会，演唱会在晚上九点半结束，为了应对演唱会结束后观众集中乘坐地铁的情况，票务中心制订车票保障方案，并与6月27日前完成车票保障工作。具体为向会展中心附近的A站和B站增配单程票6 000张，3元预制单程票2 000张，3元应急纸票1 000张。

【要求】请描述配送车票流程，填写《配收计划单》和《配送明细单》。

配收计划单

序号	业务类型	票种	存放区域	票价/次数	张数	起号/止号	车票有效期	车站	完成时间

票务中心：　　　　　　　　　　　　　　　　　　　车票管理员：

配送明细单

单号　　　　　　　　　　　　　　　　　　年　月　日

车站：					
票种	张数	票价/次数	车票有效期	起号/止号	备注
车票管理员：			客运值班员：		

第一联：票务中心　　　　　　　　　　　　　　　　第二联：车站

三、实训的组织管理

每人有一份《配收计划单》和《配送明细单》，按台账填写要求独立完成实训。

四、实训步骤及注意事项

（一）项目简介

会依据票务中心为车站日常车票配送的作业情景对应填写相应台账。

（二）实训指导

1. 日常车票配送流程

（1）票务中心车票管理人员通过《车站车票库存日报表》发现车站单程票数量低于车站单程票最低保有量时，通知车票管理主办。

（2）车票管理主办确认信息后下发《配收计划单》，注明配送车站、票种、数量、完成时间等信息。

（3）按照《配收计划单》内容填写《配送明细单》，并持《配收计划单》领取车票，在车票交接室监控系统下清点车票，无误后将车票配送至相应车站。

（4）当车票数量低于车站车票最低保有量时，车站向票务中心申请。票务中心根据全线车票库存数量检查其他车站是否有与之相匹配的多余车票。若有，则通知两个车站进行站间配票；若无，则票务中心于次日将车票配送到车站。

2. 配送车票的清点交接

（1）车票清点交接原则。

票务管理员将清点加封好的车票配送至车站后，与客运值班员两人共同在车站 AFC 票务室进行清点交接。

票务管理员与客运值班员必须在车站 AFC 票务室监控仪可监控的范围内进行交接。

客运值班员对车票进行开封、清点，确认车票类型、票种、数量、金额等；票务管理员负责监督、检查。

开封后，若车票数量和信息（包括车票类型、票种、数量、金额等）核对正确无误，交接双方在《配票明细单》上签字确认。若发现车票数量有误，车站按实际清点数量进行签收，交接双方在《配票明细单》上进行备注并签字确认；若发现车票信息有误，交接双方在《配票明细单》上进行备注并签字确认。

清点完毕，客运值班员将车票分类保存，以备使用。

（2）各种车票的清点方式。

单程票：对整包加封的单程票交接时，客运值班员确认加封正确完好后凭加封数量交接；对零散的单程票，车票管理员与客运值班员须共同清点单程票数量，确认无误后办理签收交接手续。

储值票、计次票、纪念票：车票管理员与客运值班员须共同拆封，清点车票数量，确认车票信息和数量无误后办理签收交接手续。

预制单程票：车票管理员与客运值班员负责将预制单程票按照售出期限、票价，用专用点票机进行清点，确认车票信息无误后办理签收交接手续，并加封车票。

纸质车票：对整包加封的纸质车票交接时，客运值班员确认加封正确完好后凭加封数量、纸票编号交接；对于零散的纸票，车票管理员与客运值班员应当面清点纸票数量以及编号，确认纸票信息无误后办理签收交接手续。

（三）注意事项

必须严格按照票务台账的修改和作废规定，不得随意涂改，并且填写格式必须规范，车票交接时也必须由双人清点核对，交接手续规范。

五、考核标准

考核内容	考核标准	评分标准	考试形式
课内实训综合成绩	实训纪律、工作态度、专业技能、合作精神、综合素质	课内实训综合成绩是课程平时成绩的重要组成部分。按总评成绩分数分为：A（90~100分）、B（80~89分）、C（70~79分）、D（60~69分）、E（0~59分）五级	综合评定

实训七：票款清分结算

一、实训目的

（1）明确票款清分方案。

（2）最短路径法计算清分和结算。

二、实训任务

【已知】在实际情况中，应用不同的清分法进行清分和结算。路网图如图 2.5 所示：其中蓝色线路为 1 号线、绿色线路为 2 号线、红色线路为 3 号线。

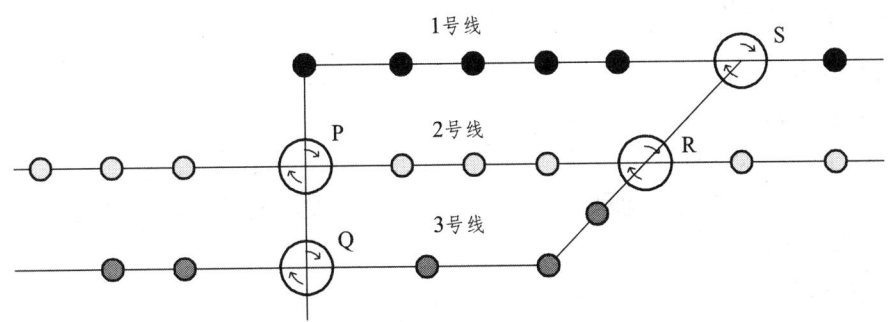

图 2.5 路网图

【实作任务】
任务 1：从 O 站到 D 站有多少条路径？
任务 2：若采用路径最短原则，应选择哪条路径？
任务 3：若采用时间最短原则，应选择那条路径？

三、实训组织管理

每人一份清分结算任务单，依据任务要求独立完成任务，在实训过程鼓励同学们互相提出问题、讨论分析问题、共同解决问题。

四、实训步骤及注意事项

（一）项目简介

在明确票款清分方案的基础上，分析国内外主要城市轨道交通清分结算方案，掌握最短路径法计算的清分和结算。

（二）实训步骤

1. 票款清分结算概念

（1）清分：清分也叫清算，指清算中心 ACC 按照一定的清分规则将合法交易数据对应的资金进行清分，并将清分的结果详细列示出来。

（2）清分模型由清分主体、清分原则、清分比例三大要素组成。

① 清分主体：为收益分配的主体。
② 清分原则：为路径选择原则。
③ 清分比例：为各清分主体的收益分配比例。

（3）结算与清分规则

结算是指清算中心 ACC 按照清算结果将资金划拨给相应的收益方账户，完成资金的实际交收。

清分规则是指交易金额、费用如何在不同的利益主体之间进行分配的原则，是清算中心 ACC 进行交易清分的依据。

2. 清分方案

（1）单程票运营收益。

（2）"一卡通"运营收益。

（3）换乘方式：在轨道交通线路之间发生换乘时，根据是否经历进、出检票过程，换乘方式有以下两种形式：

① 无标记换乘。

② 有标记换乘。

（4）换乘交易的清分：换乘票务清分的目的就是依据清分规则，对票务收入进行及时、公平的清分，使各运营公司能够及时地将运营收入入账，同时可提高各收益主体的资金效益。

（5）根据不同的换乘方式，清分算法也不同：

① 无标记换乘的清分。

② 有标记换乘的清分。

3. 最短路径法

通过在路网中找出从 A 车站到 B 车站的一条确定的最短路径，然后按照各运营线路在此最短路径中所占的比例，对每笔换乘交易的票款收益进行清分。

4. 依据既定条件运用最短路径法确定各线的清分比例

（三）注意事项

路径代价的计算和清分比例的划分需谨慎。

五、考核标准

考核内容	考核标准	评分标准	考试形式
课内实训综合成绩	实训纪律、工作态度、专业技能、合作精神、综合素质	课内实训综合成绩是课程平时成绩的重要组成部分。采用倒扣分的形式评分，错、漏一处扣5分，按总评成绩分数分为：A（90~100分）、B（80~89分）、C（70~79分）、D（60~69分）、E（0~59分）五级	综合评定

《城市轨道交通运营车站行车工作》课内实训指导书

适用专业	城市轨道交通运营管理	课程名称	城市轨道交通运营车站行车工作	实训课时	30
编制执笔人	马成正，朱华，王智超	编制时间		年　月　日	

《城市轨道交通运营车站行车工作》课内实训项目目录

课程名称	实训名称	课时数	实训目的	实训内容	主要仪器设备	备注
城市轨道交通运营车站行车工作	实训一：调度集中控制下的列车运行组织	2	训练行车组织程序与方法	调度集中控制下的列车运行组织程序	模拟沙盘、车站模型	
	实训二：调度监督下半自动控制的列车运行组织	2	训练行车组织程序与方法	调度监督下半自动控制的列车运行组织	模拟沙盘、车站模型	
	实训三：列车折返作业组织	2	掌握列车折返作业组织方法	列车折返作业组织方法	模拟沙盘、车站模型	
	实训四：ATS故障时的行车组织	2	掌握ATS故障时的行车组织作业程序	ATS故障时的行车组织作业程序	模拟沙盘、车站模型	
	实训五：ATP故障时的行车组织	2	掌握站间电话联系法作业程序	接发列车作业程序	模拟沙盘、车站模型	
	实训六：站间电话闭塞法组织行车时接发列车作业	4	掌握方法及有关规定	接发列车作业程序	模拟沙盘、车站模型	
	实训七：联锁设备出现异常时的处理	2	掌握联锁设备出现异常时的处理	上报，接令，处理	模拟沙盘、车站模型	
	实训八：联锁站联锁设备故障，开放引导信号接车	2	掌握联锁站联锁设备故障，开放引导信号接车作业程序	调度命令的下达，接受，作业组织方法	模拟沙盘、车站模型	
	实训九：人工准备进路	2	手摇道岔并遵守有关规定	手摇道岔并遵守有关规定	模拟沙盘、车站模型	
	课内实训十：加开救援列车作业	2	掌握加工救援列车的组织方法	调度命令，救援调车	模拟沙盘	
	课内实训十一：手信号演练	2	掌握行车与调车作业手信号	昼间信号，夜间信号，徒手信号	信号旗、信号灯	

课内实训一：调度集中控制下的列车运行组织

一、实训目的

掌握调度集中控制下的列车运行组织各岗位的作业要求。

二、实训任务

模拟调度集中控制下的列车运行组织作业。

三、主要仪器设备及使用

（一）实训所需设备

调度电话、对讲机、LOW 工作站。

（二）操作注意事项

（1）课程代表课前向实验室借用相关设备并发放至各小组，实训后归还设备。
（2）实训场地要文明工作、文明生产，各种工具、设备要摆放合理、整齐；正确使用调度电话、对讲机、LOW 工作站。
（3）实训完毕，将相关设备恢复、关机。

四、实训的组织管理

每四个人组织成一个小组，分别代表：行调，行值，站务员，驾驶员。
按照已经分好的组，行车调度员位于调度中心，监控整条线路的行车情况，各站行车值班员位于各站站控室，通过显示屏监控本站列车运行情况，各站站务员位于站台，迎送列车。

五、实训项目简介、实训步骤

主要按运营前、运营中及运营结束后三个阶段，描述在一个列车运行周期中行车调度员、行车值班员及列车驾驶员的作业。

（一）运营前准备

1. 行车调度员

每天运营前在规定时间，行调员根据"正线施工登记"检查当晚的所有维修施工及调试作业是否完毕及销点，线路巡视工作是否完成，确认线路出清并符合行车条件后进行下列运营前的准备工作。

（1）试验道岔。
（2）检查和准备。
（3）装入运营时刻表。
（4）核对钟表时间。
（5）调度首班车要求。

2. 行车值班员和站务员

行车值班员和站务员位于车站，其工作内容是车站行车组织作业。

（1）行车值班员。行车值班员从 OCC 中心接受控制权，在 LOW 工作台上试验道岔，检查站台和线路出清情况，向行调汇报，并于首班客车发车前的规定时间开始向乘客广播第一列车的到达时间及注意事项。值班站长或行车值班员与行车调度员核对时间。

（2）站务员。开行首班车前，车站各岗位工作人员要准时开门、开启电扶梯及照明、巡视车站等。

3. 驾驶员

运营前驾驶员主要进行客车整备作业，具体整备作业内容按城市轨道交通企业的《客车驾驶员手册》规定进行。

（二）运营中作业

1. 行车调度员

运营期间行车调度员应充分使用各项调度指挥设备，组织指挥列车按照计划运行图安全、准点运行，尽量均衡在线列车的运行间隔。运营期间行调主要进行以下几项作业：

（1）运用调度电话与车站值班员、车辆段调度员、派班员保持联系，发布调度命令，实现对列车运行的调度指挥。

（2）进行电力供应、环境控制、防灾救护及设备维修施工等的调度指挥工作。

（3）通过监视器监视各站的站厅、站台情况，发现异常可进行录像分析。

（4）通过行调模拟显示屏，掌握调度区域范围内信号系统设备（轨道电路、信号机等）状况，列车占用线路情况，各次列车运行位置的动态显示。

2. 行车值班员和站务员

（1）行车值班员。联锁站值班站长（或行车值班员）通过微机联锁区域操作员工作站（简称 LOW 工作站）监视列车运行情况。

（2）站务员。在客车进站时，站务员原则上应站在站台扶梯口靠近紧急停车按钮处，并应随时注意列车运行情况及站台乘客动态，防止乘客在列车关门时出现冲上车被夹伤的情况，同时负责维护站台秩序，监督驾驶员按规范动作关门。

3. 驾驶员

（1）列车出库。列车整备完毕列车状态符合正线服务后，报告车厂信号值班员列车整备完毕；确认出厂信号开放，按该列车出车厂时刻以 RM 模式驾驶列车出库，整列列车离开库门前限速 5 km/h。

（2）正线运行。列车运行期间在"ATO"驾驶模式下，驾驶员要注意观察列车显示屏信息、各指示灯和仪表显示、自动开关状态。列车运行中坚持不间断瞭望前方进路状态，发现线路、弓网出现故障及其他轨旁设备出现损坏或超限时，采取紧急措施，并报告行调。

（3）站台作业。在 ATO 模式下，列车进站自动对标停车后，列车显示屏出现相应侧车门的释放信息，车门自动打开，无特殊情况（列车无故障或无接听行调电话）乘务员须在确认驾驶员台气制动"施加"红色指示灯亮后立即到站台（驾驶室旁）立岗，监视站台乘客上下车。

（三）运营结束时和结束后的作业

1. 行车调度员

每天运营结束后，行车调度要对当天的行车工作进行分析、总结。运营结束后，行调的作业主要包括以下几个方面。

（1）打印当日计划、实迹运行图。

（2）编写运营情况报告，如运营日报。

（3）进行客车统计分析，包括计划开行列数、实际开行列数、救援列次、清客列次、下线列次、晚点列数和正点率、运营里程（列公里）等。

2. 行车值班员、站务员

车站在尾班列车开出前应在规定时间开始广播，通知停止售票和进站检票工作，检查确认付费区内乘客均已上车，确认无异常情况后才能向驾驶员显示发车信号。

3. 驾驶员

运营结束后，客车进行回厂作业。运营列车结束服务到达回厂站后，广播通知乘客下车，确认全部乘客下车后，按站务人员给的"好了信号"关门。

六、考核标准

考核内容	考核标准	评分标准	考试形式
课内实训综合成绩	实训纪律、工作态度、专业技能、合作精神、综合素质	课内实训综合成绩是课程平时成绩的重要组成部分。按总评成绩分数分为：A（90~100分）、B（80~89分）、C（70~79分）、D（60~69分）、E（0~59分）五级	综合评定

课内实训二：调度监督下半自动控制的列车运行组织

一、实训目的

掌握调度监督下半自动控制的列车运行组织程序。

二、实训任务

模拟调度监督下半自动控制的列车运行组织。

三、主要仪器设备及使用

（一）实训所需设备

调度电话、对讲机、LOW 工作站。

（二）操作注意事项

（1）课程代表课前向实验室借用相关设备并发放至各小组，实训后归还设备。
（2）实训场地要文明工作、文明生产，各种工具、设备要摆放合理、整齐；正确使用调度电话、对讲机、LOW 工作站。
（3）实训完毕，将相关设备恢复、关机。

四、实训的组织管理

每四个人组织成一个小组，分别代表：行调，行值，站务员，驾驶员。

按照已经分好的组，行车调度员位于调度中心，监控整条线路的行车情况，各站行车值班员位于各站站控室，通过显示屏监控本站列车运行情况，各站站务员位于站台，迎送列车。

五、实训项目简介、实训步骤指导

城市轨道交通系统由于装备了列车自动控制 ATC 系统，ATC 系统的 ATS 子系统能根据列车运行图自动排列进路、开放信号。当中央 ATS 系统故障，可通过微机联锁区域操作员工作站（简称 LOW 工作站）办理接发列车作业。车站控制分为调度监督和改用电话闭塞法两种情况。

（一）调度监督时的接发列车作业

在调度监督的情况下，由于行车调度员只能监督现场设备和列车运行状态，不能直接控制现场列车运行，因此调控权下放，由车站行车值班员运用车站信联闭设备办理接发列车作业。

车站接发列车作业程序如下。

1. 准备进路

有道岔车站的列车接发车进路可根据行车调度员下达的列车运行计划预先办理。

2. 办理闭塞

发车站行车值班员用车站集中电话向接车站请求闭塞；接车站行车值班员接到请求闭塞电话后，确认前次列车已经到达前方站，确认接车区间空闲、接车进路畅通、有关道岔位置正确和确认影响接车进路的调车作业已经停止后，按压同意接车按钮。

3. 开放信号

发车站行车值班员再次确认发车进路正确无误后,按压发车信号按钮。此时,发车站出站信号机为绿灯显示,发车表示灯变为红灯显示;接车站接车表示灯变为红灯显示以及闭塞电铃鸣响。

4. 列车出发

列车出发后,发车站行车值班员拨起发车信号按钮,向接车站行车值班员和行车调度员报点,填写"行车日志";接车站行车值班员接到报点后填写"行车日志"。此时,发车站出站信号机变为红灯显示。

5. 列车到达

列车到达后,接车站行车值班员向发车站行车值班员和行车调度员报点,填写"行车日志",发车站行车值班员接到报点后填写"行车日志"。

6. 取消闭塞

在发车站请求闭塞、接车站同意接车和发车站尚未开放出站信号时,如因故需要取消闭塞时,由发车站行车值班员用车站集中电话向接车站行车值班员请求取消闭塞,接车站行车值班员接请求取消闭塞电话后,破封登记,按压故障按钮。此时,发车站发车表示灯为黄灯显示;接车站接车表示灯为红黄灯显示。各个灯的显示见表3.1。

表 3.1 各个灯的显示情况

表示灯类型		发车表示灯	接车表示灯	到达表示灯
表示灯显示	红灯	出站信号开放	邻站出站信号开放	列车到达本站
	绿灯	可以开放出站信号		
	黄灯	列车到达接车站	列车到达前方站	
	红黄灯		列车到达本站	
	灭灯		同意接车	

7. 接送列车

列车在车站到发或通过时,站台站务员应按规章要求站在规定地点接送列车,密切注意列车运行状态以及乘客乘降情况,一旦发现有危及行车安全和乘客安全的情况应立即采取有效措施妥善处理。

六、考核标准

考核内容	考核标准	评分标准	考试形式
课内实训综合成绩	实训纪律、工作态度、专业技能、合作精神、综合素质	课内实训综合成绩是课程平时成绩的重要组成部分。按总评成绩分数分为:A(90~100分)、B(80~89分)、C(70~79分)、D(60~69分)、E(0~59分)五级	综合评定

七、附　件

城市轨道交通自动闭塞法接发列车作业

（一）范　围

本部分适用于装设有 ATC 信号设备的系统，在中央信号联锁设备故障，联锁站联锁设备良好，需人工在 LOW 上排列列车进路的情况（即 ATS 不能完成进路的自动排列，而车站联锁设备正常时）。

（二）接发列车作业程序及技术要求（作业程序及用语见表 3.2）

表 3.2　联锁站自动闭塞接车作业程序及用语

作业程序	岗位作业技术要求			说明事项
	值班站长	行车值班员	站务员	
一、听受预告	（1）确认接车线路空闲			根据"行车日志"和 LOW 工作站显示确定
	（2）听取发车站预告并复诵"×（次）预告"			
	（3）填写《行车日志》			
	（4）通知行车值班员："×（次）预告"，并听取复诵	（5）复诵："×（次）预告"		
二、准备进路、开放信号	（6）向行车值班员下达准备进路命令："排列×次接车进路"。	（7）复诵："排列×次接车进路"。		列车通过时，应办理有关发车作业程序
	（8）听取复诵无误后，命令："执行"。	（9）在 LOW 工作站上依次点击始终端按钮，排列列车进路。确认进路（进路防护）信号开放好后口呼"进路（进路防护）信号好了"		
	（10）确认进路（进路防护）信号好后，口呼"进路（进路防护）信号好"			
	（11）通知发车站"××站接车进路信号好了"			
三、接车	（12）听取发车站报点，复诵"××次×点×分×秒开"	（16）监视列车到达并报告"××次到达"	（15）站台站务员复诵"××次开过来，准备接车"并立岗接车	
	（13）填写行车日志。			
	（14）通知站台站务员"××次开过来，准备接车"，并听取汇报。			
	（17）监视列车到达并应答"好"			
四、报点	（18）向发车站报点"××站××次×点×分×秒到（通过）"并听取复诵。			
	（19）填写行车日志。			
	（20）向行调报点"××站××次×点×分×秒到（通过）"			

课内实训三：列车折返作业组织

一、实训目的

掌握车站控制时的列车折返作业程序。

二、实训任务

模拟列车折返作业组织。

三、主要仪器设备及使用

（一）实训所需设备

调度电话、对讲机、LOW 工作站。

（二）操作注意事项

（1）课程代表课前向实验室借用相关设备并发放至各小组，实训后归还设备。
（2）实训场地要讲文明工作、文明生产，各种工具、设备要摆放合理、整齐；正确使用调度电话、对讲机、LOW 工作站。
（3）实训完毕，将相关设备恢复、关机。

四、实训的组织管理

每四个人组织一个小组，分别代表：行调，行值，站务员，驾驶员。

按照已经分好的组，行车调度员位于调度中心，监控整条线路的行车情况，各站行车值班员位于各站站控室，通过显示屏监控本站列车运行情况，各站站务员位于站台，迎送列车。

五、实训项目简介、实训步骤

（一）调度集中控制时的列车折返作业

1. 行车调度员

列车折返的调车进路由行车调度员人工排列或中央 ATS 自动排列。在车站有数条折返线或渡线，即有不同的折返调车进路的情况下，应在列车折返作业办法中规定优先采用的列车折返模式，明确列车折返优先经由的折返线或渡线。

2. 驾驶员（以站后无人折返为例）

折返时的作业主要是到达驾驶员与折返驾驶员进行交接，并组织列车进行折返。列车在折返站进行折返有人工折返和自动折返两种方式。

（二）车站控制时的列车折返作业

列车折返的调车进路由车站行车值班员人工进行排列。原则上，行车值班员应按优先采用的列车折返模式排列进路，如需变更列车折返模式，必须得到行车调度员的同意。

折返列车进出折返线或折返停车位置的作业过程和速度控制，与调度集中控制时列车折近作业的办理相同。

六、考核标准

考核内容	考核标准	评分标准	考试形式
课内实训综合成绩	实训纪律、工作态度、专业技能、合作精神、综合素质	课内实训综合成绩是课程平时成绩的重要组成部分。按总评成绩分数分为：A（90～100分）、B（80～89分）、C（70～79分）、D（60～69分）、E（0～59分）五级	综合评定

课内实训四：ATS故障时的行车组织

一、实训目的

掌握ATS故障时车站的行车组织及LOW的操作。

二、实训任务

演练ATS故障时车站的行车组织。

三、主要仪器设备及使用、操作安全注意事项

（一）实训所需设备

调度电话、对讲机、LOW工作站。

（二）操作注意事项

（1）课程代表课前向实验室借用相关设备并发放至各小组，实训后归还设备。

（2）实训场地要讲文明工作、文明生产，各种工具、设备要摆放合理、整齐；正确使用调度电话、对讲机、LOW工作站。

（3）实训完毕，将相关设备恢复、关机。

四、实训的组织管理

（1）实训分组安排：全班分为6个联锁区，设大区区站长一名，每组8～10人。每组设

行调 1 名，行车值班员 2 名，站务员、司机若干名。

（2）由各大区长负责本班组实训项目的组织和管理，督促学员按步骤完成实训、组织实训内容讨论、提交实训报告。

五、主要仪器设备及使用

（一）实训所需设备

调度电话、对讲机、LOW 工作站。

（二）操作注意事项

（1）课程代表课前向实验室借用相关设备并发放至各小组，实训后归还设备。

（2）实训场地要讲文明工作、文明生产，各种工具、设备要摆放合理、整齐；正确使用调度电话、对讲机、LOW 工作站。

（3）实训完毕，将相关设备恢复、关机。

六、实训项目简介、实训步骤指导与注意事项

（一）项目简介

某城市轨道交通线路如图 3.1 所示，虚线部分 F 站联锁区、I 站联锁区中央 ATS 故障，请进行相关区段车站的行车组织。

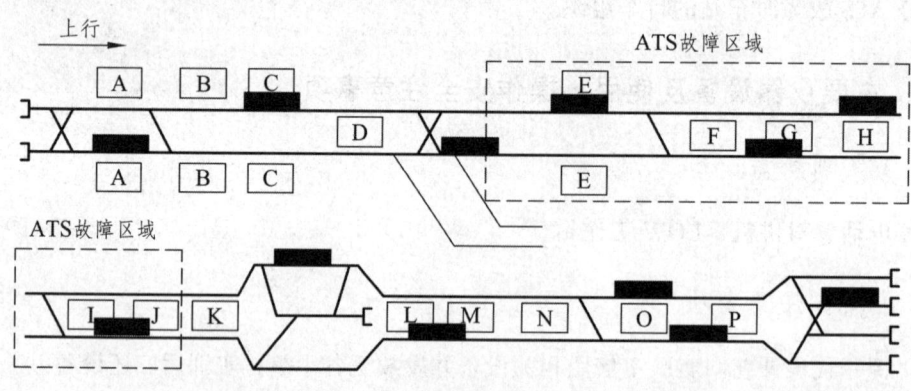

图 3.1 某城市轨道交通线路图

（二）实训步骤指导

1. 记录故障现象

观察故障区域各站的 LOW 工作站的显示，观察故障区域线上列车的状态，将观察到的现象填写、制成《ATS 故障现象》附件表一。

2. 故障区域的行车组织

（1）行调确定故障类型。

行调要求联锁集中站行车值班员确认 LOW 显示是否正常，如果车站 LOW 显示正常，则是中央 ATS 故障；如果车站 LOW 显示不正常，则判断为中央 ATS、车站 ATS 分机都故障。

（2）当确认仅为调度中心中央 ATS 系统发生故障后：

① 行车调度员。

下放 LOW 控制权给车站或要求车站强行站控，并要求行车值班员监视各自区域的列车运行状况。

② 车站值班员。

接受控制权后，应确认 LOW 工作站上的车站级 ATS 远程单元（RTU 远程控制单元）是否被激活。如果激活，则车站的 ATS 分机通过内置下载的运行图来保持类似中央自动进路控制功能。

中央 ATS 故障后，列车运行控制会因为不同的信号系统导致制式有所不同。一般不能维持列车的自动调整运行功能，而是靠调整列车的停站时间来控制列车运行。

需要时，车站值班员可在 LCP 盘上进行"扣车/终止扣车"的操作来延长列车的停站时间；在 LOW 工作站上进行"取消停车点"的操作，来缩短列车的停站时间。

③ 司机。

行调通知错误车次号或丢失车次号的司机输入车次号；换向、折返运行时，输入新的目的码和车次号。

联锁集中站向行调报点，行调以报点站为单位，人工铺画列车运行图。

（3）如果车站 LOW 显示不正常或车站 RTU 不能激活：

① 行车调度员。

下放 LOW 控制权给车站或要求车站强行站控，并要求行车值班员监视各自区域的列车运行状况。

② 车站值班员。

接受控制权后，行车值班员在 LOW 上排列进路。进路的排列可以在 LOW 上将信号机设定为自动进路状态。信号机被设置为联锁自动进路状态后，当列车运行至该信号机前的触发区时，自动触发进路排列命令，由车站的联锁设备为列车排列固定的列车进路。

其余情况，同中央 ATS 故障的行车组织。

将行车组织过程记录在《ATS 故障现象》附件表二中。

3. 注意事项

实训过程注意贯彻行车组织的原则：高度集中，统一指挥，逐级负责。实训班组学员必须听从班组长的统一指挥，班组长必须按教师布置的任务、实训指导书工作，不得做与行车工作无关的事。

七、考核标准

提交完整作品并按表 1 逐项考核打分。

表 2.3 ATS 故障时的行车组织实训成绩评定标准

考核内容		评定标准	分值	备注
实训纪律		1. 按时上下实训课，不迟到、不早退、不旷课。 2. 遵守实验室的规定及操作规程，无损坏实训设备的现象	10	凡有下列情形之一者实训成绩记为不及格： 1. 有重大违纪现象者（旷课或因违反操作规程而损坏实验设备者）； 2. 未能完成联锁集中站操作者； 3. 班组管理和生产组织严重瘫痪
动手能力	ATS 故障现象	能完成附录中表 1 的内容	10	
	中央 ATS 故障的行车组织	1. 行调判断故障准确。 2. 车站行车值班员接受控制权或强行站控操作规范。 3. 车站行车值班员能激活 RTU，并监控列车运行，会对晚点、早点列车操作。 4. 司机能输入车次号、目的码。 5. 集中站行车值班员用标准化用语向行调准确报点	20	
	车站 ATS 分机故障	1. 行调判断故障准确。 2. 车站行车值班员接受控制权或强行站控操作规范。 3. 车站行车值班员能使用自动排列进路功能，并监控列车运行，会对晚点、早点列车操作。 4. 司机能输入车次号、目的码。 5. 集中站行车值班员用标准化用语向行调准确报点	20	
	班组管理	1. 班组能听从班组长统一指挥，迅速、正确地完成实训任务。 2. 班组中所有成员遵守工作纪律，不做与行车无关的事。 3. 班组间团结协作，组内成员团结协作、互相学习。在工作中积极向上，讨论积极有创新，班组工作状态良好	20	
实训报告	实训内容及目的	内容及目的要写全，不能缺项	5	
	实训报告	实训报告必须包括三个部分：一是实训概述；二是实训过程或具体步骤；三是收获与体会，包括存在的主要问题及解决方法。不少于 500 字	10	
	对本次实训的建议	有建议	5	

课内实训五：ATP 故障时的行车组织

一、实训目的

掌握 ATP 故障时车站的行车组织。

二、实训任务

演练 ATP 故障时车站的行车组织。

三、主要仪器设备及使用、操作安全注意事项

（一）实训所需设备

调度电话、对讲机、信号旗、LOW 工作站。

（二）操作注意事项

（1）课程代表课前向实验室借用相关设备并发放至各小组，实训后归还设备。
（2）实训场地要文明工作、文明生产，各种工具、设备要摆放合理、整齐；正确使用调度电话、对讲机、LOW 工作站。
（3）实训完毕，将相关设备恢复、关机。

四、实训的组织管理

（1）实训分组安排：全班分 6 个联锁区，设大区区站长一名，每组 8～10 人。每组设行调 1 名，行车值班员 2 名，站务员，司机若干名。
（2）由各大区长负责本班组实训项目的组织和管理，督促学员按步骤完成实训、组织实训内容讨论、提交实训报告。

五、主要仪器设备及使用

实训场所选在 OCC 调度实训室或运营沙盘实训室，使用的主要设备为 1 号线全线的 LOW 工作站与行车调度台工作站。

六、实训项目简介、实训步骤指导与注意事项

（一）项目简介

某城市轨道交通线路如图 3.2。

（1）下行线清川站至民族大学站间部分轨旁 ATP 故障，进行车站的行车组织。

（2）虚线部分柳铁职院站联锁区轨旁 ATP 故障，进行相关区段车站的行车组织，并进行全区段行车的运营调整。

（3）0202 次报告车载 ATP 故障，进行行车组织。

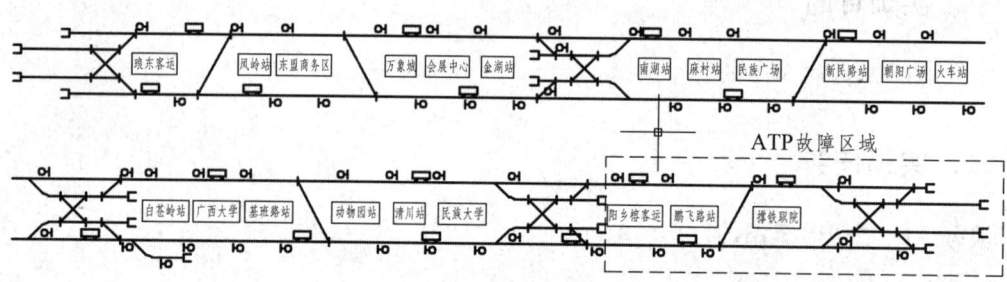

图 3.2 某城市轨道交通线路图

（二）实训步骤指导

1. 记录故障现象

观察故障区域各站的 LOW 工作站的显示，观察故障区域线上列车的状态，将观察到的现象填写、制成《ATP 故障现象》附件表一。

2. 故障区域的行车组织

（1）地面 ATP 设备小面积故障。

① 司机向行调报告故障。

② 行调查看 MMI 轨旁 ATP 表示，当出现轨道区段编码灰色闪烁（有的制式是轨道电路旁出现灰色圆点）时，判断为轨旁 ATP 故障；行调查看前方区间空闲，命令司机在该区间以 RM 模式驾驶，当收到推荐速度码后，切换到 ATO 模式。

③ 行调加强对故障区域行车间隔的监控，防止两列车进入同一故障区间、或因扣车造成出现区间停车的情况。

（2）地面 ATP 设备大面积故障（整个联锁区或数个联锁区或全线地面 ATP 故障）。

① 司机向行调报告故障。

② 行调查看 MMI 轨旁 ATP 表示，当出现整个联锁区轨道区段编码灰色闪烁时，判断为轨旁 ATP 大面积出现故障；行调报告调度长，由调度长决定是否采用电话闭塞法行车。

a. 基本闭塞法不变，处理情形同处理小面积故障，即行调查看前方区间空闲，命令司机在该区间以 RM 或 URM 模式驾驶，当收到推荐速度码后，切换到 ATO 模式；行调和车站应加强对故障区域行车间隔的监控，及时在 LCP 盘上扣车，防止两列车进入同一故障区间、或因扣车造成出现区间停车的情况。

b. 采用电话闭塞法组织行车，按电话闭塞法的接发列车标准进行。

故障区域按电话闭塞法组织行车，在 LOW 上可以确认区间空闲，进路中央 ATS 可以正常排列；车站派人接发列车。

行调进行运行调整。由于列车以 RM 或 URM 模式运行，故障区域的通过能力受限，行调可以对全线列车实行多停，提前折返开行部分小交路等方法，避免列车阻塞现象的出现。

(3) 车载 ATP 故障。

① 司机向行调报告故障。

② 行调查看 MMI 轨旁 ATP 表示正常，判断为列车车载 ATP 故障，令司机以 URM 模式驾驶至前方站。

③ 行调令车站派站务员到驾驶室添乘协助司机操作，当司机超速时按压列车警惕按钮及协助司机在车站开关车门和屏蔽门。

④ 行调要密切监控该列车的运行，保证故障车前方至少留有 2 个区间的安全空间，防止故障车与前行车追尾。

将行车组织过程记录在附件表二。

3. 注意事项

实训过程注意贯彻行车组织的原则：高度集中，统一指挥，逐级负责。实训班组学员必须听从班组长的统一指挥，班组长必须按教师布置的任务、实训指导书工作，不得做与行车工作无关的事。

七、考核标准

提交完整作品并按表 3.4 逐项考核打分。

表 3.4 ATP 故障时的行车组织实训成绩评定标准

考核内容		评定标准	分值	备 注
实训纪律		1. 按时上下实训课，不迟到、不早退、不旷课。 2. 遵守实验室的规定及操作规程，无损实训设备的现象	10	凡有下列情形之一者实训成绩为不及格： 1. 有重大违纪现象者（旷课或因违反操作规程而损坏实验设备者）； 2. 未能完成联锁集中站操作者； 3. 班组管理和生产组织严重瘫痪
动手能力	ATP 故障现象	能完成附录中表 1 的内容	10	
	轨旁 ATP 故障的行车组织	1. 司机报告故障。 2. 行调判断故障准确。 3. 行调处理准确、命令准确。 4. 车站监控到位。 5. 理解电话闭塞法的作用。 6. 能进行全线运营调整	20	
	车载 ATP 故障的行车组织	1. 司机报告故障。 2. 行调判断故障准确。 3. 行调处理准确、命令准确。 4. 车站派人添乘响应到位。 5. 理解添乘站务员的工作	20	
	班组管理	1. 班组能听从班组长统一指挥，迅速、正确地完成实训任务。 2. 班组中所有成员遵守工作纪律，不做与行车无关的事。 3. 班组间团结协作，组内成员团结协作、互相学习。在工作中积极向上，讨论积极有创新，班组工作状态良好	20	

续表

	考核内容	评定标准	分值	备注
实训报告	实训内容及目的	内容及目的要写全，不能缺项	5	
	实训报告	实训报告必须包括三个部分；一是实训概述；二是实训过程或具体步骤；三是收获与体会，包括存在的主要问题及解决方法。不少于500字	10	
	对本次实训的建议	有建议	5	

课内实训六：站间电话闭塞法组织行车时接发列车作业

一、实训目的

掌握电话闭塞法接发列车作业。

二、实训任务

电话闭塞法接发列车作业组织。

三、主要仪器设备及使用、操作安全注意事项

（一）实训所需设备

调度电话、对讲机、信号旗、LOW 工作站。

（二）操作注意事项

（1）课程代表课前向实验室借用相关设备并发放至各小组，实训后归还设备。
（2）实训场地要文明工作、文明生产，各种工具、设备要摆放合理、整齐；正确使用调度电话、对讲机、LOW 工作站。
（3）实训完毕，将相关设备恢复、关机。

四、实训的组织管理

每组4人，设行车值班员一人、值班站长一人，站务员一人，行调/司机/电务/工务一人。

五、实训步骤

站间电话闭塞法接车作业程序及用语见表3.5。

表 3.5 站间电话闭塞法接车作业程序及用语

接车作业项目	接车作业程序			说明
	行车值班员	值班站长（准备进路人员）	客运值班员（交接许可证人员）	
一、听取闭塞请求	1. 听取后方站发车请求、复诵"×××次××站请求闭塞"			客值监控行值的作业
	2. 根据《行车日志》（或通过LOW、CCTV）、调度命令确认站内线路空闲和区间线路空闲（第一趟列车与行调、发车站共同确认）并口呼"上/下行区间及接车线空闲"			
	3. 根据《行车日志》确认前方站线路空闲和区间线路空闲（第一趟列车与行调、发车站共同确认）并口呼"前方站及前方上/下行区间空闲"			行车间隔为二站二区间时有此项作业，行车间隔为一站一区间时无此项作业
二、准备进路	3. 向行调申请下线路并布置值班站长（站务员）："下轨行区准备××次××道（上/下行线）接车进路"并通知本站和邻站设置防护	4. 复诵"下轨行区准备××次××道（上/下行线）接车进路"后下轨行区准备进路		按人工准备进路作业程序执行
		5. 将进路上的道岔开通正确的位置并加锁，向行车值班员报告："××次××道（上/下行线）接车进路好了（线路出清）"		
	6. 复诵"××次××道（上/下行线）接车进路好了（线路出清）"			
三、同意闭塞	7. 通知发车站"×时×分，同意××站××次闭塞，电话记录××号"			
	8. 听取复诵无误，填写《行车日志》			
四、接车	9. 听取发车站的发车通知并复诵："××站××次××分××秒开"			
	10. 填写《行车日志》，并向前方站请求闭塞			
	13. 通知接车人员："××次开过来了，准备上/下行线接车"		14. 复诵"××次开过来了，准备上/下行线接车"监视列车进站停车	
	16. 复诵"××次到达"后填写《行车日志》		15. 列车停稳后，报车控室"××次到达"	
	17. 向行调、后方站报点		18. 向司机收回行车许可证，并打×作废	

站间电话闭塞法发车作业程序见表3.6。

表3.6 站间电话闭塞法发车作业程序

发车作业项目	发车作业程序			说明
	行车值班员	值班站长（准备进路人员）	客运值班员（交接许可证人员）	
一、请求闭塞	1. 向行调询问接发车顺序。 2. 根据行调的命令和《行车日志》，与前方站确认前方区段空闲。（首发列车还应与行调、相邻站行值共同确认） 3. 向前方站请求闭塞："××站××次请求闭塞"		监控行值的作业	行值将行调的接发车顺序报值班站长
二、准备进路	4. 向行调申请下线路。并布置值班站长："下轨行区准备××次×道（上/下行线）发车进路"。并通知本站和邻站设置防护	5. 复诵"下轨行区准备××次×道（上/下行线）发车进路"后下线路准备进路		
	7. 复诵"上/下行发车进路准备好了"	6. 进路准备好并到达安全位置后报站控室："上/下行发车进路准备好了"		按手摇道岔六步曲执行
三、办理闭塞	8. 接到同意闭塞的电话后复诵："×时×分，同意××站××次闭塞，电话记录号×号。" 9. 填写《行车日志》			
	10. 布置客运值班员填写路票。"客值，填写××次路票"		11. 根据行值命令填写路票并向行值复诵。"路票，电话记录××号，车次×××；×站—×站，站名印有了"	
	12. 指示客运值班员向司机交付路票"复诵正确，交付路票"		13. 向司机交付路票后，确认乘客上下完毕，列车车门、屏蔽门关闭后向司机显示发车信号。眼看手指口呼"乘客上下完毕，列车车门、屏蔽门关闭"，并显示发车信号	
四、列车出发	15. 复诵"××次出发"		14. 列车出清站台区后，向车控室报"××次出发"	
	16. 填写《行车日志》			

续表

发车作业项目	发车作业程序			说明
	行车值班员	值班站长 （准备进路人员）	客运值班员 （交接许可证人员）	
四、列车出发	17. 列车出发后，向前方站（接车站）（行调）报点，"××站××次××分××秒开"。当列车尾部越过站台头端墙后，向后方站报点，"××站××次××分××秒开，电话记录××号"			
五、开通区间	18. 复诵前方接车站通知"××站××次××分开，电话记录××号"，填写行车日志，并口呼"区间开通"			

六、考核标准

考核内容	考核标准	评分标准	考试形式
课内实训综合成绩	实训纪律、工作态度、专业技能、合作精神、综合素质	课内实训综合成绩是课程平时成绩的重要组成部分。按总评成绩分数分为：A（90～100分）、B（80～89分）、C（70～79分）、D（60～69分）、E（0～59分）五级	综合评定

课内实训七：联锁设备出现异常时的处理

一、实训目的

掌握联锁设备出现异常时的处理方法。

二、实训任务

联锁设备出现异常时的处理。

三、主要仪器设备及使用、操作安全注意事项

（一）实训所需设备

调度电话、对讲机、信号旗、LOW工作站。

（二）操作注意事项

（1）课程代表课前向实验室借用相关设备并发放至各小组，实训后归还设备。

（2）实训场地要文明工作、文明生产，各种工具、设备要摆放合理、整齐；正确使用调度电话、对讲机、LOW工作站。

（3）实训完毕，将相关设备恢复、关机。

四、实训的组织管理

每组3人，设行车调度员一人，司机一人，行车值班员一人。

按照已经分好的组，行车调度员位于调度中心，监控整条线路的行车情况，各站行车值班员位于各站站控室，通过显示屏监控本站列车运行情况，各站站务员位于站台，迎送列车。

五、实训项目简介、实训步骤

（一）道岔区段出现红光带造成进路排不出时的处理

（1）行车值班员应立即报告行车调度员、信号工区、值班站长及段调，并在"施工检修作业登记簿"内登记。

（2）行调放权站控后，行车值班员应利用其他进路，确保正常接发列车。

（3）若必须使用该进路时，行车值班员可使用单操道岔的方法，将道岔转换至所需位置并单锁，在确认线路空闲及安全的前提下，开放引导信号接发列车。

（4）值班站长接到故障报告后应到车控室把关，协助行车值班员做好行车组织工作。

（5）信号工区人员检修完毕并在"施工检修作业登记簿"上登记签认正常后，行车值班员经试排进路确认正常并签认后，方可通知行调、段调设备恢复正常使用。

（二）控制台挤岔铃响时的处理

1. 道岔区段无列车占用时

（1）行车值班员立即报告行调，接受控制权，通知站长派扳道员到现场查看，通知信号工区，并在"施工检修作业登记簿"内登记。

（2）扳道员到现场检查，道岔无不良病害，清除尖轨与基本轨间异物后，行车值班员单操道岔进行检测，若恢复正常即可报行调已恢复正常使用。

（3）若不能恢复，可手摇道岔，待信号工区人员检修完毕并在"施工检修作业登记簿"内登记签认正常，行车值班员经试排进路确认正常并签认后，通知行调、段调设备已恢复正常。

2. 道岔区段有列车占用时

（1）行车值班员立即报告行调并提醒行调通知驾驶员禁止动车，通知站长派扳道员到现场监护禁止动车，通知信号工区、工务工区人员，并在"施工检修作业登记簿"上登记。

（2）值班站长应立即报段调并在车控室及现场把关。

（3）信号、工务抢修人员到场确定处理意见后，按工务抢修工长意见办理行车业务。

（4）道岔修复须由信号工务人员在"施工检修作业登记簿"上签认正常，行车值班员应经试排进路确认正常并签认后，方可通知行调、段调设备已恢复正常使用。

（三）道岔发生故障时的处理

1. 道岔发生病害危及行车安全时

（1）行车值班员应立即报告行调，禁止列车通过该道岔，若线路上有列车，行车值班员应指派扳道员到现场保护，防止列车驶经该道岔，通知工务人员抢修并在"施工检修作业登记簿"上登记。

（2）行车值班员应通知站长在车控室把关，并报段调。

（3）工务人员抢修完毕在"施工检修作业登记簿"上签认正常后，行车值班员应在试排进路或单操道岔试验正常后，方可通知行调、段调设备已恢复正常使用。

（4）在恢复正常使用前，行车值班员应利用其他进路确保正常接发列车。

2. 道岔失去表示或道岔电气故障必须手摇时

（1）道岔故障时的处理原则：

① 进入现场检查道岔时应确认道岔各部件良好：道岔尖轨与基本轨间有无异物；道岔滑床板有无异物卡住。

② 确认道岔非机械故障，应通过人工排列列车进路的方式接发列车；手摇道岔必须严格遵守"六步曲"。

③ 一条进路上有多副道岔，摇岔人员仅对故障道岔按照规定进行处理。其他正常道岔不需作任何处理，但可与行调确认开通位置。

④ 按照"先通后复"原则，值班站长负责现场指挥。没有得到行调允许，现场不得进行影响行车的抢修作业。

（2）道岔故障时的处理要点：

① 值班站长及有关摇岔人员听到故障报警后应立即赶到车控室查明故障情况，了解有关进路安排。

② 行车值班员应立即报告行调，通知信号工区、段调、站长，并在"施工检修作业登记簿"内登记。

③ 站长应派有关人员携带手摇道岔工具，穿戴好防护用品到指定地点待命，途中应与行调取得联系并得到行调允许其到现场手摇道岔的许可，站长在车控室把关。

④ 手摇道岔人员应严格按照行车值班员指令准备列车进路，认真遵照手摇道岔作业制度办理行车作业。

⑤ 信号工区人员抢修完毕并在"施工检修作业登记簿"上签认正常后，行车值班员应试排进路或进行单操道岔试验，正常后，方可通知行调、段调设备已恢复正常使用。

（四）分路不良的处理

（1）行车调度员指示相关车站，禁止扳动相关道岔。

（2）车站人员确认当前列车位置及道岔位置，并向行车调度员报告。

（3）需要使用此道岔时，需获行车调度员授权，道岔扳到需要位置后要进行道岔单锁，方可进行作业。

（4）分路不良的轨道电路存车时，列车停稳后在分路不良区段内两端加短路线。

（五）道岔防护信号机不能正常显示时的处理

（1）若发生主灯丝断丝的报警，通过中央调度终端确认进路已正确排列，与驾驶员确认列车车载信号显示正常，则说明现场信号灯丝故障。

（2）若列车驾驶员或车站人员报告信号机显示不正确，且无主灯丝断丝报警出现，应立即通过中央调度终端确认进路是否已正确排列；与车站进行确认是否有相关报警出现；与驾驶员确认列车车载信号显示是否正常。

（3）通知维修调度和驻站维修信号人员，进行进一步的检查。

（4）与即将通过该联锁区的列车驾驶员取得联系，通知其该信号机显示故障，当列车到达联锁区时与驾驶员确认车载信号是否正常，并且通知驾驶员注意道岔位置。若机车信号正常且道岔位置正确，指示驾驶员凭机车车载信号驾驶列车驶过该联锁区。

六、考核标准

考核内容	考核标准	评分标准	考试形式
课内实训综合成绩	实训纪律、工作态度、专业技能、合作精神、综合素质	课内实训综合成绩是课程平时成绩的重要组成部分。按总评成绩分数分为：A（90~100分）、B（80~89分）、C（70~79分）、D（60~69分）、E（0~59分）五级	综合评定

课内实训八：联锁站联锁设备故障，开放引导信号接车

一、实训目的

掌握联锁站联锁设备出现故障、开放引导信号接车对员工提出的有关要求。

二、实训任务

任务一：车辆段联锁设备故障，开放引导信号接车。

任务二：联锁站联锁设备故障，开放引导信号接车。

三、主要仪器设备及使用、操作安全注意事项

（一）实训所需设备

调度电话、对讲机、信号旗、LOW工作站。

（二）操作注意事项

（1）课程代表课前向实验室借用相关设备并发放至各小组，实训后归还设备。

（2）实训场地要讲文明工作、文明生产，各种工具、设备要摆放合理、整齐；正确使用调度电话、对讲机、LOW工作站。

（3）实训完毕，将相关设备恢复、关机。

四、实训的组织管理

每组4人，设行车调度员一人，行车值班员一人、值班站长一人，站务员一人。

五、实训项目简介、实训步骤

（一）任务一：车辆段联锁设备故障，开放引导信号接车

1. 进路道岔区段轨道电路故障（红光带），开放引导信号接车

（1）值班员报告行调、段调（厂调），通知信号工区，在"施工检修作业登记簿"内登记。

（2）值班员派有关人员到现场检查确认进路空闲，无危及行车安全的情况出现。

（3）准备接车进路，开放引导信号：

① 单操道岔，同时按下道岔操纵按钮及道岔总定位或总反位按钮，将进路上的道岔单操至所需位置，并再次确认进路道岔位置是否正确。

② 按压引导按钮，则非故障区段进路上点亮白光带，引导信号开放，防护信号复示器点亮白灯，此时非故障区的道岔处于引导进路锁闭状态。

③ 将故障区段上的道岔实施单锁，按下设在单操道岔按钮下方的道岔单锁按钮，该道岔即为单独锁闭，其按钮表示灯亮红灯。

（4）值班员确认引导信号开放好后，用无线电台呼叫驾驶员"××信号机引导信号开放好。"

（5）驾驶员听取"××信号机引导信号开放好"并复诵，确认引导信号开放好后，按规定速度要求运行，越过该信号机，并随时做好停车准备。

（6）值班员确认列车整列到达接车线股道停妥后，解锁接车进路。

① 如果该信号机内方第一区段轨道电路良好，那么按压引导按钮后即可松手，当车辆第一轮对进入信号机内方时，引导信号即自动关闭；如果第一轨道区段轨道电路故障，此时引导按钮必须一直处于按压状态，直到列车进入信号机内才可松手。

② 列车沿进路通过后，进路仍处于锁闭状态，白光带继续点亮，当值班员确认列车已全部到达接车线股道停妥后（即列车尾部停在接车股道警冲标内），同时按压该信号机的列车按钮和总人工解锁按钮，进路立即解锁，白光带熄灭。

③ 在办理了进站台线路的进路，列车到达接近区段时，发现显示进路信号的信号突然关闭，信号机显示红灯，原排进路白光带仍在点亮，此时可按压引导信号按钮，办理引导接车，当列车整列通过后，值班员按压总人工解锁按钮和相应的区段解锁按钮将进路解锁。

2. 进路道岔区段道岔失去表示，开放引导信号接车

（1）不需现场手摇道岔时的工作步骤：

① 值班员报告行调、段调（厂调），通知信号工区，在"施工检修作业登记簿"上登记。

② 值班员派有关人员到现场检查确认进路空闲，无危及行车安全的情况，检查确认故障区道岔位置是否正确。

③ 准备接车进路，开放引导信号。

a. 单操道岔，同时按下道岔操纵按钮及道岔总定位或总反位按钮，将进路上的道岔单操至所需位置，并再次确认进路道岔位置正确。

b. 按压引导总锁闭按钮，即将该咽喉区的联锁道岔均锁于所处位置，然后再按压引导按钮，引导信号开放，该信号复示器点亮白灯。

④ 值班员确认引导信号开放后，用无线电台呼叫驾驶员"××信号机引导信号开放好"。

⑤ 驾驶员听取"××信号机引导信号开放好"并复诵，确认引导信号开放好后，按规定速度要求运行，越过该信号机，并随时做好停车准备。

⑥ 值班员确认列车整列到达接车线股道停妥后，解锁接车进路。

（2）需现场手摇道岔时工作步骤：

① 值班员报告行调、段调（厂调），通知信号工区，在"施工检修作业登记簿"上登记。

② 值班员派有关人员到现场检查确认进路空闲，无危及行车安全的情况，检查确认故障区道岔位置不在所需进路上。

③ 准备接车进路。

a. 控制台上非故障区道岔使用单操的方法转换道岔位置，即同时按下道岔操纵按钮及道岔总定位或总反位按钮，将进路上的道岔单操至所需位置，并再次确认进路道岔位置正确。

b. 手摇道岔人员应严格按照值班员指令准备列车进路，认真遵守手摇道岔作业制度，将故障区的道岔手摇到所需位置并用钩锁器加锁后，再次确认进路道岔位置是否正确，确认后向值班员汇报进路准备好了。

④ 开放引导信号：按压引导总锁闭按钮，即将该咽喉区的联锁道岔均锁于所处位置，然后再按压引导按钮，引导信号开放，该信号复示器点亮白灯。

⑤ 值班员确认引导信号开放好后，用无线电台呼叫驾驶员"××信号机引导信号开放好"。

⑥ 驾驶员听取"××信号机引导信号开放好"并复诵，确认引导信号开放好后，按规定速度要求运行，越过该信号机，并随时做好停车准备。

⑦ 值班员确认列车整列到达接车线股道停妥后，解锁接车进路。

（二）任务二：联锁站联锁设备故障，开放引导信号接车

（1）行车值班员发现联锁设备出现异常（如进路道岔区段为红光带）后，立即报告行调，通知值班站长、信号工区，并在"施工检修作业登记簿"上登记。

（2）行车值班员派有关人员到现场检查确认进路是否空闲，有无危及行车安全的情况。

（3）准备接车进路，征得行调的同意后开放引导信号。

① 在LOW工作站使用单操道岔的方法准备进路，即用鼠标的左键点击LOW主窗口上的道岔元件或道岔元件编号，此时所选元件被打上灰色底色，然后在对话窗口中的命令显示栏用鼠标的左键点击所需的命令，最后用鼠标的左键点击对话窗口中的"执行"按钮，该道岔即可转至所需位置。

② 确认进路上的道岔全部开通正确并锁闭后，开放引导信号，即用鼠标的左键点击LOW主窗口上的信号机元件或信号机元件编号，此时所选元件被打上灰色底色，然后在对话窗口中的命令显示栏用鼠标的左键点击"开放引导"的命令，最后用鼠标的左键点击对话窗口中的"执行"按钮，引导信号开放。

（4）行车值班员确认引导信号开放后，用无线电台呼叫驾驶员"××信号机引导信号开放好"。

（5）驾驶员听取"××信号机引导信号开放好"并复诵，确认引导信号开放正确后，按规定速度要求进站并随时做好停车准备。

六、考核标准

考核内容	考核标准	评分标准	考试形式
课内实训综合成绩	实训纪律、工作态度、专业技能、合作精神、综合素质	课内实训综合成绩是课程平时成绩的重要组成部分。按总评成绩分数分为：A（90～100分）、B（80～89分）、C（70～79分）、D（60～69分）、E（0～59分）五级	综合评定

课内实训九：手摇道岔与清扫道岔

一、实训目的

掌握手摇道岔作业技能。

二、实训任务

手摇道岔作业。

三、主要仪器设备及使用、操作安全注意事项

（一）实训所需设备

对讲机、信号旗、红显灯，手摇把，钩锁器，荧光衣。

（二）操作注意事项

（1）课程代表课前向实验室借用相关设备并发放至各小组，实训后归还设备。
（2）实训场地要文明工作、文明生产，各种工具、设备要摆放合理、整齐；正确使用红显灯、对讲机、荧光衣等。
（3）实训完毕，将相关设备恢复、关机。

四、实训的组织管理

每组3人，设行车值班员一人、值班站长一人，站务员一人。
按照已经分好的组，行车值班员位于各站站控室，值班站长与站务员下轨行区通过手摇道岔准备进路。

五、实训项目简介、实训步骤

岗位技术要求见表3.7。

表 3.7　岗位技术要求

作业程序		岗位作业技术要求		
程序	项目	车控室	扳道人员1号（进路准备员）	扳道人员2号（进路检查员）
准备进路	接收命令	1. 通知扳道人员："×号，×号办理上行线（下行线、×道）接（发）车进路，入轨作业准备" 听取复诵无误后，命令："执行"	2. 复诵："办理上行线（下行线、×道）接（发）车进路，入轨行作业准备，1号明白"	复诵："2号知道了"
	准备工作及下线路申请	4. 听取扳道人员汇报后，通知手摇道岔人员："准许下线路"	3. 接令后携带有关备品（手摇把、钩锁器、扳手、端门钥匙、道岔钥匙、对讲机、信号旗/灯、红闪灯、安全帽、荧光衣、绝缘鞋、铜锁及钥匙、手套、手电筒和接触轨区域安全行走线路图赶赴现场）在边门处等候，并请示行调："准备工作已完成，人员已在边门处等候，请求进入轨行区作业"	
	准备进路及确认进路	6. 听取汇报后，通知扳道人员："准备上/下行线（×道）接（发）车进路" 听取复诵无误后，命令："执行" 16. 听取扳道员报告后应答并指示扳道人员撤离："好，出清线路"	5. 到达手摇道岔处后，通知行车值班员："手摇道岔人员到达×号道岔处" 7. 复诵："准备上/下行线（×道）接（发）车进路" 9. 看道岔开通位置是否正确，是否需要改变位置。确认道岔："×号直[侧]向，摇到侧[直]向" 10. 看是否有钩锁器，打开钩锁器及盖孔板的锁："有钩锁器，现在解锁"将钩锁器放在盖板上。打开钥匙孔盖 11. 手摇道岔，听到转辙机"咔嚓"的落槽声后停止并口呼："听到落槽声" 12. 确认并口呼："×号直[侧]向，尖轨密贴"；并和检查人员共同确认 14. 口呼："对向[防护]道岔加锁"将道岔加锁 15. 向值班员报告："×号直[侧]向，对向[防护]道岔已加锁好"若为进路上的最后一个道岔，则为"×号直[侧]向，对向[防护]道岔已加锁好，上行线（下行线或×道）发（接）车进路好（了）"。（若某道岔无需手摇时，确认："×号直[侧]向，正确，尖轨密贴，对向[防护]道岔加锁"，并将道岔加锁后向车控室汇报，"×号直[侧]向，对向[防护]道岔已加锁好"若为进路上的最后一个道岔，则为"×号直[侧]向，对向[防护]道岔已加锁好，上行线（下行线或×道）发（接）车进路好（了）"	8. 按照规定在来车方向设置防护信号，离尖轨至少10 m 13. 确认并口呼："×号直[侧]向，尖轨密贴"
	线路出清	19. 听取汇报后应答"好"，并向行调报告："上/下行接（发）车进路准备好了，人员已到安全位置"	17. 复诵："出清线路，手摇道岔人员明白" 18. 出清线路，人员到达安全位置后向车控室汇报："线路已出清，人员已到安全位置"	

六、考核标准

人工准备进路作业评分标准见表 3.8。

表 3.8 人工准备进路作业评分标准

顺号	项目	内容	分值	扣分标准
1	接收命令	接车控室进路布置命令后复诵	2	作业人员未复诵扣 2 分或复诵错误扣 2 分，复诵不完整扣 1 分
2	准备工作	接令后携带有关备品（手摇把、钩锁器、扳手、端门钥匙、道岔钥匙、对讲机、信号旗/灯、红闪灯、安全帽、荧光衣、绝缘鞋、铜锁及钥匙、手套、手电筒和接触轨区域安全行走线路图赶赴现场）（线路图可省）	5	手摇把、钩锁器、道岔钥匙，每漏带一项扣 5 分。其他，每漏带一项扣 1 分
3	进入轨行区	进入轨行区前请示行调（或通过车控室请示）	5	未请示就进入轨行区扣 5 分
				未穿好荧光衣就进入轨行区扣 1 分；未穿好绝缘鞋进入轨行区扣 5 分
4	手摇道岔	一看：看道岔开通位置是否正确，是否需要改变位置	15	到达所摇道岔位置未向车控室（或行调）报告扣 2 分
				手摇道岔前未放置红闪灯扣 4 分。红闪灯漏设，扣 2 分/处；红闪灯位置设置不正确，扣 1 分/处
				未确认道岔开通位置是否正确，扣 3 分
				道岔位置判断开始错误后纠正，扣 2 分/人次
				道岔位置判断错误没有纠正但后续人工转换正确，扣 3 分/次
				未检查道岔辙岔心及道岔区轨面上、道岔尖轨与基本轨之间空隙是否有异物，扣 5 分；检查清除异物不彻底扣 3 分
				道岔尖轨与基本轨之间空隙有杂物，未断电就清除，扣 2 分
				未检查道岔上是否有钩锁器，扣 3 分；道岔无钩锁器但未口呼确认，扣 1 分
5		二开：打开盖孔板及钩锁器的锁，拆下钩锁器	8	未断开电源，扣 3 分
				未打开盖孔板扣 3 分
				道岔上有钩锁器，未开锁及拆下钩锁器就开始转换道岔，扣 3 分
				操作不熟练（含断电时钥匙头用反、未能快速准确找到断电孔、未能快速准确找到盖孔板等情况）。每出现一处扣 1 分

续表

顺号	项目	内　　容	分值	扣分标准
6	手摇道岔	三摇：摇道岔转向所需的位置，在听到"咔嚓"的落槽声后停止	15	手摇把插错孔，扣2分
				手摇把转动方向初次错误后迅速纠正，扣1分，很长时间才纠正扣3分
				转动方向正确，但手摇把未往里压紧导致空转而转辙机长时间未动作，扣1分
				道岔转换未到位（或无"咔嚓"声，未确认尖轨密贴），扣3分；听到"咔嚓"落槽声（或无"咔嚓"声，尖轨密贴），但未口呼确认，扣1分
				未摇岔人员未做安全防护工作，扣1分；错误使用信号旗进行防护扣1分
				未摇岔人员未监视摇岔过程，或发现道岔位置转动错误未提醒扣2分
				两人配合较差，扣1分
7		四确认：手指尖轨："尖轨密贴开通×位"，并共同确认	10	未确认开通位置是否正确，扣3分；确认时未口呼，扣1分/人
				未确认尖轨是否密贴，扣3分；确认时未口呼，扣1分/人
				确认时道岔位置说错，扣2分/人次
				未做到双人确认，扣3分
				确认时道岔位置先说错后纠正扣1分/人次
				确认时用语不标准扣1分/人次
				确认时动作不标准扣1分/人次
8		五加锁：确认道岔位置开通正确后，用钩锁器锁定道岔尖轨	10	钩锁器加的位置不正确，扣3分
				加锁不紧，扣2分
				只挂不锁扣3分
				操作不熟练扣1分
9		六汇报：向车控室（或行调）汇报道岔开通位置正确	10	未汇报，扣10分
				汇报时，未说明道岔号码、道岔开通的位置、是否加锁等，每缺一项扣2分
				未按照"由远及近"原则手摇道岔扣5分
10	线路出清	线路出清后向车控室（或行调）汇报	5	未撤除红闪灯，扣5分
				遗漏物品在现场扣5分
				线路未出清就汇报线路出清扣5分
				现场作业人员未汇报线路出清扣5分；汇报不及时，扣2分

课内实训十：加开救援列车作业程序

一、实训目的

掌握加开救援列车的有关要求。

二、主要仪器设备及使用、操作安全注意事项

（一）实训所需设备

调度电话、对讲机、信号旗、LOW 工作站。

（二）操作注意事项

（1）课程代表课前向实验室借用相关设备并发放至各小组，实训后归还设备。

（2）实训场地要文明工作、文明生产，各种工具、设备要摆放合理、整齐；正确使用调度电话、对讲机、LOW 工作站。

（3）实训完毕，将相关设备恢复、关机。

三、实训的组织管理

每组 5 人，设行车调度员一人，A 站、甲站、乙站行车值班员各一人、驾驶员一人。

四、实训项目简介

3125 次在甲站至乙站间下行线 10 km + 200 m 处电客车出现故障被迫停车，请求救援。现场情况如图 3.3 所示。拟使用 3127 次担当救援，将故障车送回车辆段。

分析：加开救援列车的作业步骤。

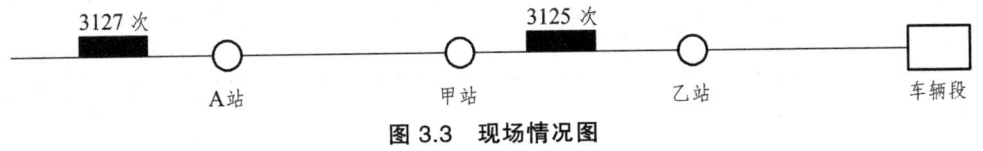

图 3.3 现场情况图

五、实训步骤

Step1：行车调度员接到 3125 次驾驶员的救援请求后，应向甲站、乙站、A 站及车辆段发布开行救援列车的命令，见表 3.9。

表 3.9　发布命令

受令处所	A 站~乙站、车辆段信号楼，A 站交 3127 次驾驶员	日期	命令号码	行调姓名	发令时间
		2008 年 9 月 5 日	201	×××	14：25
命令内容	① 因 3125 次在甲站至乙站间下行线 10 km+200 m 处故障请求救援，准 A 站至乙站间下行线加开 601 次到甲站至乙站间下行线 10 km+200 m 处担任救援工作，连挂 3125 次后，推送到车辆段。 ② 601 次由 3127 次担任，在 A 站清客担任救援。 ③ 注意防护信号和安全。 ④ 3127 次到甲站下行站台待命				

Step2：待 3127 次运行至 A 站清客完毕后，以规定驾驶模式运行至甲站，等待接受进入事故封锁线路进行救援的命令，见表 3.10。

表 3.10　等待命令

受令处所	甲站、乙站，甲站交 601 次驾驶员	日期	命令号码	行调姓名	发令时间
		2008 年 9 月 5 日	202	×××	14：35
命令内容	① 自发令时起，甲站至乙站下行正线线路封锁。 ② 准 601 次进入该封锁线路进行救援工作				

Step3：甲站与乙站不需办理行车闭塞手续，在确认发车进路准备妥当后，将封锁命令交与驾驶员作为进入封锁线路的行车凭证。

Step4：确认救援列车与故障列车连挂妥当后，以规定的驾驶模式将故障列车推送至车辆段。

Step5：事故处理完毕后，行调下达甲站至乙站间下行正线线路开通的命令，恢复正常行车。

六、考核标准

考核内容	考核标准	评分标准	考试形式
课内实训综合成绩	实训纪律、工作态度、专业技能、合作精神、综合素质	课内实训综合成绩是课程平时成绩的重要组成部分。按总评成绩分数分为：A（90~100 分）、B（80~89 分）、C（70~79 分）、D（60~69 分）、E（0~59 分）五级	综合评定

课内实训十一：手信号演练

一、实训目的

掌握接发列车手信号及调车手信号及显示方式。

二、实训任务

于正确时机、正确地点显示行车手信号、音响信号。

三、主要仪器设备及使用、操作安全注意事项

（一）实训所需设备

信号旗、信号灯，口笛。

（二）操作注意事项

（1）课程代表课前向实验室借用相关设备并发放至各小组，实训后归还设备。
（2）实训场地要文明工作、文明生产，各种工具、设备要摆放合理、整齐；正确使用调度电话、对讲机、LOW 工作站。
（3）实训完毕，将相关设备恢复、关机。

四、实训组织管理

学生 5 人一组，每组设行车值班员一名，互教互学，由班组长负责考核。

五、实训指导

（一）接发列车常用的手信号（见表 3.11）

表 3.11 接发列车常用的手信号

序号	手信号类别	显示方式	
		昼间	夜间
1	停车信号：要求列车停车	展开的红色信号旗，无红色信号旗时，两臂高举头上，向两侧急剧摇动	红色灯光，无红色灯光时，用白色灯光上、下急剧摇动
2	紧急停车信号：要求司机紧急停车	展开红旗下压数次，无信号旗时，两臂高举头上，向两侧急剧摇动	红色灯光下压数次，无红色灯光时，用白灯光上下急剧摇动
3	减速信号：要求列车降低速度运行	展开的黄色信号旗，无黄色信号旗时，用绿色信号旗下压数次	黄色信号灯光，无黄色灯光时，用白色或绿色灯光下压数次
4	引导信号：准许列车进入车站或车场	展开黄色信号旗高举头上左右摇动	黄色灯光高举头上左右摇动
5	通过手信号：准许列车由车站通过	昼间为展开的绿色信号旗	夜间为绿色灯光
6	发车信号：要求驾驶员发车	展开的绿色信号旗上弧线向列车方面作圆形转动	夜间为绿色灯光上弧线向列车方向作圆形转动
7	道岔开通信号：表示进路准备妥当	昼间为拢起的黄色信号旗高举头上左右摇动	白色灯光高举头上
8	好了信号	拢起的信号旗作圆形转动	白色灯光作圆形转动

（二）接发列车时显示手信号的时机和地点（见表 3.12）

表 3.12　接发列车时显示手信号的时机和地点

手信号类别	何种情况下显示	显示时机	收回时机	显示地点
停车信号		看见列车头部灯开始	列车停车后	站台头端墙屏蔽门端门外方
紧急停车信号	工程列车进站或通过车站，出现危及行车安全的情况；客车进站，发现危及行车安全的情况，但来不及按压站台紧急停车按钮或紧急停车按钮不起作用时	立即显示	列车停车后	就近显示
减速信号	发现工程列车或客车超速时	立即显示	列车头部越过信号显示地点后	头端墙侧扶梯口，靠近紧急停车按钮附近
引导手信号		看见列车头部灯开始	列车头部越过信号显示地点后	站台头端墙，屏蔽门与线路间站台上
好了信号	车站相关作业完成时		驾驶员鸣笛回示后	规定的地点
道岔开通信号	现场人工准备进路时	进路准备好时	列车头部越过信号显示地点后	在操纵的道岔附近，车辆限界外

注：开行装载有超长、超限、集重货物的工程列车时，车站须派员工站在尾端墙附近监督运行。

（三）调车手信号（见表 3.13）

表 3.13　调车手信号

序号	调车手信号类别	显示方式	
		昼间	夜间
1	停车信号	展开的红色信号旗，无红色信号旗时，两臂高举头上，向两侧急剧摇动	红色灯光，无红色灯光时，用白色灯光上、下急剧摇动
2	减速信号	展开的绿色信号旗下压数次	绿色灯光下压数次
3	指挥列车或车辆向显示人方向来的信号	展开的绿色信号旗在下方左右摇动	绿色灯光在下方左右摇动
4	指挥列车或车辆向显示人反方向去的信号	展开的绿色信号旗上、下摇动	绿色灯光上、下摇动
5	指挥列车或车辆向显示人方向稍行移动的信号（包括连挂）	左手拢起红色信号旗直立平举，右手展开的绿色信号旗在下方左右小摆动	绿色灯光下压数次后，再左右小动
6	指挥列车或车辆向显示人反方向稍行移动的信号（包括连挂）	左手拢起红色信号旗直立平举，右手展开的绿色信号旗在下方上、下小动	绿色灯光平举上、下小动
7	三、二、一车距离信号：表示推进车辆的前端距被连挂车辆的距离	右手展开的绿色信号旗下压三、二、一次，分别表示距停留车三车（约 60 m）、二车（约 40 m）、一车（约 20 m）	绿色灯光平举下压三、二、一次

续表

序号	调车手信号类别	显示方式	
		昼间	夜间
8	连挂作业	两臂高举头上，拢起的手信号旗杆成水平末端相接	红、绿色灯光（无绿色灯用白色灯光代替）交互显示数次
9	试拉信号（连挂好后试拉）	按本表第6项的信号显示，当车列启动后立即显示停车信号	
10	取消信号：通知前发信号取消	拢起的手信号旗，两臂于前下方交叉后，左右摇动数次	红色灯光作圆形转动后，上下摇动
11	停留车位置信号：表示车辆停留地点		白色灯光左右小摇动
12	道岔开通信号：表示进路道岔准备妥当	绿色灯光高举头上左右小动	

（四）试验列车自动制动机的手信号显示方式如下：

1. 制　动

（1）昼间——绿色信号旗拢起高举，或徒手单臂高举。
（2）夜间——白色灯高举。

2. 缓　解

（1）昼间——用拢起的绿色信号旗在下部左右摇动。
（2）夜间——白色灯光在下部左右摇动。
（3）试验完了（或其他作业完成的显示）。
（4）昼间——用拢起绿色信号旗作圆形转动。
（5）夜间——白色灯光作圆形转动。

（五）音响信号

（1）音响信号，长声为3 s，短声为1 s，间隔为1 s。重复鸣示时，须间隔5 s以上。
（2）客车、车组、工程车、轨道车等列车的鸣示方式见表3.14。

表3.14　客车、车组、工程车、轨道车等列车的鸣示方式

序号	名　称	鸣示方式	使　用　时　机
1	起动注意信号	一长声　——	① 列车起动或机车车辆前进时（双机牵引时，本务机车鸣笛后，尾部机车应回示，本务机车再鸣笛一长声后起动） ② 接近车站、鸣笛标、隧道、施工地点、黄色信号、引导信号、天气不良时 ③ 在区间停车后，继续运行时，通知车长 ④ 客车在检修及整备中，准备降下或升起受电弓
2	退行信号	二长声　——　——	客车、机车车辆、单机开始退行

续表

序号	名称	鸣示方式	使用时机
3	召集信号	三长声 ——— ——— ———	要求防护人员撤回时
4	呼唤信号	二短一长声 ·· ———	① 客车或机车要求出入车场时 ② 在车站要求显示信号时
5	警报信号	一长三短声 ——— ···	① 发现线路有危及行车安全的不良处所时 ② 列车发生重大、大事故及其他需要救援情况时 ③ 列车在区间内停车后,不能立即运行,通知车长时
6	试验自动制动机复示信号	一短声 ·	① 试验制动机开始减压时 ② 接到试验制动结束的手信号,回答试风人员时 ③ 调车作业中,表示已接受调车长所发出的信号时
7	缓解信号	二短声 ··	试验制动机缓解时
8	紧急停车信号	连续短声 ·····	司机发现邻线发生障碍,向邻线上运行的列车发出紧急停车信号时,邻线列车司机听到后,应立即紧急停车

（六）徒手信号

（1）调车长或管理人员及行车有关人员检查工作或遇列车救援、发生紧急情况，没有携带信号灯或信号旗时，可用徒手信号显示的方式。

（2）徒手信号显示方式（见表3.15）。

表 3.15　徒手信号显示方式

序号	徒手信号类别	显示方式
1	紧急停车信号（含停车信号）	两手臂高举头上,向两侧急剧摇动
2	三、二、一车信号	单臂平伸后,小臂竖直向外压直,反复三次为三车、二次为二车、一次为一车
3	连挂信号	紧握两拳头高举头上,拳心向里,两拳相碰数次
4	试拉信号	如本表第5或第6项,当列车刚起动马上给停车信号（第1项）
5	向显示人方向稍行移动	左手高举直伸,右手平伸小臂左右摇动
6	向显示人反方向稍行移动	左手高举直伸,右手向下斜伸,小臂上下摇动
7	好了信号	单臂向列车运行方向上弧圈做圆形转动

六、考核标准

考核内容	考核标准	评分标准	考试形式
课内实训综合成绩	实训纪律、工作态度、专业技能、合作精神、综合素质	课内实训综合成绩是课程平时成绩的重要组成部分。按总评成绩分数分为：A（90～100分）、B（80～89分）、C（70～79分）、D（60～69分）、E（0～59分）五级	综合评定

《城市轨道交通运营调度工作》课内实训指导书

适用专业	城市轨道交通运营管理	课程名称	城市轨道交通运营调度工作	实训课时	20
编制执笔人	马成正		编制时间		年 月 日

《城市轨道交通运营调度工作》课内实训项目目录

课程名称	实训名称	课时数	实训目的	实训内容	主要仪器设备	备注
城市轨道交通运营调度工作	课内实训一：列车退行组织	2	掌握列车退行组织作业程序	调度命令的下达，接受，作业组织方法	模拟沙盘、车站模型	
	课内实训二：轨行区拾物处理	2	掌握应急处理方法	轨行区拾物处理、车站紧急停车按钮操作、LCP盘的操作	模拟沙盘、车站模型	
	课内实训三：车站紧急停车按钮操作、LCP盘的操作	2	掌握应急处理方法	车站紧急停车按钮操作、LCP盘的操作	模拟沙盘、车站模型	
	课内实训四：填写施工登记表	4	掌握施工请销点登记方法	一项施工多个车站进行，辅站请销点；一项施工多个车站进行，主站请销点	车站模型	
	课内实训五：全日行车计划的计算	2	掌握全日行车计划的计算	断面客流量计算，全日行车计划计算，行车间隔计算	教室	
	课内实训六：计算车辆配备计划	2	掌握运用车、检修车，备用车的计算方法	计算运用车辆数；检修车辆数，备用车辆数	教室	
	课内实训七：铺画站名线	2	掌握站名线的铺画方法	铺画站名线	教室	
	课内实训八：铺画列车运行方案图	4	掌握方案图的铺画方法	出车间隔计算，收车间隔计算，折返要求	OCC	
	课内实训九：列车运行调整	4	掌握列车运行图调整方法	铺画列车运行图，调整图	基本运行图，教室	

课内实训一：列车退行组织

一、实训目的

掌握列车退行组织的有关要求。

二、实训任务

3125 次在甲站至乙站间下行线 10 km + 200 m 处因线路故障被迫停车，行调指导退行至甲站。现场情况如图 4.1 所示。

分析：列车退行作业步骤。

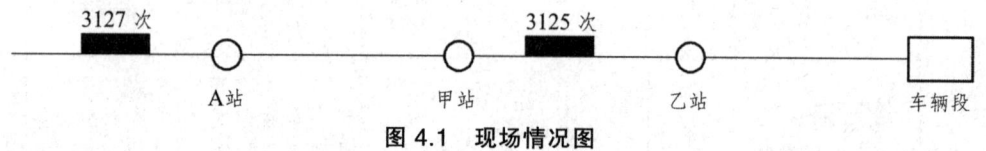

图 4.1　现场情况图

三、主要仪器设备及使用

（一）实训所需设备

调度电话、对讲机、LOW 工作站。

（二）操作注意事项

（1）课程代表课前向实验室借用相关设备并发放至各小组，实训后归还设备。

（2）实训场地要文明工作、文明生产，各种工具、设备要摆放合理、整齐；正确使用调度电话、对讲机、LOW 工作站。

（3）实训完毕，将相关设备恢复、关机。

四、实训的组织管理

每组 3 人，设行车调度员一人、值班站长一人、驾驶员一人。

五、实训步骤

（一）列车退行时，运营控制中心、驾驶员、车站的职责

1. 运营控制中心

确认列车退行方式，向驾驶员授权转换驾驶模式；确认需要退行的列车后方区间空闲，

指示后续追踪列车做好站外停车的准备；下达退行指令前，已收到车站人员确认乘客处于安全状态的信息；核对退行后列车标识号是否正确。

2. 驾驶员

驾驶员须确认列车性能是否良好，动车前，确认接收到行车调度员的授权；需要退行时，驾驶员必须向行车调度员请求退行；驾驶员得到行车调度员的命令后方可退行；退行前，驾驶员须向乘客播放安抚广播；进站时加强瞭望；无反向停车标的车站，参照邻线停车标对标停车。

3. 车　站

确认站台乘客处于安全位置，并向行车调度员汇报；向站台乘客及时作好广播。

(二) 列车退行作业程序

1. 行车调度员

（1）通知列车退行目的地车站的值班站长有关退行的安排，确保涉及退行的路段上没有其他车辆占用及列车经过的信号机显示危险信号，实施适当保护方法以保障退行时列车的安全。

（2）指示列车驾驶员及副驾驶员前往尾端的驾驶室，并进行无线通信设备测试，以确保通信功能正常。

（3）授权列车驾驶员以 ATP 固定非限速人工驾驶模式行驶至目的地，并提醒列车驾驶员沿途必须留意道岔的位置及站间的状况，确保列车驾驶员清楚退行的安排。

（4）当完成退行，指示列车驾驶员进一步的行动（例如列车清客），当事故处理完毕后，安排恢复正常行车。

2. 列车驾驶员

（1）清楚退行安排后，必须复述行车调度员的指示以作确认。

（2）按行车调度员的指示，协同副驾驶员前往尾端的驾驶室准备，进行无线通信设备测试，以确保通信正常。

（3）得到行车调度员授权后，以 ATP 固定非限速人工驾驶模式开往目的地，沿途要间歇地鸣笛，并需在副驾驶员的协助下留意线路、道岔的位置是否与行车调度员的指示相符，是否出现突发情况；如发现不正常情况，必须立刻停车，先向行车调度员报告及求证后，方可继续行车。

（4）当到达目的地的站台并完成列车清客后，留在车内等待行车调度员进一步的指示。

(三) 值班站长

（1）当得到行车调度员列车退行的指示后，退行目的地车站值班站长必须安排启动站台控制板的紧急停车按钮，安排车站人员在有关站台的头端墙处显示引导手信号接车，在尾端墙向着退行列车驶来的方向显示停车手信号。

（2）退行列车停在站台后，协助驾驶员清客。

六、考核标准

考核内容	考核标准	评分标准	考试形式
课内实训综合成绩	实训纪律、工作态度、专业技能、合作精神、综合素质	课内实训综合成绩是课程平时成绩的重要组成部分。按总评成绩分数分为：A（90~100分）、B（80~89分）、C（70~79分）、D（60~69分）、E（0~59分）五级	综合评定

课内实训二：轨行区拾物处理

一、实训目的

掌握轨行区拾物处理原则及处理要点。

二、实训任务

乘客上车作业过程中，贵重物品坠入轨行区。

三、主要仪器设备及使用

（一）实训所需设备

拾物钳、对讲机、LOW工作站，车站综合实训室。

（二）操作注意事项

（1）课程代表课前向实验室借用相关设备并发放至各小组，实训后归还设备。
（2）实训场地要文明工作、文明生产，各种工具、设备要摆放合理、整齐；正确使用对讲机、拾物钳。
（3）实训完毕，将相关设备恢复、关机。

四、实训的组织管理

每组3人，设行车调度员一人，行车值班员或值班站长一人、站务员一人。

五、轨行区拾物处理实训步骤

（一）轨行区拾物处理原则

（1）发现乘客物品掉落轨道首先确认物品是否影响行车。
（2）使用夹物钳时，应注意不要高举钳子，以免与接触网接触，危及安全。

（3）取物时要向行调请点，得到行调同意后才能实施，并做好安全防护，疏散周围围观乘客。

（4）打开屏蔽门时要做好该门的安全隔离工作，防止乘客误进入该屏蔽门，从而发生乘客掉落轨道危及乘客安全的事故。

（二）轨行区拾物站台工作人员处理要点

（1）接到乘客通知后马上将情况报告车控室，并安抚乘客。

（2）立即到现场查明情况，向车控室汇报情况。

（3）尽快拿夹物钳、隔离带到现场，隔离该处屏蔽门；得到值班站长指示后，用钥匙打开该屏蔽门，到物品掉落处将物品夹起。

（4）得到值班站长指示后，恢复屏蔽门的使用，撤回隔离。

六、考核标准

考核内容	考核标准	评分标准	考试形式
课内实训综合成绩	实训纪律、工作态度、专业技能、合作精神、综合素质	课内实训综合成绩是课程平时成绩的重要组成部分。按总评成绩分数分为：A（90~100分）、B（80~89分）、C（70~79分）、D（60~69分）、E（0~59分）五级	综合评定

课内实训三：紧急停车按钮、LCP盘的操作

一、实训目的

掌握轨行区拾物处理原则及处理要点、掌握车站紧急停车按钮的操作要求、掌握LCP盘的操作。

二、实训任务

站务员对站台紧急停车按钮的操作，车控室对紧急停车按钮的操作，行调对紧急停车按钮的操作，车站LCP盘的操作。

三、主要仪器设备及使用

（一）实训所需设备

调度电话、对讲机、IBP盘。

（二）操作注意事项

（1）课程代表课前向实验室借用相关设备并发放至各小组，实训后归还设备。

（2）实训场地要文明工作、文明生产，各种工具、设备要摆放合理、整齐。

（3）实训完毕，将相关设备恢复、关机。

四、实训的组织管理

每组3人，设行车调度员一人，行车值班员或值班站长一人、站务员一人。

五、车站紧急停车按钮的操作步骤

（1）遇紧急情况时，站务人员或乘客可以使用站台紧急停车按钮对列车进行紧急停车控制，防止意外情况的发生。

（2）当车控室工作人员通过监视器发现出现紧急安全情况或接到紧急安全通知时，可以使用车控室内的紧急停车按钮，车控室的紧急停车按钮箱没有配备小锤，没有玻璃，可以直接按下按钮。

（3）车站督导员按下紧急停车按钮后，或在SCC中发现紧急停车按钮被按下后（包括信号设备集中站发现其所属控制站的紧急停车按钮被按下后），须立即报告行调。

（4）在事故处理完毕后，确认线路全部出清，具备行车条件时，报告行调后，信号设备集中站督导员可通过SCC进行恢复；非信号设备集中站督导员通知其所属的控制站督导员通过SCC进行恢复。

六、LCP盘的操作

（一）紧急停车

（1）在LCP盘上按压相应的停车按钮。

（2）LCP盘上相应的紧急停车指示灯亮红灯，并发出电铃报警声音，同时在LOW上相应的站台区段出现红色蘑菇灯闪烁。

（3）执行切除报警操作，按压相应的切除报警按钮，消除报警声音。

① 在LCP盘上按压相应的取消紧停按钮。

② LCP盘上相应的紧急停车指示灯灭，并发出电铃报警声音，同时在LOW上相应的站台区段的红色蘑菇灯亮光消失。

③ 此时应执行切除报警操作，按压相应的切除报警按钮，消除报警声音。

（二）在LCP盘上进行扣车

1."扣车"操作的步骤

在LCP盘上按压"扣车"按钮，LCP盘上相应的扣车指示红灯灯闪烁（注：如果是OCC扣车，LCP盘上相应的扣车指示灯为稳定红灯），同时在LOW上发生B类报警，记录了对应的站台区段的扣车提示内容，并发出报警声音，此时应点击LOW基础窗口上音响按钮，消除报警声音。

2."放行"操作的步骤

在 LCP 盘上按压"取消扣车"按钮，LCP 盘上相应的扣车指示灯灭，然后再按压相应的"扣车"按钮一次（复位），最后再按压相应的"取消扣车"按钮一次（复位）。

3.扣车的原则

如果 LCP 盘上运营停车点指示灯亮黄灯，扣车操作有效。

七、考核标准

考核内容	考核标准	评分标准	考试形式
课内实训综合成绩	实训纪律、工作态度、专业技能、合作精神、综合素质	课内实训综合成绩是课程平时成绩的重要组成部分。按总评成绩分数分为：A（90~100分）、B（80~89分）、C（70~79分）、D（60~69分）、E（0~59分）五级	综合评定

课内实训四：填写施工登记表

一、实训目的

掌握施工请销点登记方法。

二、主要仪器设备及使用

（一）实训所需设备

施工作业令，施工登记表，站间调度电话。

（二）操作注意事项

（1）课程代表课前向实验室借用相关设备并发放至各小组，实训后归还设备。
（2）实训场地要文明工作、文明生产，各种工具、设备要摆放合理、整齐。
（3）实训完毕，将相关设备恢复、关机。

二、实训的组织管理

每组 5 人，设行车调度员一人，主站行值一人、辅站行值一人，施工人员两名。

三、实训项目

（一）任务一：主站请销点时施工作业登记表填记

周计划规定，2010 年 10 月 20 日 3106 标将进入塘坑—草埔区间上、下行线进行疏散平台板加固作业，施工作业令如下，李四持施工作业令到达塘坑站，塘坑站行车值班人员应如何进行请销点登记？

施工作业令如表4.1所示（主站请主站销）：

表4.1 施工作业令（1）

作业代码	C-5-4			作业令号	[维修]字（1020）-01号
作业单位	3106标			申报人	何三
作业名称	疏散平台板加固			联系电话	15858888
作业区域	塘坑—草埔区间上、下行线			作业人数	30
作业日期	2010-10-20		作业时间	8：00	停止时间	18：00
主要作业内容	疏散平台板加固				
防护措施	停电区间	塘坑至草埔站上下行			
	封锁区间	无			
	其他	按规定设置防护，作业人员穿戴好安全防护用品、接触轨停电挂地线			
配合要求	维修部派人配合				
发令人	维修调度 王六				
主站	塘坑		负责人		李四
辅站及责任人	无				
完成情况					

请点	时间		销点	时间		销令	时间	
	批准人			批准人			批准人	

（二）任务二：主站请异地销时施工作业登记表填记

周计划规定，2010年10月20日3106标将进入塘坑—草埔区间上、下行线进行疏散平台板加固作业，施工作业令如下，李四持施工作业令到达塘坑站，作业完毕在草埔站销点，塘坑站行车值班人员应如何进行请销点登记？

施工作业令如表4.2所示（主站请辅站销）：

表4.2 施工作业令（2）

作业代码		C-5-4		作业令号		[维修]字（1020）-01号
作业单位		3106标		申报人		何三
作业名称		疏散平台板加固		联系电话		15858888
作业区域		塘坑—草埔区间上、下行线		作业人数		30
作业日期		2010-10-20	作业时间	8:00	停止时间	18:00
主要作业内容			疏散平台板加固			
防护措施	停电区间		塘坑至草埔站上下行			
	封锁区间		无			
	其他		按规定设置防护，作业人员穿戴好安全防护用品、接触轨停电挂地线			
配合要求			维修部派人配合			
发令人			维修调度 王六			
主站		塘坑		负责人		李四
辅站及责任人			无			
完成情况						

请点	时间		销点	时间		销令	时间	
	批准人			批准人			批准人	

（三）实训任务三：一项施工多个车站进行，辅站请销点时施工作业登记表（见表 4.3）填记

表 4.3 车站施工登记表

2010 年 1 月 1 日　　　　　　　　　　　　　　　　编号：深地运营

项目	作业项目	轨道清洁	作业区域		双龙—草埔上下行（含出入段）	
	作业代码	C2-6	作业单位		工建室	共 5 人进场
	施工负责人	陈五	证件号码		0056	计划作业时间 00 时 00 分起 04 时 00 分讫
	安全措施	接触轨停电并挂地线防护、绝缘鞋、安全帽、荧光衣、红闪灯				

	辅　　站	主　　站
请点登记栏	接 双龙 站值班员通知，本项作业已获行调批准，于 0 时 20 分至 4 时 00 分在所申报作业区域内进行，施工承认号码 012 。 车站值班员签名：贺五 施工责任人签名：王二	本项作业已由本站报 OCC 行调备案，并获行调＿＿＿批准，于＿＿＿时＿＿＿分至＿＿＿时＿＿＿分在所申报作业区域内进行，施工承认号码＿＿＿，并已知会辅站＿＿＿。 车站值班员签名： 施工负责人签名：
销点登记栏	辅　　站 本作业点的作业已结束，并于 3 时 50 分出清作业区域（本作业点所有有关人员已撤离、有关设备已恢复正常、工器具、物料已撤走）。 施工责任人签名：贺五 车站值班员签名：王二	主　　站 本项作业已结束，并于＿＿＿时＿＿＿分出清作业区域（所有本项作业各作业点有关人员已撤离、有关设备已恢复正常、工器具、物料已撤走）。 施工负责人签名： 接施工负责人\＿＿＿站值班员通知本项作业已结束并出清作业区域,由本人于＿＿＿时＿＿＿分报告行调＿＿＿销点。 车站值班员签名：
备注	1. 本站 03：50 分出清线路，已向主站双龙站销点，双龙站值班员李四	

（四）实训任务四：一项施工多个车站进行，主站请销点时施工作业登记表（见表 4.4）填记

表 4.4 车站施工登记表

2010 年 1 月 1 日　　　　　　　　　　　　　　　　　　　编号：深地运营

	作业项目	轨道清洁	作业区域	双龙—草埔上下行（含出入段）	
	作业代码	C2-6	作业单位	工建室	共 1 人进场
	施工负责人	陈五	证件号码	0056	计划作业时间	00 时 00 分起 04 时 00 分讫
	安全措施	接触轨停电并挂地线防护、绝缘鞋、安全帽、荧光衣、红闪灯			

请点登记栏	辅　　站	主　　站
	接____站值班员通知，本项作业已获行调批准，于____时____分至____时____分在所申报作业区域内进行，施工承认号码____。 车站值班员签名： 施工责任人签名：	本项作业已由本站报 OCC 行调备案，并获行调 010 批准，于 0 时 20 分至 4 时 00 分在所申报作业区域内进行，施工承认号码____，并已知会辅站 爱联、塘坑、丹竹头、草埔 。 车站值班员签名：李四 施工负责人签名：陈五

销点登记栏	辅　　站	主　　站
	本作业点的作业已结束，并于____时____分出清作业区域（本作业点所有有关人员已撤离、有关设备已恢复正常、工器具、物料已撤走）。 施工责任人签名： 车站值班员签名：	本项作业已结束，并于 3 时 50 分出清作业区域（所有本项作业各作业点有关人员已撤离、有关设备已恢复正常、工器具、物料已撤走）。 施工负责人签名：陈五 接施工负责人____站值班员通知本项作业已结束并出清作业区域，由本人于 4 时 00 分报告行调 010 销点。 车站值班员签名：李四

备注	本站 0：20 分通知辅站爱联、塘坑、丹竹头、草埔此项施工已获批准。 3：50 分接爱联站：刘一；草埔站：张三报告施工结束线路出清； 3：55 分接丹竹头：王二；塘坑站：刘小报告施工结束线路出清

四、实训步骤指导

1. 主站请主站销见表 4.5（塘坑站）

表 4.5　主站请主站销（塘坑站）

2010 年 10 月 20 日　　　　　　　　　　　　　　　编号：深地运营

	作业项目	疏散平台板加固	作业区域	塘坑—草埔区间上、下行线	
	作业代码	C-5-4	作业单位	3106 标	共 30 人进场
	施工负责人	李四	证件号码	（证据名称）0086	计划作业时间	08 时 00 分起 18 时 00 分讫
	安全措施	接触轨停电并挂地线，防护：绝缘鞋、安全帽、荧光衣、红闪灯 李四（签字）			
请点登记栏	辅　站		主　站		
	接＿＿站值班员通知，本项作业已获行调批准，于＿＿时＿＿分至＿＿时＿＿分在所申报作业区域内进行，施工承认号码＿＿。车站值班员签名：施工责任人签名：		本项作业已由本站报 OCC 行调备案，并获行调王五批准，于 08 时 10 分至 18 时 00 分在所申报作业区域内进行，施工承认号码 08，并已知会辅站＿＿。车站值班员签名：牛八 施工负责人签名：李四		
销点登记栏	辅　站		主　站		
	本作业点的作业已结束，并于＿＿时＿＿分出清作业区域（本作业点所有有关人员已撤离、有关设备已恢复正常、工器具、物料已撤走）。施工责任人签名：车站值班员签名：		本项作业已结束，并于 17 时 46 分出清作业区域（所有本项作业各作业点有关人员已撤离、有关设备已恢复正常、工器具、物料已撤走）。施工负责人签名：李四 接施工负责人\＿＿站值班员通知本项作业已结束并出清作业区域，由本人于＿＿时 17 分报告行调 48 销点。车站值班员签名：李四		
备注					

2. 主站请异站销

(1) 塘坑站填记(见表4.6):

表4.6 主站请异站销(塘坑站填记)

2010年10月20日　　　　　　　　　　　　　　　　编号:深地运营

	作业项目	疏散平台板加固	作业区域	塘坑—草埔区间上、下行线	
	作业代码	C-5-4	作业单位	3106标	共30人进场
	施工负责人	李四	证件号码	(证据名称)0086	计划作业时间	08时00分起 18时00分讫
	安全措施	接触轨停电并挂地线,防护:绝缘鞋、安全帽、荧光衣、红闪灯 李四(签字)			

	辅　站	主　站
请点登记栏	接____站值班员通知,本项作业已获行调批准,于____时____分至____时____分在所申报作业区域内进行,施工承认号码____。 车站值班员签名: 施工责任人签名:	本项作业已由本站报OCC行调备案,并获行调王五批准,于 08 时 10 分至 18 时 00 分在所申报作业区域内进行,施工承认号码 08,并已知会辅站____。 车站值班员签名:牛八 施工负责人签名:李四
销点登记栏	本作业点的作业已结束,并于____时____分出清作业区域(本作业点所有有关人员已撤离、有关设备已恢复正常、工器具、物料已撤走)。 施工责任人签名: 车站值班员签名:	本项作业已结束,并于____时____分出清作业区域(所有本项作业各作业点有关人员已撤离、有关设备已恢复正常、工器具、物料已撤走)。 施工负责人签名: 接施工负责人\草埔站值班员通知本项作业已结束并出清作业区域,由本人于 17 时 48 分报告行调 王五 销点。 车站值班员签名:李四
备注	1. 本项施工作业销点站为草埔站,人数30人。李四(签字) 2. 08:20分通知草埔站值班员赵二该项作业草埔销点,施工负责人为李四,人数为30人。08:10该项施工已批准作业	

注:1. 不适用字句请划去。

（2）草埔站填记（见表4.7）

表4.7 主站请异站销（草埔站填记）

2010 年 10 月 20 日　　　　　　　　　　　　　编号：深地运营

	作业项目	疏散平台板加固	作业区域	塘坑—草埔区间上、下行线	
	作业代码	C-5-4	作业单位	3106标	共30人进场
	施工负责人	李四	证件号码	（证据名称）0086	计划作业时间 08时00分起 18时00分讫
	安全措施	接触轨停电并挂地线，防护：绝缘鞋、安全帽、荧光衣、红闪灯 李四（签字）			

请点登记栏

辅　　站	主　　站
接_____站值班员通知，本项作业已获行调批准，于____时____分至____时____分在所申报作业区域内进行，施工承认号码____。	本项作业已由本站报OCC行调备案，并获行调____批准，于____时____分至____时____分在所申报作业区域内进行，施工承认号码____，并已知会辅站____。
车站值班员签名： 施工责任人签名：	车站值班员签名： 施工负责人签名：

销点登记栏

辅　　站	主　　站
本作业点的作业已结束，并于____时____分出清作业区域（本作业点所有有关人员已撤离、有关设备已恢复正常、工器具、物料已撤走）。	本项作业已结束，并于<u>17</u>时<u>46</u>分出清作业区域（所有本项作业各作业点有关人员已撤离、有关设备已恢复正常、工器具、物料已撤走）。
	施工负责人签名：李四 接施工负责人____站值班员通知本项作业已结束并出清作业区域，由本人于<u>17</u>时<u>48</u>分报告行调 <u>王五</u> 销点。
施工责任人签名： 车站值班员签名：	车站值班员签名：张三

备注	1. 08：20分接草埔站值班员牛八通知该项作业草埔销点，施工负责人为李四，人数为30人 2. 08：10分该项施工已批准作业

五、考核标准

考核内容	考核标准	评分标准	考试形式
课内实训综合成绩	实训纪律、工作态度、专业技能、合作精神、综合素质	课内实训综合成绩是课程平时成绩的重要组成部分。按总评成绩分数分为：A（90～100分）、B（80～89分）、C（70～79分）、D（60～69分）、E（0～59分）五级	综合评定

课内实训五：计算全日行车计划

一、实训目的

掌握全日行车计划的计算方法。

二、实训任务

1. 根据资料计算最大断面客流量，并确定全日行车计划

（1）某城市轨道线路示意图如图4.2所示，线路运营时间为5：30—23：30。

图4.2 某城轨线路示意图

（2）高峰小时的客流资料（见表4.8）

表4.8 A-H站间到发客流OD矩阵（人）

发\到	A	B	C	D	E	F	G	H	合计
A	—	5 830	5 200	6 200	3 505	8 604	9 620	17 658	56 617
B	6 890	—	1 420	4 575	3 694	5 640	6 452	14 566	43 237
C	4 580	1 212	—	423	724	2 100	2 430	3 511	14 980
D	6 520	2 454	523	0	423	1 247	1 434	3 569	16 170
E	3 586	1 860	866	513	0	356	1 211	2 456	10 848
F	7 625	6 320	1 724	2 413	385	0	750	4 857	24 074
G	9 654	5 214	2 130	4 547	1 234	960	0	1 463	28 202
H	15 607	12 500	4 324	5 234	2 567	5 427	2 401	0	48 060
合计	54 462	38 390	16 187	23 905	12 532	24 334	24 298	48 080	242 188

该线路早高峰出现在 7：30—9：30，客运量占全日客流总量的 23%，晚高峰出现在 17：30—19：30，客运量约占全日客流总量的 19.5%，全日最大高峰小时出现在 7：30—8：30，高峰小时最大断面客流占全日出行总量的 13%，其他时段如表 4.9 所示占全日出行总量的 13%。

表 4.9　各小时最大断面客流量占全日客流总量的比率

时间	各小时最大断面客流量占全日客流总量的比率（%）	时间	各小时最大断面客流量占全日客流总量的比率（%）
5：30—6：30	2.5	14：30—15：30	3.5
6：30—7：30	4	15：30—16：30	4.5
7：30—8：30	13	16：30—17：30	6.5
8：30—9：30	9	17：30—18：30	11.5
9：30—10：30	7	18：30—19：30	8
10：30—11：30	5	19：30—20：30	4
11：30—12：30	6	20：30—21：30	3
12：30—13：30	4	21：30—22：30	1
13：30—14：30	6	22：30—23：00	0.5

（3）列车编组 6 辆，车辆定时 310 人。

（4）线路满载率在高峰时取 120%，其他时间取 90%。

2．计划编制过程

（1）计算各站上下车人数（表格见表 4.10）。

表 4.10　各站上下车人数

下行上客数	下行下客数	车站	上行下客数	上行上客数
		A		
		B		
		C		
		D		
		E		
		F		
		G		
		H		

（2）计算各区间断面客流量（表格见表4.11）。

表4.11 各区间断面客流量（人）

下行	区间	上行

（3）计算全日分时最大断面客流量（表格见表4.12）。

表4.12 全日分时最大断面客流量

时间	客流时	时间	客流时
5：30—6：30		14：30—15：30	
6：30—7：30		15：30—16：30	
7：30—8：30		16：30—17：30	
8：30—9：30		17：30—18：30	
9：30—10：30		18：30—19：30	
10：30—11：30		19：30—20：30	
11：30—12：30		20：30—21：30	
12：30—13：30		21：30—22：30	
13：30—14：30		22：30—23：00	

（4）计算全日行车计划（表格见表4.13）。

行车间隔以不大于10 min，不小于2 min为宜，对计算结果可稍作调整。

表4.13 全日行车计划

营业时间	列车对数	行车间隔	营业时间	列车对数	行车间隔
5：30—6：30			14：30—15：30		
6：30—7：30			15：30—16：30		
7：30—8：30			16：30—17：30		
8：30—9：30			17：30—18：30		
9：30—10：30			18：30—19：30		
10：30—11：30			19：30—20：30		
11：30—12：30			20：30—21：30		
12：30—13：30			21：30—22：30		
13：30—14：30			22：30—23：00		

(5)计算早高峰小时运输能力(见表 4.14)。

表 4.14 计算早高峰小时表

单向最大断面客流量		行车间隔时间	
列车编组辆数	6	开行列车对数	
列车定员数	1 860	单向最大输送能力	

三、实训的组织管理

每组 5 人,组内学习。

四、实训指导

(一)全日行车计划的意义

全日行车计划是营业时间内各个小时开行的列车对数计划,它规定了轨道交通线路的日常作业任务,是科学地组织运送乘客的办法。它又是编制列车运行图,计算运营工作量和确定车辆配备数的基础资料。全日行车计划是基于营业时间内各个小时的最大断面客流量、列车定员人数和车辆满载率,以及希望达到的服务水平综合考虑编制的。

(二)全日 884C 车计划编制资料

(1)营业时间。

轨道交通系统营业时间的安排主要考虑了两个因素:一是方便乘客,满足城市生活的日常需要,即考虑城市居民出行活动特点;二是满足轨道交通系统各项设备检修养护的需要。

(2)全日分时最大断面客流量。

(3)列车定员数。

(4)线路断面满载率。

线路断面满载率是单位时间内,通常是早高峰小时,通过最大客流断面的车辆载客能力被利用的百分数。

$$\beta = (P_{max} / c_{max}) \times 100\%$$

(三)全日行车计划编制程序

(1)计算营业时间内各小时应开行的列车数。

(2)计算行车间隔。

(3)最终确定全日行车计划。

五、考核标准

考核内容	考核标准	评分标准	考试形式
课内实训综合成绩	实训纪律、工作态度、专业技能、合作精神、综合素质	课内实训综合成绩是课程平时成绩的重要组成部分。按总评成绩分数分为：A（90~100分）、B（80~89分）、C（70~79分）、D（60~69分）、E（0~59分）五级	综合评定

课内实训六：计算车辆配备计划

一、实训目的

会根据客流资料与维修要求，计算车辆配备计划。

二、实训任务

已知某城轨公司的车辆全周转时间为80 min，电客车每车定员为320人，6辆编组。全日营业时间为18 h，11：00—13：00单向最大断面客流量为1 980人，其余时间单向最大断面客流量为6 500人，该城轨公司需配备多少车辆？该线路的输送能力是多大？

三、实训的组织管理

实训地点在本班教室进行，每组3人，共同完成任务。

四、实训指导

（一）车辆配备计划的意义

车辆配备计划是为完成全日行车计划而制订的车辆保有数安排计划。根据车辆配备计划推算运用车辆数、在修车辆数和备用车辆数，确定在一定类型的设备和行车组织方法条件下，为完成一定的运输任务而必须保有的车辆。

（二）车辆保有量的概念

为完成运输任务，城市轨道交通各线路上应保有的车辆数是运用车辆数、在修车辆数和备用车辆数之和。

1. 运用车辆数

运用车辆数是为完成日常运输任务而必须配备的技术状态良好的车辆数，运用车辆的需要量与高峰小时开行的列车对数、列车的旅行速度及在折返站的停留时间各项因素有关，计算公式为：

$$N_{运} = n_{高峰} \theta_{列} m / 60$$

式中 $N_{运}$——运用车辆数（辆）；

　　　$n_{高峰}$——高峰小时开行列车数（对）；

　　　$\theta_{列}$——列车周转时间（min）；

　　　m——列车编组辆数（辆）。

列车周转时间是指列车在线路上往返一次所消耗的全部时间。它包括列车在区间运行，列车在中间站停车供乘客乘降，以及列车在折返站作业的全过程。

$$\theta_{列} = \sum t_{运} + \sum t_{站} + \sum t_{折}$$

当列车在折返站的出发间隔时间大于高峰小时的行车间隔时间时，需在折返线上预置列车进行周转，此时运用车辆数需相应地增加。

2. 在修车辆数

在修车辆是指处于定期检修状态的那部分车辆。车辆的定期检修制度。车辆检修概念包括车辆检修级别和车辆检修周期。

$$N_{修} = N_{周} + N_{双月} + N_{定修} + N_{架修} + N_{大修}$$

3. 备用车辆数

轨道交通系统为了适应客流变化，确保完成临时紧急的运输任务，以及预防运用车辆发生故障，必须把若干技术状态良好的车辆储备起来，这部分车辆称为备用车辆。备辆的数量可控制在运用车辆数的 10%左右。

$$N_{备} = N_{运} \times 10\%$$

五、考核标准

考核内容	考核标准	评分标准	考试形式
课内实训综合成绩	实训纪律、工作态度、专业技能、合作精神、综合素质	课内实训综合成绩是课程平时成绩的重要组成部分。按总评成绩分数分为：A（90~100分）、B（80~89分）、C（70~79分）、D（60~69分）、E（0~59分）五级	综合评定

课内实训七：铺画站名线

一、实训目的

掌握站名线的铺画方法。

二、实训的组织管理

每组 5 人，组内学习。

三、实训任务

1. 铺画城轨线路站名线

某城轨公司线路示意图如图 4.3 所示，区间运行时分如表 4.15 所示，请铺画该城轨运营公司运行图的站名线。

图 4.3 某城轨公司线路示意图

表 4.15 区间运行时分

上行区间运行时分	允许速度	站名	区间距离	下行区间运行时分
		A		
1：20			891.8	1：40
		B		
1：30			1 101	1：30
		C		
1：14			699	1：20
	80	D		
2：10			1 558	2：20
		E		
1：10			800	1：10
		F		
2：20			1 932	2：25
		G		
1：10			983	1：15
		H		

2. 根据表 4.16 数据铺画铁路区段站名线

表 4.16 某铁路区段区间运行时分

上行区间运行时分	允许速度	站名	区间距离	下行区间运行时分
		A		
6_2^1			6.2	6_1^2
		B		
7_2^1			10.7	7_1^2
		C		
5_2^1			10.2	5_1^2
		D		
6_2^1	80		12	6_1^2
		E		
4_2^1			7.6	5_1^2
		F		
4_2^1			5.3	4_1^2
		G		
7_2^1			10.6	7_1^2
		H		

四、实训步骤

Step1：计算运行图的宽度。
Step2：计算上下行的各区间运行时分，包括起停时分。
Step3：计算每个区间的平均运行时分。
Step4：加总各区间的平均运行时分。
Step5：计算每一个区间的平均长度。

五、考核标准

考核内容	考核标准	评分标准	考试形式
课内实训综合成绩	实训纪律、工作态度、专业技能、合作精神、综合素质	课内实训综合成绩是课程平时成绩的重要组成部分。按总评成绩分数，分为：A（90~100分）、B（80~89分）、C（70~79分）、D（60~69分）、E（0~59分）五级	综合评定

课内实训八：铺画列车运行方案图

一、实训目的

掌握列车运行方案图的铺画方法。

二、实训任务

（一）基础技术资料

1. 线　路

（1）线路分类。

一号线全长 27.926 km，线路分为正线、辅助线、车场线。辅助线包括折返线、渡线、联络线、出场线、入场线、安全线、存车线等。

（2）出、入场线。

连接车场与柳铁职院站（S0102 至 S0106）间的线路称为出场线；连接车场与柳铁职院站站（S0101 至 S0105）间的线路称为入场线。

（3）转换轨。

S0101 至 SJ1 信号机间的线路称为转换轨Ⅰ道；S0102 至 SJ2 信号机间的线路称为转换轨Ⅱ道。

（4）车场线。

S0101/S0102 信号机外方的线路为车场线。

（5）一号线正线线路最大坡度为 25‰，正线最小曲线半径为 300 m。出场线最大坡度 30.296‰，长度 173.916 m；入场线最大坡度 30.296‰，长度 173.916 m；出、入车场线最小曲线半径 200 m。全线共设曲线 106 个，曲线全长为 21.65 km。

2. 车站、车场

（1）一号线车站设置情况。

一号线共设 22 座车站，全部为地下站。由西向东分别为：柳铁职院站站、城职院站、二职校站、党校站、大城小院站、市医院站、科技大学站、阳光 100 站、柳州饭店站、柳侯公园站、中医院站、城市广场站、延安大酒店站、火车站站、峨山公园站、西环路口站、铁六小站、星园林居站、运校旧址站、柳工站、十一冶站和上海五菱站。

（2）站台。

车站有效站台长度为 118 m，可停靠由 6 节车厢编组的列车。站台设安全门，安全门的设计总长度为 113 m。

（3）车辆段。

一号线设柳铁职院站车辆段/车场一个，位于柳铁职院站西北侧，与柳铁职院站设有出、入场线连接，车场与正线以 S0101 和 S0102 信号机为界。

3. 信 号

一号线信号系统有三个主要的列车控制等级 CBTC、IATP 和联锁控制。在 CBTC 控制模式下，司机以车载 TOD 显示为主体行车，遇地面信号机显示红灯时停车。在 IATP 控制模式下，司机以地面信号为主体、参照 TOD 显示行车。在联锁控制模式下，司机以地面信号作为主体行车。联锁故障的区段，采用电话闭塞法组织行车，司机凭路票行车。当发生信号机显示故障、计轴区段受扰等特殊情况时，司机凭调度命令行车。司机按《运营时刻表》和 DTI 显示掌握停站时间及区间运行时分。

4. 电客车

（1）一号线的电客车为 B2 型车，采取六辆编组的方式，三动三拖，编组型式为：+Tc-Mp-M-T-Mp-Tc+。其中 Tc 车为带司机室的拖车；Mp 车为带受电弓的动车；M 车为无受电弓的动车；T 车为无司机室的拖车。"+"表示半自动车钩，"-"表示半永久性牵引杆。

（2）正线线路最高运行速度为 80 km/h。

（3）客室座位纵向布置，电客车的定员和载重见表 4.17。

表 4.17 电客车定员和载重

序号	工况	定义	乘客数				列车乘客总数
			Tc 车	Mp 车	M 车	T 车	
1	AW0	无乘客（空载）	0	0	0	0	0
2	AW1	座客载荷	36	42	42	42	240
3	AW2	定员载荷（6 人/m²）	230	245	245	245	1 440
4	AW3	超员载荷（8 人/m²）	290	310	310	310	1 820

（二）运营管理资料

1. 运营时间

运营时间：6：30—23：00，两端站最早一班站要求 6：30 发车，中站最早一班车要求在 6：40 之前发。

高峰时间：周一至周五：7：30—9：30；17：30—19：30；其中超高峰时间为 7：30—8：00。

周六周日高峰时间：10：30—12：30；17：30—19：30。

低峰时间：21：00—23：00。

平峰时间：其他时间为平峰时间。

2. 各站停站时分

各站停站时间最小不得小于 20 s，最长不得大于 60 s，根据客流预测资料，车站站台形式，计算各站的停站时分如表 4.18 所示。

表 4.18 各站停站时间标准

车站	下行停站时间（s）	上行停站时间（s）
柳铁职院站	30	30
城职院	50	50
二职校	50	50
党校	50	50
大城小院	50	50
市医院	50	50
科技大学	30	30
阳光100	30	30
柳州饭店	30	30
柳侯公园	30	30
中医院	30	30
城市广场	30	30
延安大酒店	30	30
火车站	30	30
峨山公园	30	30
西环路口	30	30
铁六小	30	30
星园林居	30	30
运校旧址	30	30
柳工	30	30
十一冶	30	30
上海五菱	30	30

3. 区间运行时间标准

通过查标与理论计算，各区间的运行时分如表 4.19 所示。

表 4.19 区间运行时分标准

车站	区间里程（m）	区间运行时分（s）	
	上下行	下行	上行
柳铁职院站			
	1 014	81	84
城职院			
	1 380	108	105
二职校			
	1 510	121	119
党校			
	1 598.5	130	131
大城小院			
	1 387.5	112	110
市医院			
	1 470.7	118	118
科技大学			
	1 065.3	86	87
阳光 100			
	1 899.5	152	156
柳州饭店			
	954.3	78	76
柳侯公园			
	1 134.5	91	91
中医院			
	1 395	112	112
城市广场			
	1 041.5	84	84
延安大酒店			
	1 539.2	126	125
火车站			
	978	80	79
峨山公园			
	1 188.7	96	97
西环路口			
	1 115.8	90	90
铁六小			
	1 328.5	108	104
星园林居			
	1 338.7	91	89
运校旧址			
	800.4	64	64
柳工			
	1 676.7	135	136
十一冶			
	1 327.2	108	106
上海五菱			

4. 出入段时间标准（见表4.20）

表4.20 出入段时间标准

车辆段	出段（下行线）(s)	入段（上行线）(s)
柳铁职院车辆段	165	105

5. 折返作业时间标准

柳铁职院站采用站后折返的方式，最小折返时间标准为170 s，其中包括上下行线停站时间为20 s，入折返线20 s，出扳返线20 s，司机换端90 s。

上海五菱站采用站后折返，最小折返时间标准为160 s，其中包括上下行线停站时间为20 s，入折返线15 s，出扳返线15 s，司机换端90 s。

中间站折返线折返均为200 s，渡线折返为150 s。

6. 区间最小追踪间隔时间

采用移动闭塞信号系统，区间最小追踪间隔时间标准为120 s。

7. 客流资料

（1）日常平均客流资料（周一至周五）。

通过对旅客周一到周五出乘资料的分析，日常各时间段单向最大断面客流（假设上下行客流基本均等）如表4.21所示。

表4.21 周一至周五分时段最大断面客流量

时间	客流量（人）	最大客流断面	时间	客流量（人）	最大客流断面
6:30—7:00	3 268	柳州饭店站	14:30—15:30	10 280	柳州饭店站
7:00—7:30	5 060	柳州饭店站	15:30—16:30	10 180	党校
7:30—8:30	24 300	柳州饭店站	16:30—17:30	19 140	党校
8:30—9:30	25 900	柳州饭店站	17:30—18:30	22 180	党校
9:30—10:30	20 148	柳州饭店站	18:30—19:30	17 190	党校
10:30—11:30	14 080	柳州饭店站	19:30—20:30	15 860	党校
11:30—12:30	13 280	柳州饭店站	20:30—21:30	9 320	党校
12:30—13:30	12 250	柳州饭店站	21:30—22:30	4 100	党校
13:30—14:30	11 280	柳州饭店站	22:30—23:00	3 000	党校

（2）日常平均客流资料（周六、周日）。

通过对旅客周六、周日出乘资料的分析，周六、周日各时间段单向最大断面客流（设上下行客流基本均等）如下表4.22所示。

表 4.22 周六、周日分时段最大断面客流量

时间	客流量（人）	最大客流断面	时间	客流量（人）	最大客流断面
6：30—7：00	2 568	柳州饭店站	14：30—15：30	9 280	柳州饭店站
7：00—7：30	3 200	柳州饭店站	15：30—16：30	12 180	党校
7：30—8：30	8 500	柳州饭店站	16：30—17：30	15 140	党校
8：30—9：30	10 580	柳州饭店站	17：30—18：30	18 180	党校
9：30—10：30	18 050	柳州饭店站	18：30—19：30	21 420	党校
10：30—11：30	21 800	柳州饭店站	19：30—20：30	14 860	党校
11：30—12：30	23 900	柳州饭店站	20：30—21：30	9 320	党校
12：30—13：30	16 350	柳州饭店站	21：30—22：30	4 100	党校
13：30—14：30	12 580	柳州饭店站	22：30—23：00	3 000	党校

（3）近期预测最大断面客流。

根据线路客流的增长特性以及客流调查推算，1号线日输送能力半年至1年内拟达到20万人次，单向最大小时断面客流为28 000人次。

（4）中远期客流预测。

根据线路客流的增长特性以及客流调查推算，1号线日输送能力1年至2年内拟达到30万人次，单向最大小时断面客流为52 600人次。

（三）任务：铺画某市地铁1号线方案图

三、实训组织管理

每组5人，组内学习。

四、实训指导

运行图编制通常分两步进行，第一步编列车运行方案图，主要解决运行图的全面布局问题，列车交路问题，只画折返站列车到开时刻和列车交路，而不画出经过线路内各车站的时刻，可使用1分格运行图等各种格式运行图编制，第二步根据方案图铺画详细运行图。

（1）客车运行方案按收集到的分时最大断面客流、旅客最长等待时间、首末班车的有关规定，确定各折返站到发时刻及车辆段或停车场的出车时间。

（2）方案图绘制步骤。

第一步：画站名线：按各区间上下行运行时分总和的一半确定总时间，然后按各区间列车运行时分比例画出站名线（用黑笔或蓝笔）。

第二步：铺画车辆段与停车场（用虚断线）。

第三步：绘制载客列车运行线。

根据给出的各区间运行时间标准，算出旅客列车在整条线路的旅行时间（分上、下行），即可铺画旅客列车运行线，例如下行旅行时间，同理可算出上行旅行时间。

第四步：按照均衡的原则及全日行车计划绘制列车运行线。铺画列车运行方案时，需注意同方向两列车在车站连发（或连到）的间隔时间，必须大于追踪间隔时间。

第五步：勾画列车交路。

根据收集到的客流资料，计算得到全日行车计划，车辆配备计划，线路示意图及各车站的技术设备情况，确定列车的折返方式，进而确定列车交路方式。见图4.4。

方案图和交路勾完后要认真检查：① 列车对数是否符合；② 列车在折返段所在站停留时间是否符合规定标准，多了可以，少一秒都不行；③ 有没有漏勾或错勾交路。

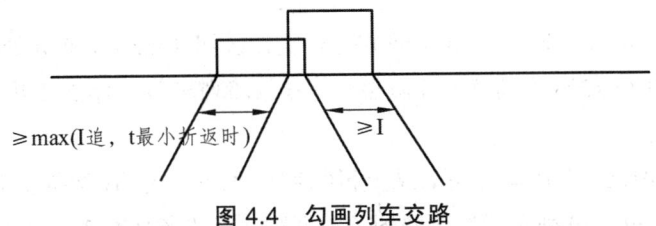

图 4.4 勾画列车交路

五、考核标准

考核内容	考核标准	评分标准	考试形式
课内实训综合成绩	实训纪律、工作态度、专业技能、合作精神、综合素质	课内实训综合成绩是课程平时成绩的重要组成部分。按总评成绩分数分为：A（90～100分）、B（80～89分）、C（70～79分）、D（60～69分）、E（0～59分）五级	综合评定

课内实训九：列车运行调整

一、实训目的

掌握列车运行调整的方法。

二、实训的组织管理

每组3人，组内学习。

三、主要仪器设备及使用

（一）实训所需设备

调度电话、对讲机、LOW工作站，行车HMI。

（二）操作注意事项

（1）课程代表课前向实验室借用相关设备并发放至各小组，实训后归还设备。

（2）实训场地要文明工作、文明生产，各种工具、设备要摆放合理、整齐；正确使用调度电话、对讲机、LOW 工作站，HMI。

（3）实训完毕，将相关设备恢复、关机。

四、实训项目简介

资料：

地铁基本图，8 时 11 分，C—D 站间 01103 次在区间 4 km + 110 m 处机车故障，请求救援，行调命令 B 站的 01203 次清客担任救援，连挂故障列车后运行至 E 站停车线，8 时 30 分救援完毕。

救援完毕，原 01203 车体运行至 F 站上行线替开 01204 次，H 站备车上线替开 01104 次。请铺画 8：00—9：30 列车运行调整图（救援列车车次 601/602）。

五、实训步骤指导

1. 列车运行及运行整理符号

（1）列车始发、终止、在中间站临时停运及由邻接区段转来或开往邻区段。

列车始发（见图 4.5）。

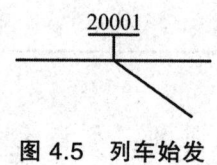

图 4.5　列车始发

列车终止（见图 4.6）。

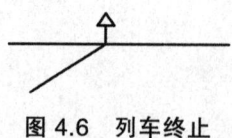

图 4.6　列车终止

列车在中间站临时停运（见图 4.7）。

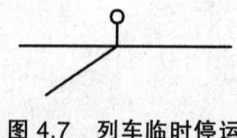

图 4.7　列车临时停运

列车由邻接区段转来（见图 4.8）。

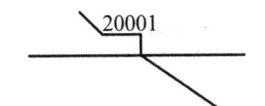

图 4.8 列车由邻接区段转来

列车开往邻接区段（见图 4.9）。

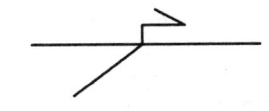

图 4.9 列车开往邻接区段

列车到开时分记在钝角内。早点用红圈、晚点用蓝圈记于锐角内，圈内注明早、晚点时分。晚点原因可用简明略号注明，如因编组晚点可只写"编"字。

（2）列车合并运行（在列车运行线上注明某次列车被合并）（见图 4.10）。

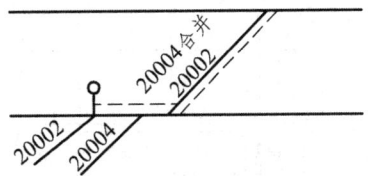

图 4.10 列车合并运行

（3）列车让车（见图 4.11）。

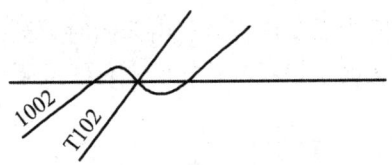

图 4.11 列车让车

（4）列车反方向运行时，在反方向运行区间的运行线上填写车次及（反）字（见图 4.12）。

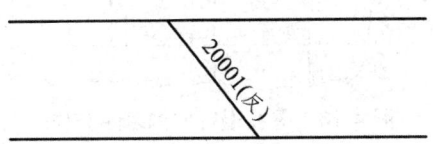

图 4.12 反方向运行时的填写方式

（5）列车在区间内分部运行（见图 4.13）。

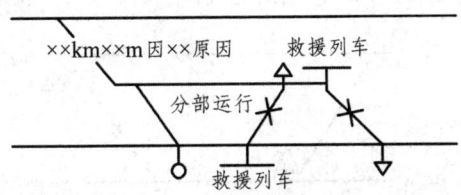

图 4.13 区间内分部运行

（6）线路中断或施工封锁区间时，要在该区间内画一红横线，表示单线区间中断或封锁（见图4.14）。

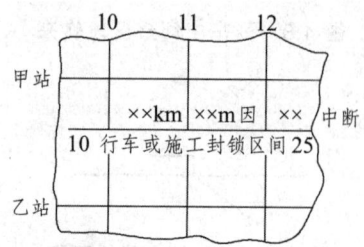

图4.14 线路中断或施工封锁区间时的处理

（7）双线区间上下行线路全部中断或封锁时，表示方法与单线区间相同；有一线中断或封锁时，以在红横线上部或下部画的蓝断线表示上行线或下行线的中断或封锁（见图4.15）。

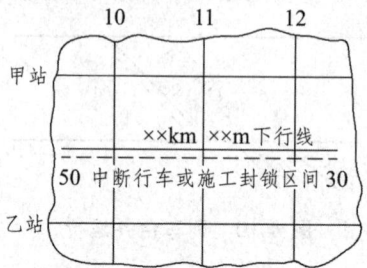

图4.15 双线区间上下行线路全部中断或封锁时的表示方法

（8）因施工或其他原因区间内需要慢行时，由开始时起至终了时止，用红色笔画断线表示，并标明地点、原因、限制速度（如双线就标明上行线或下行线）（见图4.16）。

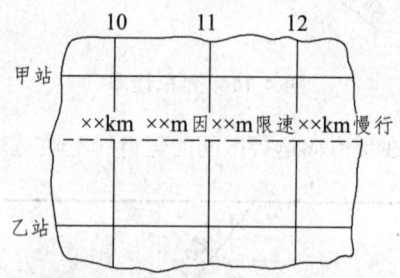

图4.16 需要慢行时的表示方法

（9）列车运缓时，在列车运行线上方用蓝色笔标明运缓时分；赶点时在列车运行线上方用红色笔标明赶点时分。

（10）列车在进站信号机外停车时，用红色笔画"△"，并标明停车时分（见图4.17）。

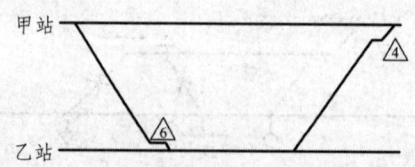

图4.17 在进站信号机外停车时的表示方法

2. 客车运行调整

（1）当客车发生早点时，行调可操作 HMI 上的扣车按钮，使列车在下一站正点开出，当早点时间较多时，应分别在几个车站扣停，避免在一个车站停留的时间过长。

（2）当客车发生晚点时，行调应通过有关车站和司机了解晚点原因，并及时采取措施。

① 指示车站组织好乘客上、下车的引导工作，及时取消运营停车点，适当减少客车停站时分。

② 通知终点站和客车司机加快客车折返作业，缩短折返时间。

（3）遇列车内乘客拥挤时，行调应通知相关车站控制入闸人数，车站广播通知乘客搭乘下一列车，通过客运组织来配合赶点。

（4）因客车、供电、线路等设备故障影响客车正点运行时，除按上述办法组织外，还需按相关故障处理办法执行。

（5）列车运行间隔，最小不小于 2 min，最大不大于 10 min.

（6）停站时间最长不超过 60 s，最短不短于 20 s。

六、考核标准

考核内容	考核标准	评分标准	考试形式
课内实训综合成绩	实训纪律、工作态度、专业技能、合作精神、综合素质	课内实训综合成绩是课程平时成绩的重要组成部分。按总评成绩分数分为：A（90~100分）、B（80~89分）、C（70~79分）、D（60~69分）、E（0~59分）五级	综合评定

《城市轨道交通运营安全与应急处理》课内实训指导书

适用专业	城市轨道交通运营管理	课程名称	城市轨道交通安全管理	实训课时	20
编制执笔人	马成正		编制时间		年 月 日

《城市轨道交通运营安全与应急处理》课内实训项目目录

课程名称	实训名称	课时数	实训目的	实训内容	主要仪器设备	备注
城市轨道交通运营安全管理	实训一：车站设备区火灾应急处理	2	训练各岗位人员的应急处置能力	设备区火灾应急处理	模拟沙盘、车站模型	
	实训二：站厅、站台火灾应急处理	2	训练各岗位人员的应急处置能力	站厅、站台火灾应急处理	模拟沙盘、车站模型	
	实训三：列车区间火灾应急处理	2	训练各岗位人员的应急处置能力	列车区间火灾应急处理	模拟沙盘、车站模型	
	实训四：挤岔事故应急处理	2	训练各岗位人员的应急处置能力	挤岔事故应急处理	模拟沙盘、车站模型	
	实训五：列车冲突的应急处理	2	训练各岗位人员的应急处置能力	列车冲突的应急处理	模拟沙盘、车站模型	
	实训六：列车正线脱轨应急处理	2	训练各岗位人员的应急处置能力	列车正线脱轨应急处理	模拟沙盘、车站模型	
	实训七：接触轨触电事故处理	4	训练各岗位人员的应急处置能力	接触轨触电事故处理	模拟沙盘、车站模型	
	实训八：屏蔽门或车门夹人/物应急处理	2	训练各岗位人员的应急处置能力	屏蔽门或车门夹人/物应急处理	模拟沙盘、车站模型	
	实训九：列车区间疏散应急处理（不影响人员生命安全）	2	训练各岗位人员的应急处置能力	列车区间疏散应急处理（不影响人员生命安全）	模拟沙盘、车站模型	
	实训十：列车区间疏散应急处理（危及乘客人身安全时）	2	训练各岗位人员的应急处置能力	列车区间疏散应急处理（危及乘客人身安全时）	模拟沙盘、车站模型	

课内实训一：车站设备区火灾应急处理实训指导书

一、实训目的

使行车各岗位人员掌握应对车站设备区发生火灾时的应急处置能力。

二、主要仪器设备及使用

（一）实训所需设备

调度电话、对讲机、LOW工作站，IBP盘，灭火器。

（二）实训环境

模拟站台层实训室。

（三）操作注意事项

（1）课程代表课前向实验室借用相关设备并发放至各小组，实训后归还设备。
（2）实训场地要文明工作、文明生产，各种工具、设备要摆放合理、整齐；
（3）实训完毕，将相关设备恢复关机。

三、实训的组织管理

每组 7 人，设站台岗一人、巡视岗一人、售票岗一人、支援岗一人、客运值班员一人、行车值班员一人，另设一人代表 OCC 各调度岗位及值班调度主任。

按照已经分好的组，一人位于调度中心，其余车站各岗位人员分别位于各自的工作岗位。

四、实训指导

（一）作业要求

（1）当进行现场处理时，要注意做好个人防护。
（2）当员工需撤离到站外时，需到紧急出口处进行集合，由值班站长点名确认，并给行车调度留下联系人及其联系电话。
（3）换乘站发生类似的紧急情况时，车站要进行联动处理。
（4）高架车站无气体灭火系统保护的供电用房报火警时（包括控制室、35 kV 高压开关柜室、400 V 低压开关柜室、整流变压器室、隔离开关柜室、直流开关柜室）。

① 若确认为办公、生活用品和明敷低压电线着火，车站立即用二氧化碳或干粉灭火器进行灭火并按规定报告。

② 供电用房内设备着火的处理程序：

a. 若确认为直流开关柜室内的整流器柜、负极柜着火，立即报 OCC 及供电专业人员。进入房间灭火时不得打开柜门，只需用灭火器对准设备外表喷洒即可。

b. 若整流变压室报火警，只需打开室门确认即可，严禁打开室内的围网。确认是火灾时，在围网外用灭火器对准设备外表喷洒即可，报 OCC 及供电专业人员处理。

c. 上述供电用房内的其他设备以及其他供电用房内的设备着火时，可以人工手动打开柜门的设备均可打开柜门灭火，但要注意做好个人防护（戴绝缘手套、穿绝缘靴）。

d. 供电用房内但凡张贴了禁止开柜门灭火标志的设备，均严禁打开柜门灭火。

（二）实训步骤

1. 站台岗行动

（1）接到执行火灾应急处理程序的通知后，确认站台至站厅的自动扶梯、垂直电梯运行状态并向车控室汇报情况。

（2）组织站台乘客向站外疏散，确认站台乘客疏散完毕后报车控室。

（3）听从值班站长安排。

2. 巡视岗行动

（1）接到执行火灾应急处理程序的通知后，确认车站出入口自动扶梯、垂直电梯运行状态并向车控室汇报情况。

（2）到站厅 A 端出入口拦截进站乘客并做好解释工作。

（3）听从值班站长安排，疏导乘客出站。

3. 售票岗行动

（1）接到执行火灾应急处理程序的通知后，收好钱和票，关闭客服中心电源。

（2）打开边门，利用手提广播到站厅 B 端拦截进站乘客并做好解释工作。

（3）疏散乘客出站，确认站厅乘客全部疏散出站后报车控室。

（4）听从值班站长安排。

4. 支援岗

（1）支援原则是由就近的车站派出（但不能影响车站正常运营）。

（2）支援人员全部到车控室签到。

（3）听从值班站长安排，疏导乘客出站。

5. 客运值班员

（1）确认 AIS 上相应的火灾模式是否开启，确认行车值班员的报警情况。

（2）听从值班站长安排。

6. 行车值班员

（1）接收到火警信息后，立即通知值班站长、客运值班员到报警点确认。

（2）确认发生火灾后，在 AIS 上确认相应的火灾模式已开启，报行车调度、环控调度、110、地铁公安，根据具体情况向行车调度申请列车在本站通过。

（3）现场不能控制时，广播通知所有岗位执行设备区火灾应急处理程序，并反复利用广播引导乘客疏散。

（4）及时将火灾情况报告行车调度，并与行车调度、值班站长保持联系，确认保洁人员到紧急出口外迎接消防人员。

（5）撤退时，随身携带与行车调度联系的无线电台。

7. 值班站长

（1）接到火警通知后，立即携带相应钥匙等与客运值班员到现场确认。

（2）如报警房间为气体保护房间，先将该房间外的气体控制变为手动，通过闻和触感房门的温度判断是否发生火灾（气体保护房间火灾流程）。

（3）初步判断没发生火灾、气体无喷放时，打开房间门观察确认，如为高/低压室，不可直接进入（气体保护房间火灾流程）。

（4）确认发生火灾后，立即关闭房门，如为气体保护房间，通过手动操作释放气体灭火（注：如为无气体保护房间，确认发生火灾后，担任事故处理主任，组织灭火）。

（5）当火灾不可控制时，担任事故处理主任，宣布执行设备区火灾应急处理程序，组织疏散。

（6）消防队到现场后，将有关信息通报给消防负责人后，根据情况组织员工撤退，并负责确认所有站内人员是否疏散完毕。

（7）安排保洁人员去指定的紧急出入口迎接消防人员。

（8）负责与各方的协调与沟通。

8. 行车调度

（1）确认火点、火情及伤亡情况并报告控制主任。

（2）按控制主任宣布的应急处理方案指令，在火车站紧急疏散乘客，通报各站并扣停接近的列车，组织退回发车站。

（3）如来不及扣停列车，则组织列车限速不停站地通过火灾车站。

（4）如灭火需要，通知供电调度停止该区域的供电。

（5）通报火情，要求各站按规定执行相关票务模式。

（6）火灾扑灭后，组织人员到现场抢修设备，恢复运营。

9. 供电调度

（1）向变电所值班员通报车站火灾情况，了解现场设备情况。

（2）注意监视火灾车站变电所设备的运行情况。

（3）在需要的情况下，可根据行车调度要求，切断相关的牵引电源。

（4）确保配电变压器的正常运行。

（5）事故处理完毕，通知相关人员检查设备运行情况。根据行车调度通知，恢复相关的牵引供电。

10. 环控调度

（1）确认着火车站及着火具体位置，并立即通报控制主任及行车调度。

（2）通知车站按站台火灾模式开启相应设备。必要时，须手动开启隧道通风模式协助排烟。

（3）高架车站站台发生火灾时，组织站台人员通过站厅进行疏散。

（4）必要时通报110。

（5）通知维修部门派人立即到事故车站协助救灾。

（6）随时与事故车站保持联系，及时掌握现场情况，并通报控制主任。

11. 信息调度

（1）向有关岗位收集事件的概况，向领导通报有关故障信息。

（2）向受影响的车站通报晚点信息。

（3）跟进事件处理情况，向领导通报控制中心采取的应急措施。

（4）故障恢复后，及时向相关部门发布运营恢复信息。

（5）协助控制主任收集有关事故信息，做好事故事件总结。

12. 控制主任

（1）向行车调度、环控调度了解具体火灾情况。
（2）向当值调度宣布：执行车站设备区火灾事故应急处理程序。
（3）制定应变措施，调整运行秩序，要求各调度组织各工种人员做好灭火救灾的支援工作。
（4）按规定进行通报，视情况启动应急公交接驳方案。
（5）协调各调度工作并监督处理进度。

五、考核标准

考核内容	考核标准	评分标准	考试形式
课内实训综合成绩	实训纪律、工作态度、专业技能、合作精神、综合素质	课内实训综合成绩是课程平时成绩的重要组成部分。按总评成绩分数分为：A（90~100分）、B（80~89分）、C（70~79分）、D（60~69分）、E（0~59分）五级	综合评定

课内实训二：站厅、站台火灾应急处理指导书

一、实训目的

使行车各岗位人员掌握应对站厅、站台发生火灾的应急处置能力。

二、主要仪器设备及使用

（一）实训所需设备

调度电话、对讲机、LOW 工作站，IBP 盘，灭火器。

（二）实训环境

模拟站台层实训室。

（三）操作注意事项

（1）课程代表课前向实验室借用相关设备并发放至各小组，实训后归还设备。
（2）实训场地要文明工作、文明生产，各种工具、设备要摆放合理、整齐。
（3）实训完毕，将相关设备恢复关机。

三、实训的组织管理

每组 7 人，设站台岗一人、巡视岗一人、售票岗一人、支援岗一人、客运值班员一人、行车值班员一人，另设一人代表 OCC 各调度岗位及值班调度主任。

按照已经分好的组,一人位于调度中心,车站各岗位人员分别位于各自的工作岗位。

四、实训指导

(一)作业要求

(1)当进行现场处理时,要注意做好个人防护。

(2)当员工需撤离到站外时,需到紧急出口处进行集合,由值班站长点名确认,并给行车调度留下联系人及其联系电话。

(3)换乘站发生类似的紧急情况时,车站要进行联动处理。

(4)高架车站无气体灭火系统保护的供电用房报火警时(包括控制室、35 kV 高压开关柜室、400 V 低压开关柜室、整流变压器室、隔离开关柜室、直流开关柜室)。

① 若确认为办公、生活用品和明敷低压电线着火,车站立即用二氧化碳或干粉灭火器进行灭火并按规定报告。

② 供电用房内的设备着火时的处理程序:

a. 若确认为直流开关柜室内的整流器柜、负极柜着火,立即报 OCC 及供电专业人员。进入房间灭火时不得打开柜门,只需用灭火器对准设备外表喷洒即可。

b. 若整流变压室报火警,只需打开室门确认即可,严禁打开室内的围网。确认是火灾时,在围网外用灭火器对准设备外表喷洒即可,报 OCC 及供电专业人员处理。

c. 上述供电用房内的其他设备以及其他供电用房内的设备着火时,可以人工手动打开柜门的设备均可打开柜门灭火,但要注意做好个人防护(戴绝缘手套、穿绝缘靴)。

d. 供电用房内但凡张贴了禁止开柜门灭火标志的设备,均严禁打开柜门灭火。

(二)实训步骤

1. 站台岗

(1)若站台发生火灾,应现场确认并报告车控室火灾位置、大小、火灾性质等,第一时间进行灭火工作(原则上组织 2 人灭火)。

(2)确认火灾不可扑救后,立即组织站台乘客向站外疏散,确认站台乘客疏散完毕后报车控室。

(3)若站厅发生火灾,确认站厅至站台自动扶梯、垂直电梯的运行状态并汇报情况。

(4)听从值班站长安排,组织乘客疏散。

2. 巡视岗

(1)若站厅发生火灾,确认并报告车控室火灾位置、大小、火灾性质等,进行第一时间的灭火(原则上组织 2 人灭火)。

(2)接到执行火灾应急处理程序的通知后,确认车站出入口自动扶梯、垂直电梯的运行状态并汇报情况。

(3)到站厅 A 端出入口拦截进站乘客并做好解释工作。

(4)听从值班站长安排,疏导乘客出站。

3. 售票岗

（1）接到执行火灾应急处理程序的通知后，收好钱和票，关闭客服中心电源。
（2）打开边门，利用手提广播到站厅 B 端拦截进站乘客并做好解释工作。
（3）听从值班站长安排，疏导乘客出站。
（4）确认站厅乘客全部疏散出站后报车控室。

4. 支援岗

（1）支援原则是从就近的车站派出（但不能影响车站正常运营）。
（2）支援人员全部到车控室签到，听从值班站长安排。

5. 客运值班员

（1）接到执行火灾应急处理程序的通知后，确认 AIS 上相应的火灾模式是否开启。
（2）组织站厅、站台乘客疏散工作，最后确认站厅、站台乘客全部疏散出站后报车控室。
（3）听从值班站长安排。

6. 行车值班员

（1）接收到火警信息后，通知巡视岗到报警点确认火警，并将情况报告值班站长。
（2）确认发生火灾后，在 AIS 上执行火灾模式并报行车调度、环控调度、110、地铁公安。
（3）广播宣布执行站厅、站台火灾应急处理程序，并通过反复广播引导乘客疏散。
（4）及时将乘客疏散和灭火情况报告行车调度，并与行车调度、值班站长保持联系。

7. 值班站长

（1）接到火警通知后，立即到着火位置进行确认。
（2）确认发生火灾后通知车控室，宣布执行火灾应急处理程序，组织疏散乘客和灭火工作。
（3）负责最后确认站厅、站台所有乘客已疏散完毕，及时将现场情况报车控室。
（4）消防队到现场后，将有关信息通报给消防负责人后，视情况组织员工灭火或撤退；当撤退时负责确认所有站内人员已疏散完毕。
（6）安排人员在出入口拦截乘客进站。
（7）安排保洁人员去指定的紧急出入口接消防人员。

8. 行车调度

（1）确定火点、火情及伤亡情况并报告控制主任。
（2）按控制主任宣布的应急处理方案指令火灾车站紧急疏散乘客，通报各站并扣停接近列车，组织退回发车站。
（3）如来不及扣停列车，则组织列车限速不停站通过火灾车站。
（4）必要时通知供电调度停止该区域的供电。
（5）通报火情，要求各站按规定执行相关票务模式。
（6）火灾扑灭后，恢复正常运营。

9. 供电调度

（1）通知变电所值班员车站火灾情况。

（2）注意监视火灾车站变电所设备的运行情况。
（3）在需要的情况下，可根据行车调度要求，切断相关的牵引电源。
（4）确保配电变压器的正常运行。
（5）协助控制主任进行通报工作。
（6）事故处理完毕，通知相关人员检查设备运行情况。根据行车调度通知，恢复相关的牵引供电。

10. 环控调度

（1）确认着火车站及着火具体位置，并立即通报控制主任及行车调度。
（2）地下车站须通知设备操作员先手动打开屏蔽门。
（3）通知设备操作员按站台火灾模式开启相应设备。隧道通风系统未实现联动功能时，须手动开启隧道通风模式协助排烟。
（4）高架车站站台火灾时，组织站台人员通过站厅进行疏散。
（5）必要时通报110。
（6）通知维修派人员立即到事故车站协助救灾。
（7）随时与事故车站保持联系，及时掌握现场情况，并通报控制主任。

11. 信息调度

（1）向有关岗位收集事件的概况，向领导通报有关故障信息。
（2）向受影响的车站通报晚点信息。
（3）跟进事件处理情况，向领导通报控制中心采取的应急措施。
（4）如故障恢复后，及时向相关部门发布运营恢复信息。
（5）协助控制主任收集有关事故信息，做好事故事件的总结工作。

12. 控制主任

（1）向行车调度、环控调度落实具体情况。
（2）向当值调度宣布：执行车站站台火灾事故应急处理程序。
（3）制定应变措施，要求各调度组织各工种人员做好灭火救灾的支援工作。
（4）视情况拨打"110"，并通知有关人员在紧急出入口处等候消防或救护队。
（5）指示事发现场的值班站长执行火灾模式。
（6）按规定进行通报，视情况启动应急公交接驳方案。
（7）协调各调度工作并监督处理进度。

五、考核标准

考核内容	考核标准	评分标准	考试形式
课内实训综合成绩	实训纪律、工作态度、专业技能、合作精神、综合素质	课内实训综合成绩是课程平时成绩的重要组成部分。按总评成绩分数分为：A（90～100分）、B（80～89分）、C（70～79分）、D（60～69分）、E（0～59分）五级	综合评定

课内实训三：列车区间火灾应急处理处理指导书

一、实训目的

使行车各岗位人员掌握应对列车区间火灾的应急处置能力。

二、实训设备及环境

（一）实训所需设备

调度电话、对讲机、LOW 工作站，IBP 盘，灭火器。

（二）实训环境

模拟站台层实训室。

（三）操作注意事项

（1）课程代表课前向实验室借用相关设备并发放至各小组，实训后归还设备。
（2）实训场地要文明工作、文明生产，各种工具、设备要摆放合理、整齐。
（3）实训完毕，将相关设备恢复关机。

三、实训的组织管理

每组 7 人，设站台岗一人、巡视岗一人、售票岗一人、支援岗一人、客运值班员一人、行车值班员一人，另设一人代表 OCC 各调度岗位及值班调度主任。

按照已经分好的组，一人位于调度中心，其余车站各岗位人员分别位于各自的工作岗位。

四、实训指导

（一）作业要求

（1）当进行现场处理时，要注意做好个人防护。
（2）换乘站发生类似紧急情况时，车站要进行联动处理。
（3）当一端疏散时，疏散端的车站应立即安排人员进入隧道接应疏散，而另一端的车站不应派人进入该区间。

（二）实训步骤

1. 站台岗

（1）指引站台乘客向站厅疏散，确认疏散情况和乘客受伤情况，并将信息及时报告车控室。

（2）打开事故一侧的端墙门，在端门处负责接应区间疏散的乘客，并指引他们疏散出站。
（3）在打开的端墙门处立岗，及时传递信息。
（4）指引消防队进入现场。

2．巡视岗

（1）听到指令后立即赶到车控室，穿上荧光衣，戴好防毒面具。
（2）和值班站长到现场疏散列车上的乘客，并进行灭火的作业。
（3）确认列车上乘客疏散完毕后，跟随最后一名乘客到站台，并确认无乘客遗留在区间内。
（5）待消防队接管现场后，回站厅协助乘客的疏散工作。

3．售票岗

（1）收好钱和票，关闭客服中心电源，打开边门，组织站厅乘客疏散。
（2）负责站厅乘客票务的解释工作。
（3）确认乘客疏散完毕后报车控室。

4．支援岗

（1）支援原则是从就近的车站派出（但不能影响车站正常运营）。
（2）支援人员全部到车控室签到。
（3）听从值班站长的安排。

5．客运值班员

（1）接到执行火灾应急处理程序的通知后，赶到车控室，确认 AIS 上相应的火灾模式是否开启。
（2）完成（1）后，拿对讲机、手提广播到站台指挥组织乘客疏散。
（3）确认列车、站台乘客疏散完毕后，报车控室。

6．行车值班员

（1）接到列车停在的区间发生火灾的通报后，在 AIS 上开启火灾模式，报值班站长，通知站台岗将相应端的端门设为敞开状态。
（2）接到停运的通知后，广播宣布执行列车区间火灾应急处理程序，并反复通过广播引导乘客疏散。
（3）报 110、地铁公安。
（4）接到可进行区间疏散的通知后，立即通知值班站长执行。
（5）及时将乘客疏散和灭火情况报告行车调度，并与行车调度、值班站长保持联系。

7．值班站长

（1）接到报告，立即通知巡视岗赶到车控室，带齐事故处理物品，并与其进入区间引导乘客疏散。
（2）与司机取得联系，组织乘客向车站疏散，用灭火器或隧道消防栓灭火，作好与司机的沟通和合作。

（3）对列车上乘客疏散情况进行确认，确保所有乘客撤离，并将现场情况及时通报行车值班员。

（4）消防队员到现场后，将灭火工作交给消防队员；火势失去控制时，命令现场员工疏散到车站。

（5）确认乘客从车站全部疏散后，到车控室指挥处理。

（6）安排人员在出入口拦截乘客进站。

（7）安排保洁人员去指定的紧急出入口迎接消防人员。

8. 行车调度

（1）确认火点（列车位置、里程标）、火情及伤亡情况，报告控制主任。

（2）要求发生火灾的列车司机尽力驾驶列车到达前方站。

（3）立即扣停后续列车，通报各站，调整列车运行。

（4）如列车能够行驶到达前方车站，则按"列车在车站发生火灾"应急处理程序进行处理。

（5）如列车不能够行驶到达前方车站，则组织区间疏散乘客。

（6）列车在区间发生火灾时，若确认火势或现场情况失控或严重危及乘客人身安全时，应立即停车疏散乘客。采用乘客步行的方式进行疏散，组织乘客向就近车站进行疏散。

（7）通知供电调度停止该区域及邻线的接触轨供电。

（8）视情况组织有限度的列车服务，如小交路运行、反方向运行等。

（9）安排备用客车上线接替火灾客车。

（10）火灾扑灭后，要求车站执行线路出清程序，经车辆及维修人员确认着火列车的状态后调整回车厂并调整其他列车运行。

9. 供电调度

（1）向控制主任了解事故情况，提出停电范围。

（2）根据控制主任的要求对相关区段进行停电。

（3）通知维修部调度派人检查事故区段接触轨设备及35KV环网电缆设备。

（4）进行隧道疏散时，通知变电所值班人员合上轨电位限制装置。

（5）视情况协助控制主任进行通报。

10. 环控调度

（1）确认着火车站及着火具体位置，并立即通报控制主任及行车调度。

（2）地下车站须通知设备操作员先手动打开屏蔽门。

（3）通知设备操作员按站台火灾模式开启相应设备。隧道通风系统未实现联动功能时，须手动开启隧道通风模式协助排烟。

（4）高架车站站台发生火灾时，组织站台人员通过站厅进行疏散。

（5）必要时拨打"110"报警。

（6）通知维修派人员立即到事故车站协助救灾。

（7）随时与事故车站保持联系，及时掌握现场情况，并通报控制主任。

11. 信息调度

（1）向有关岗位收集事件的概况，向领导通报有关故障信息。

（2）向受影响的车站通报晚点信息。

（3）跟进事件处理情况，向领导通报控制中心采取的应急措施。

（4）如故障恢复后，及时向相关部门发布运营恢复信息。

（5）协助控制主任收集有关事故信息，做好事故事件的总结工作。

12. 控制主任

（1）接收行车调度的报告，立即落实具体情况。

（2）向当值调度宣布：执行列车在车站火灾事故应急处理程序。

（3）通知各调组织各工种人员灭火救灾。

（4）视情况拨打"110"，并通知有关人员在紧急出入口处等候消防或救护队。

（5）按规定进行通报，视情况启动应急公交接驳预案。

五、考核标准

考核内容	考核标准	评分标准	考试形式
课内实训综合成绩	实训纪律、工作态度、专业技能、合作精神、综合素质	课内实训综合成绩是课程平时成绩的重要组成部分。按总评成绩分数分为：A（90~100分）、B（80~89分）、C（70~79分）、D（60~69分）、E（0~59分）五级	综合评定

课内实训四：挤岔事故应急处理指导书

一、实训目的

使行车各岗位人员掌握挤岔时的应急处置能力。

二、主要仪器设备及使用

（一）实训所需设备

调度电话、对讲机、LOW工作站。

（二）实训环境

模拟站台层实训室，OCC调度实训室。

（三）操作注意事项

（1）课程代表课前向实验室借用相关设备并发放至各小组，实训后归还设备。

（2）实训场地要文明工作、文明生产，各种工具、设备要摆放合理、整齐。
（3）实训完毕，将相关设备恢复关机。

三、实训的组织管理

每组 6 人，设站务一人、调度值班主任一人、行调一人、环调一人、信息调度一人、电调一人。

四、实训指导

（一）处理原则作业要求

（1）挤岔时，列车一般不得后退，在工建专业人员的确认和监护下，列车可缓慢拉出岔区或固定好道岔后再行后退。列车能否继续运营或退出接受检查，由现场抢修人员决定。

（2）原则上，正线列车发生挤岔时，如需要下现场进行抢修作业前，应先停止接触轨供电，再组织抢修作业。

（3）如载客列车发生挤岔，站务人员按 OCC 指令组织乘客区间进行疏散后，再组织抢修作业。

（二）实训步骤

1. 控制主任

（1）接行车调度报告后，向当值调度宣布：进入机车/车辆正线发生挤岔事故，进入处理状态。并组织各岗位处理挤岔事故，必要时启动应急公交接驳预案。

（2）组织小交路继续运营。

（3）将正线挤岔的信息向车场控制中心值班主任、维修部调度进行通报，控制主任视情况向其通报需要抢修的工作情况。如发生列车挤过道岔的区域较远，列车不能后退时，通知维修调度执行道岔抢修的处理程序；如列车挤岔导致脱轨时，在地面高架线路区域，具备地面起重汽车辅助列车起复的，经公司主管运营副总经理同意后，可以组织起重吊车前往抢险。在隧道区域脱轨时，要求相关抢修人员带齐"起复"设备前往处理。

（4）通知维修部调度派出救援队抢修道岔，通知车场值班主任派人到现场抢修车辆设备。

（5）按信息通报的有关程序进行通报。

2. 行车调度

（1）确定列车车次、车底号和被挤道岔编号、受影响区段、是否影响邻线行车、列车载客量及人员伤亡等情况，报告控制主任。

（2）扣停开往受影响区段的列车，通报各站和车厂值班主任，按控制主任的指示任命现场人员担任事故处理主任。

（3）通知司机挤岔后列车不准移动，向司机了解列车挤过道岔的情况，如接到现场人员报告所挤道岔有严重变形，列车轮对掉道等情况时，向控制主任报告，并通报相关部门。

（4）确定列车挤岔具体轮对通知车辆部调度、维修部调度，准备组织抢修，视情况组织工程车出车场抢修；如列车需要救援时，还要组织工程车出场救援电客车。

（5）如影响牵引电流，通知供电调度切断挤岔区段的牵引电流，视情况向供电调度通报由于列车掉道，列车集电靴偏离了正常的运行限界，有可能影响了牵引供电等信息。

（6）指令车站、司机执行乘客疏散程序。

（7）组织不受影响区段列车运营。

（8）封锁线路供救援队进行抢修。

（9）向维修部调度确认，事故的位置、道岔的型号，道岔的损伤程度，道岔及其他可以影响行车的设备等情况，报控制主任。

（10）抢险结束后，将故障情况及线路出清情况反馈控制主任并解封相关区段的封锁命令。

（11）如发生列车轮对掉道、脱轨等情况时，按《附录L：正线车辆脱轨应急处理程序》进行处理。

（12）按控制主任的要求向有关车站发布执行"公交接驳"预案的通知。

3. 环控调度

（1）确认事故位置及列车上是否有乘客。

（2）地下区间按情况组织协助乘客疏散。

（3）注意监控相应区域的设备情况。

（4）必要时开启相应设备配合抢修工作。

4. 供电调度

（1）确认挤岔的位置及事故性质。

（2）与行车调度了解列车挤岔对牵引供电设备的影响，向变电所了解断路器是否动作，重合闸是否成功。

（3）根据控制主任的要求对相关的区段进行停电处理，监督接触轨人员进行挂接地线的工作并及时通知行车调度。

（4）如脱轨车辆损坏接触轨，则组织接触轨人员派人到现场检查抢修。

5. 信息调度

（1）做好故障的记录，及时向全线通报列车挤岔的信息。

（2）按相关的信息通报流程向乘客通报晚点及中断服务的信息；及时向有关领导通报故障影响及抢险情况，通报事故处理的阶段性工作。

（3）故障恢复后，及时向相关部门发布运营恢复信息。

（4）如需要组织"公交接驳"等情况时，向相关接口单位进行通报。

（5）故障恢复后，及时向有关岗位收集事故影响，做好事故分析报告的相关资料的收集工作。

6. 站务人员

（1）按行车调度要求，组织人员配合抢修人员抢修。

（2）按行车调度要求，督促相关抢修施工请销点及安全防护。

（3）按行车调度要求，做好列车中途折返和小交路运行或公交接驳的准备。

（4）乘客在区间的疏散工作参照《附录 W1：列车在区间疏散的应急处理程序（一般情况下）》执行。

五、考核标准

考核内容	考核标准	评分标准	考试形式
课内实训综合成绩	实训纪律、工作态度、专业技能、合作精神、综合素质	课内实训综合成绩是课程平时成绩的重要组成部分。按总评成绩分数分为：A（90～100分）、B（80～89分）、C（70～79分）、D（60～69分）、E（0～59分）五级	综合评定

课内实训五：列车冲突的应急处理指导书

一、实训目的

使行车各岗位人员掌握列车冲突时的应急处置能力。

二、主要仪器设备及使用

（一）实训所需设备

调度电话、对讲机，司机无线电话。

（二）实训环境

模拟站台层实训室或城轨应急实训室。

（三）操作注意事项

（1）课程代表课前向实验室借用相关设备并发放至各小组，实训后归还设备。

（2）实训场地要文明工作、文明生产，各种工具、设备要摆放合理、整齐。

（3）实训完毕，将相关设备恢复关机。

三、实训的组织管理

每组6人，设站务一人、调度值班主任一人、行调一人、环调一人、信息调度一人、电调一人。

四、实训指导

（一）处理原则

处理原则：列车冲突一般指列车追尾、列车侧面侵限冲突导致前后列车或相邻的两列车间出现碰撞等情况。列车冲突时，司机应立即停车；在现场人员确认没有造成其他安全事件、车辆人员确认满足列车动车条件后，方可动车（如造成其他安全事件，按其他相关规定处理）。如冲突导致列车脱轨等情况发生时，按《附录L：正线车辆脱轨应急处理程序》处理。

（二）实训步骤

1. 控制主任

（1）接行车调度报告后，向当值调度宣布：进入列车冲突处理状态。
（2）做好故障处理的时间节点控制工作。
（3）进行全线列车调整运行、小交路运营、故障车救援等决策工作。
（4）在故障处理过程中，落实各调度岗位的关键环节，下达指示，让行调进行现场事故处理主任的任命工作。
（5）向调度及现场人员了解列车冲突对供电接触轨等设备的影响，如需要抢修时，下达抢修命令，评估故障的影响范围及持续时间，做好事件扩大的预想。
（6）组织发生冲突的两列车下线。

2. 行车调度

（1）接报后，了解事件信息；向司机及现场抢修人员了解冲突的影响及后果，向维修调度、车场值班主任通报该信息，并向控制主任通报。
（2）通知发生冲突的列车待令，向供电调度通报情况，向现场了解是否有影响接触轨、集电靴等设备损坏情况的发生，做好应急抢修信息的通报。
（3）按控制主任要求组织全线列车调整运行，组织小交路运行等。
（4）与现场人员确认安全，现场人员确认列车动车条件满足后，由现场事故处理主任与司机确认安全后，事故处理主任通知司机动车，出清线路。
（5）行车调度先组织冲突影响较小的列车出清线路，再组织处理影响严重的第二列列车的抢修作业。
（6）如冲突产生的后果严重，按控制主任的要求，要求车场控制中心做好工程车救援的准备，下达其他应急预案。
（7）如发生在夜间施工的过程中，立即通知相关施工出清线路，清销点后，立即开展救援工作。
（8）组织人员现场检查设备，评估事故影响。
（9）按现场抢修人员的要求，处理完毕后，组织后续列车在冲突区域限速运行。

3. 环控调度

（1）做好设备监控。
（2）如故障列车在地下区间，按控制主任的要求送风。

（3）配合行调、电调做好设备抢险工作。
（4）事故处理完毕后，组织相关人员检查设备，并向其他调度通报事故影响。

4. 供电调度

（1）做好供电设备的监控，与现场抢修人员了解接触轨、变电所等供电设备的故障影响。
（2）如需要停/送电，按行车调度要求停/送电。
（3）如需要抢修时，组织相关人员进行供电设备的抢修作业。
（4）事故处理完毕后，组织相关供电技术人员检查设备，并向其他调度通报事故影响。

5. 信息调度

（1）按规定做好故障的记录，及时向全线车站通报信息。
（2）及时向乘客发布晚点信息。
（3）按相关的信息通报流程向有关领导通报事故情况，控制中心采取的措施。
（4）故障恢复后，及时相关部门发布运营恢复信息。
（5）故障恢复后，及时向有关岗位收集事故影响，做好事故分析报告的相关资料收集工作。

6. 站务人员

（1）做好乘客广播工作。
（2）按行车调度要求，组织人员配合抢修人员进行抢修，并做好相关抢修施工请销点及安全防护的工作。
（3）按行车调度要求，做好列车中途折返和小交路运行或公交接驳的准备。
（4）列车在区间冲突时的乘客疏散参照《列车在区间疏散的应急处理程序（一般情况下）》执行。
（5）列车在站台冲突时的乘客疏散参照《列车在站台火灾应急处理程序》执行。

五、考核标准

考核内容	考核标准	评分标准	考试形式
课内实训综合成绩	实训纪律、工作态度、专业技能、合作精神、综合素质	课内实训综合成绩是课程平时成绩的重要组成部分。按总评成绩分数分为：A（90～100分）、B（80～89分）、C（70～79分）、D（60～69分）、E（0～59分）五级	综合评定

课内实训六：列车正线脱轨应急处理指导书

一、实训目的

使行车各岗位人员掌握列车正线脱轨时的应急处置能力。

二、主要仪器设备及使用

（一）实训所需设备

无线调度电话、对讲机。

（二）实训环境

城轨应急实训室。

（三）操作注意事项

（1）课程代表课前向实验室借用相关设备并发放至各小组，实训后归还设备。
（2）实训场地要文明工作、文明生产，各种工具、设备要摆放合理、整齐。
（3）实训完毕，将相关设备恢复关机。

三、实训的组织管理

每组6人，设站务一人、调度值班主任一人、行调一人、环调一人、信息调度一人、电调一人。

四、实训指导

（一）处理原则

（1）列车在正线线路脱轨，控制主任根据具体情况，灵活掌握线路使用，最大限度地满足行车安全和客运服务的要求。
（2）控制主任及时启动应急公交接驳预案。
（3）在进行脱轨起复时，接触轨必须停电配合，控制主任根据接触轨分区停电情况组织小交路运营。列车脱轨起复时分隧道与高架线路2种情况进行处理。
（4）列车正线脱轨起复后，由于接触轨、集电靴等供电设备受损坏，控制中心组织维修、车辆人员抢修脱轨区域设备，原则上修复后组织列车限速通过该线路。

（二）实训步骤

1. **控制主任**

（1）接行车调度报告后，向当值调度宣布：进入正线脱轨事故处理状态。
（2）故障区域发生在隧道时，通知维修部调度派出救援队起复车辆；车辆在高架线路脱轨，线路周边地面公路具备大型起重设备工作条件的情况下，经公司主管安全副总同意后，联系接口抢修车辆前往处理，并启动应急公交接驳预案。
（3）充分利用公司内部资源，按照尽量减少损失，尽快恢复运营的原则。确定救援和运营组织方案，向行车调度、供电调度、环控调度、信调下达指示，并协调有关工作。

（4）按信息通报有关程序进行通报。

（5）在整个救援工作中，监督和协调控制中心各岗位的动作，加强与事故处理主任的联系，保持与上级领导信息沟通的顺畅。

（6）下达故障车辆退出服务及线路出清后的限速等决策。

2. 行车调度

（1）确定脱轨地点、车次和车辆号、脱轨轮对及受影响区段（道岔）号，了解事故列车载客量和人员伤亡情况，并报告控制主任，向车场控制中心、全线车站、司机等岗位进行通报。

（2）扣停开往受影响区域的列车，对已进入区间的列车，组织其退回始发车站。

（3）通知供电调度做好关闭脱轨区段、受影响的邻线区段的牵引电流和挂接地线的准备。

（4）确认具备停电条件后，通知供电调度停电。通知司机和车站值班站长进行乘客疏散。

（5）确认乘客疏散完毕。

（6）按控制主任的决策要求，必要时组织车场工程车出车场担任救援列车，开行维修抢修车等事项，通知进行抢险组织工作。

（7）下达现场人员担任事故处理主任的命令，在高架线路时，如采取起重汽车起复时，向有关人员通报，必要时，封锁线路，组织抢险。

（8）向车站、司机下达公交接驳的命令。

（9）如在隧道内脱轨，通知环控调度组织隧道送风。

（10）配合现场事故处理主任，跟进现场抢险情况、脱轨列车的救援起复进度。

（11）组织好抢修期间的客车降级运营工作和列车小交路运行。

（12）起复后，必须执行以下工作：

① 确认地线拆除和线路出清后，通知供电调度送电，做好恢复正常运营的准备工作。

② 组织一列客车清客或工程车前往救援，连挂脱轨列车按现场抢修人员提供的速度，限速运行进入就近的存车线，待运营结束后再安排事故列车回车场进行检修。

（13）线路出清后，按现场人员的要求，下达线路限速的命令。

（14）若有备用车时，组织备用客车上线服务。

（15）信息通报：向维修部调度，确认脱轨的区间，位置（具体的公里标），脱轨的长度，钢轨、道床及其他设备损伤的程度。确认维修部调度对事故的初步判断、设备影响及预见性的发展情况。一并报控制主任。

（16）抢险结束后，将出清情况反馈控制主任并解除相关区段的封锁命令。

3. 环控调度

（1）确认事故位置及车上是否有乘客。

（2）列车停在地下线路区间，按阻塞情况送风。

（3）列车需要隧道组织疏散时，配合其他调度疏散乘客。

（4）注意监控相应区域的设备情况，接报消防水管/冷冻水管破裂时应立即执行爆管程序。

（5）列车进入地下存车线（折返线）后下令启动射流风机，时间不少于 15 min。

（6）必要时开启相应设备配合抢修工作。

4. 供电调度

（1）向行车调度了解脱轨位置及事故性质。

（2）向变电所值班员了解相应区段变电所断路器是否保护动作信号，若重合闸不成功，禁止强送电。

（3）根据控制主任的要求对相关的区段进行停电，监督接触轨人员挂接地线的工作并及时通知行车调度。

（4）如脱轨车辆损坏接触轨，则组织接触轨人员派人到现场进行检查抢修。

（5）按规定的分工进行信息通报。

（6）与现场抢险人员联系处理供电设备情况，并报控制主任。

5. 信息调度

（1）收集事故信息，及时向全线车站通报信息。

（2）按相关的信息通报流程向运营有关领导通报有关信息。

（3）故障恢复后，及时向相关部门发布运营恢复信息。

（4）当采用外部起重汽车协助救援时，与接口单位就有关救援事项取得联系。

（5）与公交接驳单位联系，执行"公交接驳"预案。

（6）故障恢复后，及时向有关岗位收集事故影响，做好事故分析报告的相关资料收集工作。

6. 站务人员

（1）做好乘客广播。

（2）按行车调度要求，组织人员配合抢修人员抢修，并做好相关抢修施工请销点及安全防护工作。

（3）按行车调度要求，做好列车中途折返、小交路运行和公交接驳的准备。

（4）列车在区间冲突的乘客疏散工作，参照《附录W1：列车在区间疏散的应急处理程序（一般情况下）》执行。

（5）列车在站台冲突的乘客疏散工作，参照《附录A3：列车在站台火灾应急处理程序》执行。

五、考核标准

考核内容	考核标准	评分标准	考试形式
课内实训综合成绩	实训纪律、工作态度、专业技能、合作精神、综合素质	课内实训综合成绩是课程平时成绩的重要组成部分。按总评成绩分数分为：A（90～100分）、B（80～89分）、C（70～79分）、D（60～69分）、E（0～59分）五级	综合评定

课内实训七：接触轨触电事故处理指导书

一、实训目的

使行车各岗位人员掌握接触轨触电事故的应急处置能力。

二、主要仪器设备及使用

（一）实训所需设备

无线调度电话、对讲机。

（二）实训环境

城轨应急实训室。

（三）操作注意事项

（1）课程代表课前向实验室借用相关设备并发放至各小组，实训后归还设备。

（2）实训场地要文明工作、文明生产，各种工具、设备要摆放合理、整齐。

（3）实训完毕，将相关设备恢复关机。

三、实训的组织管理

每组 6 人，设站务一人、调度值班主任一人、行调一人、环调一人、信息调度一人、电调一人。

四、实训指导

（一）处理原则

（1）车站发现有人在接触轨区域触电时，车站人员应第一时间按压车控室 IBP 盘上的接触轨 EPB 紧急停电按钮（EPB 紧急分闸按钮），并按压紧急停电按钮，扣停列车，并向相邻车站通报信息，相关车站接到该信息后，采取措施在站台上扣停本站列车，防止后续列车进入触电区域。并向行调报告以上信息。

（2）其他员工发现区间或其他线路辅助线接触轨发生触电事故时，应马上向最近的行车管理岗位报告，同时有关行车人员接到该信息后，马上通知司机停车；其他员工也应马上采取措施指示列车停车，并向车站及控制中心报告发生触电的位置、人员等信息；如供电值班人员发现时，应马上将发生触电的接触轨区域停电，必要时将可能来车的方向相邻接触轨的停电，并报控制中心。

(3)控制中心接到接触轨发生触电的信息后,控制主任应组织行调及电调介入处理,马上扣停进入该事故区域的列车,行调与电调组织接触轨停电后,组织车站等相关人员出清线路,线路出清后恢复送电。

(4)控制主任根据接触轨分区停电情况组织小交路运营,组织相关设备人员检查确认接触轨及供电设备损坏情况。

(二)实训步骤

1. 站台岗

(1)发现乘客在接触轨触电后向车控室汇报,立即按压紧急停车按钮(或到尾端墙外防止列车进站)。

(2)寻找目击证人(至少两名以上)交客运值班员接洽、取证,疏散围观乘客,维持秩序。

(3)按车控室指示恢复正常服务。

2. 巡视岗

(1)接车控室命令后立即到站台协助,取出隔离带(栏)、屏风封锁现场,疏散围观乘客,制止人员拍摄、进入现场。

(2)将监控亭担架取出。

(3)伤者送走后,清理、清洁站台,撤除隔离带后向车控室汇报。

(4)按车控室指示恢复正常服务。

3. 售票岗

(1)接到值班员指示后停止售票,挂好暂停服务标志,锁好客服中心,到车站出入口迎接救护车。并做好乘客解释工作。

(2)指引救护人员到站台救护,并一起送伤者到医院抢救。

(3)按车控室指示恢复正常服务。

4. 支援岗

(1)支援原则是由就近的车站派出(但不能影响车站正常运营)。

(2)支援人员全部到车控室签到。

(3)听从值班站长安排。

5. 客运值班员

(1)接到通知后,携带应急包和相机、无线调度电台,到站台后交值班站长。

(2)带目击证人到会议室书写目击经过。

(3)地铁公安到站后,将目击证人移交给地铁公安处理。

(4)做好车站应急服务工作。

6. 行车值班员

(1) 接现场信息后立即向行调报告，并按压紧急停车按钮和通知相邻车站（扣车）、值班站长。报派出所、120急救中心、保险公司。

(2) 接行调已停电的通知后告知值站，指示站厅站务员到站台协助。向邻站要求人员支援。

(3) 根据OCC的行车组织安排广播服务信息，通知一名售票岗停止售票（或保洁）到车站出入口迎接救护车。

(4) 及时向行调报告现场情况（需要时报行调安排挂地线）。

(5) 加强广播和站台监视。

接行调命令后通知各岗位恢复正常服务。

7. 值班站长

(1) 接到行值通知后马上到车控室，担任事故处理主任。

(2) 带齐行调电台、对讲机、相机、应急包（粉笔、荧光衣）、绝缘靴、绝缘手套、绝缘工具到站台，与另一名站务人穿戴好防护用品，确认停电后请求下线路处理伤者。

(3) 找到伤者后，拍照取证，确认是否已停电。若伤者已与接触轨脱离接触时，将伤者抬上担架，抬到轨行区外急救；若伤者身体仍然接触接触轨时，保持2m以上距离，用绝缘工具钩住伤者拖离接触轨后再处理，若无法将伤者拖离接触轨，马上报行调挂地线后再进行处理。

(4) 挂好地线后，将伤者搬离接触轨，抬上担架，抬到轨行区外急救。

(5) 将伤者抬离轨行区后，尽快出清线路，将情况报行调。待120救护人员到站后，安排工作人员同救护人员送伤者去医院。

(6) 回车控室检查、收集有关材料、证据，记录事情经过，配合公安调查。

8. 行车调度

(1) 收到报告后立即通知电调停电、扣停上/下行有关列车，报告值班主任，安排供电专业人员赶往现场，指定车站值班站长或现场人员担任事故处理主任。

(2) 确认停电后，通知车站做好线路防护处理工作。根据影响情况实行线上列车小交路运行或备用车上线等措施，调整全线列车运行。

(3) 需要时安排供电专业人员挂地线。

(4) 事故处理主任报线路出清后安排拆除地线，组织恢复正常运营。

(5) 向司机、车站等岗位做好相关信息通报及应急配合工作。

9. 供电调度

(1) 接到接触轨发生触电事故的信息后，与行调共同确认相关情况，组织相关区域的接触轨停电，如发生现场无法将伤者抬出等情况时，组织人员挂地线后再处理。停电后报行调及事故处理主任。

(2) 将以上信息通知供电相关设备人员，通知牵引变电所配合现场进行抢险、抢修作业；组织供电人员到现场配合事故处理，必要时做好设备抢险的准备，跟进事故处理主任的处理进度。

（3）关注供电设备状态，向控制中心各调度岗位通报信息。

（4）接到行调通知线路出清及送电申请后，确认是否具备送电条件，组织停电区域送电。

（5）恢复运营后，跟进发生触电区域的供电设备运行情况，组织供电人员跟进现场设备的运作情况。

（6）加强与各调度的信息通报，做好信息反馈工作。

10. 信息调度

（1）向各调度收集故障信息，将发生触电的人员的情况，送往医院等的信息通报有关领导。向影响的车站通报发布晚点信息。

（2）根据事故处理情况，向有关领导通报采取的措施、停电的范围等信息。

（3）故障恢复后，及时向相关部门发布运营恢复信息。

（4）协助控制主任收集事故影响的信息，做好事件反馈的有关工作。

11. 控制主任

（1）组织控制中心各调度岗位，下达执行接触轨触电应急预案的命令，向行调、电调下达现场事故处理主任的指令，加强与事故处理主任间的沟通，了解事故最新的处理进度。

（2）控制接触轨停送电、线路出清等关键环节。

（3）收集各调度事故处理信息，组织信息调度发布有关信息。故障恢复后，及时向相关部门发布运营恢复信息。

（4）组织行调对全线列车调整运作，下达小交路运行等指令。

五、考核标准

考核内容	考核标准	评分标准	考试形式
课内实训综合成绩	实训纪律、工作态度、专业技能、合作精神、综合素质	课内实训综合成绩是课程平时成绩的重要组成部分。按总评成绩分数分为：A（90～100分）、B（80～89分）、C（70～79分）、D（60～69分）、E（0～59分）五级	综合评定

课内实训八：屏蔽门或车门夹人/物应急处理指导书

一、实训目的

使行车各岗位人员掌握屏蔽门或车门夹人/物的应急处置能力。

二、主要仪器设备及使用

（一）实训所需设备

屏蔽门，对讲机。

（二）实训环境

模拟站台实训室。

（三）操作注意事项

（1）课程代表课前向实验室借用相关设备并发放至各小组，实训后归还设备。
（2）实训场地要文明工作、文明生产，各种工具、设备要摆放合理、整齐。
（3）实训完毕后，将相关设备恢复关机。

三、实训的组织管理

每组7人，设巡视岗一人、调度值班主任一人、行调一人、客值一人、行值一人、值站一人、信息调度一人。

四、实训步骤

（一）巡视岗

1. 巡视岗在站台时

（1）马上向司机传达紧急停车的手信号，并通知司机及车控室。
（2）赶到事发的屏蔽门处，用屏蔽门专用钥匙手动打开屏蔽门。
（3）乘客安全回到站台并关闭屏蔽门后，向司机传达"好了"的信号，报车控室。
（4）做好乘客安抚工作。
（5）若列车已越过乘客且乘客掉落轨道，迅速按乘客坠轨程序进行处理，寻找2名以上的目击证人。

2. 巡视岗不在站台时

（1）接到通知后，及时到达现场协助司机处理。
（2）赶到事发屏蔽门处，用屏蔽门专用钥匙手动打开屏蔽门。
（3）乘客安全回到站台并关闭屏蔽门后，向司机传达"好了"的信号，报车控室。
（4）做好乘客安抚工作。
（5）若列车已越过乘客且乘客掉落轨道，迅速按乘客坠轨程序进行处理，寻找2名以上的目击证人。

（二）客运值班员

（1）接到通知后，及时到现场协助处理。
（2）维持站台秩序。
（3）若列车已越过乘客且乘客掉落轨道，迅速按乘客坠轨程序进行处理，协助寻找2名以上的目击证人。

（三）行车值班员

1. 巡视岗在站台时

（1）通知司机，报告行车调度。

（2）通知值班站长到现场处理，并安排站厅岗位到站台协助。

（3）加强与现场的信息沟通，及时反馈。

（4）播放站台广播维持站台秩序。

（5）若接到值班站长通知列车已越过乘客且掉落轨道后，马上报告行车调度，同时按乘客坠轨程序进行处理。

2. 巡视岗不在站台时

（1）通知巡视岗，报告行车调度。

（2）通知值班站长到现场处理，并安排巡视岗位到站台协助。

（3）加强与现场的信息沟通，及时反馈。

（4）播放站台广播、维持站台秩序。

（5）若接到值班站长通知列车已越过乘客且乘客掉落轨道后，马上报告行车调度，同时按乘客坠轨程序进行处理。

（四）值班站长

（1）接到通知后，及时到达现场指挥处理。

（2）做好乘客安抚工作。

（3）若列车已越过乘客且乘客掉落轨道，迅速通知车控室，同时按乘客坠轨程序进行处理。

（4）列车停下后，如列车头部已离开站台，用对讲机指挥司机进行处理。

（五）行车调度

（1）控制主任。

（2）若列车已越过乘客且掉落轨道，报告供电调度，迅速按乘客坠轨程序（见附录Y）进行处理。

（六）信息调度

向有关岗位收集事件的概况，向领导通报有关故障信息。
向受影响的车站通报晚点信息。
跟进事件处理情况，向领导通报控制中心采取的应急措施。
如故障恢复后，及时向相关部门发布运营恢复信息。
协助控制主任收集有关事故信息，做好事故事件的总结工作。

（七）控制主任

（1）接收行车调度的汇报，密切关注事件的发展状况。
（2）根据事件的进展情况做出相应的指挥处理。
（3）组织信息调度发布相关应急信息。

五、考核标准

考核内容	考核标准	评分标准	考试形式
课内实训综合成绩	实训纪律、工作态度、专业技能、合作精神、综合素质	课内实训综合成绩是课程平时成绩的重要组成部分。按总评成绩分数分为：A（90～100分）、B（80～89分）、C（70～79分）、D（60～69分）、E（0～59分）五级	综合评定

课内实训九：列车区间疏散应急处理（不影响人员生命安全）指导书

一、实训目的

使行车各岗位人员掌握列车区间疏散时的应急处置能力。

二、主要仪器设备及使用

（一）实训所需设备

无线调度电话、对讲机。

（二）实训环境

城轨应急实训室。

（三）操作注意事项

（1）课程代表课前向实验室借用相关设备并发放至各小组，实训后归还设备。
（2）实训场地要文明工作、文明生产，各种工具、设备要摆放合理、整齐。
（3）实训完毕，将相关设备恢复关机。

三、实训的组织管理

每组7人，设巡视岗一人、站台岗一人、客值一人、行值一人、值站一人、另一人代表OCC各调度工种。

四、实训指导

（一）基本要求

尽量维持客车运行、进站，确因其他原因无法维持进站，被迫停在区间，则按相应程序执行。

（二）实训步骤

1. 站台岗

接到区间疏散乘客的通知后，站立在站台靠疏散区间的一侧，接应从区间上来的乘客，引导、疏散乘客出站。

2. 巡视岗

（1）接到区间疏散乘客的通知后，立即到车控室穿戴好荧光衣和绝缘鞋，带齐备品，与值班站长到区间疏散乘客。

（2）到达现场后，负责到列车疏散方向尾端引导乘客疏散，防止疏散方向出现错误。

（3）确认列车上乘客疏散完后，跟随最后一名乘客疏散到站台，并确认无乘客遗留在区间。

（4）到出入口张贴服务告示，参与车站退票、公交驳运等客运服务工作。

3. 售票岗

（1）接到执行区间乘客疏散方案的通知后，做好乘客退票及解释工作。

（2）回收单程票，并协助客运值班员做好相关数据统计及记录本整理工作。

4. 支援岗

（1）支援原则是由就近的车站派出（但不能影响车站正常运营）。

（2）支援人员全部到车控室签到。

（3）听从值班站长或行车值班员安排。

5. 客　值

（1）接到到区间疏散乘客通知后，立即到车控室穿戴好防护用品，带好备品（应急灯、探照灯、手电筒等），与值班站长到区间列车上疏散乘客。

（2）到达区间列车后，负责带领乘客向本站方向疏散。

（3）到达站台后，负责在端墙门处引导乘客疏散出站。

（4）组织好车站退票、公交驳运等客运服务工作（按 OCC 组织）。

6. 行　值

（1）接到行车调度发布列车进行乘客疏散后，立即通知值班站长做好准备。

（2）接到可以进入隧道疏散乘客的行车调度命令后，立即报值班站长。

（3）广播安抚疏散的乘客，指引乘客退票、驳运等（按 OCC 组织）。

（4）接值班站长乘客全部疏散、线路出清的通知后，报行车调度。

7. 值　　站

（1）接报后担任事故处理主任。

（2）通知行车值班员通过广播宣布执行区间乘客疏散方案（一般情况），通知相关人员到车控室带备品（应急灯、探照灯、手电筒等），穿戴好防护用品。

（3）接到可进入区间疏散列车上乘客的通知后，与客运值班员、巡视岗进入隧道疏散乘客，在进入区间时，在下轨楼梯处设置应急灯。

（4）到达客车后，与司机联系开门，指挥乘客向本站方向疏散。

（5）确认车上的乘客疏散完毕后，报车控室、行车调度，与司机沟通好后，返回车站，并确认无人员遗留在疏散平台和线路上，报车控室线路已出清。

（6）确认所有乘客疏散完，组织好站内的票务、客运服务工作。

8. 行　　调

（1）发布相关车站、相关线路关站的指令，并要求事故车站组织乘客疏散并封站。按控制主任的要求调整全线列车运行，组织小交路运行，组织供电调度对相关线路停电。

（2）向全线发布事件信息，按控制主任要求组织车站值班站长担任事故处理主任，在停电后，同意车站人员到现场组织乘客疏散，组织两端车站人员在上下行两端迎接乘客。

（3）向车站了解现场情况并及时报告控制主任，线路全部出清后，恢复正线送电。

（4）根据事故情况通知环控调度执行隧道送\排风模式。

（5）随时跟踪了解救援情况，协调现场处理有关事宜。

9. 电　　调

（1）尽快了解供电系统受影响情况并报告控制主任。

（2）根据现场情况，及时切断事故区段牵引供电电源及 35 kV 环网电缆电源。

（3）确保其他具备供电条件的设备均已投入运行，尤其要保证配电变压器的正常运行。

（4）随时跟踪了解救援情况，协调现场处理有关事宜。

（5）事故处理完毕，通知相关人员检查设备情况，对具备运行条件的设备恢复送电。

10. 环　　调

（1）尽快向设备操作员了解各系统受影响情况并报告控制主任。

（2）根据现场情况，及时调整运行工况。

（3）随时跟踪了解救援情况，协调现场处理有关事宜。

（4）事故处理完毕，恢复正常环控模式。

11. 信息调度

向有关岗位收集事件的概况，向领导通报有关的故障信息。

向受影响的车站通报晚点信息。

跟进事件处理情况，向领导通报控制中心采取的应急措施。

故障恢复后，及时向相关部门发布运营恢复信息。

协助控制主任收集有关事故信息，做好事故事件总结工作。

12. 调度值班主任

（1）接行车调度报告后，向当值调度宣布进入疏散应急处理状态。

（2）向行车调度、供电调度、环控调度下达相关车站、相关线路关站指令，并立即报告地铁公安指挥室。

（3）了解事故影响范围，设备运行情况。

（4）在处理过程中，监督和协调控制中心各岗位的工作，保持与上级领导信息沟通的顺畅度。

（5）及时报告地铁公安。

五、考核标准

考核内容	考核标准	评分标准	考试形式
课内实训综合成绩	实训纪律、工作态度、专业技能、合作精神、综合素质	课内实训综合成绩是课程平时成绩的重要组成部分。按总评成绩分数分为：A（90~100分）、B（80~89分）、C（70~79分）、D（60~69分）、E（0~59分）五级	综合评定

课内实训十：列车区间疏散应急处理（危及乘客人身安全时）指导书

一、实训目的

使行车各岗位人员掌握列车区间疏散时的应急处置能力。

二、主要仪器设备及使用

（一）实训所需设备

无线调度电话、对讲机。

（二）实训环境

车站综合实训室。

（三）操作注意事项

（1）课程代表课前向实验室借用相关设备并发放至各小组，实训后归还设备。

（2）实训场地要文明工作、文明生产，各种工具、设备要摆放合理、整齐。

（3）实训完毕，将相关设备恢复关机。

三、实训的组织管理

每组 7 人,设巡视岗一人、站台岗一人、客值一人、行值一人、值站一人、另一人代表 OCC 各调度工种。

四、实训指导

（一）基本要求

尽量维持客车运行进站处理,确因其他原因无法维持进站,被迫停在区间,则按相应程序执行。

（二）实训步骤

1. 站台岗

（1）接到执行区间乘客疏散方案的通知后,立即疏散站台乘客（包括站台及列车上的乘客）到站厅。
（2）负责在站台靠疏散区间的一侧接应从区间上来的乘客,引导疏散乘客出站。
（3）确认站台疏散完后,报车控室。
（4）指引消防队进入现场。

2. 巡视岗

（1）接到执行紧急疏散的指令时,到车控室穿防护用品（荧光衣和绝缘鞋）与值班站长一起到现场。
（2）到达现场后,负责到列车疏散方向尾端引导乘客疏散,防止疏散方向错误及防止乘客通过上下行线间的通道进入邻线。
（3）确认列车上乘客疏散完后,跟随最后一名乘客疏散到站台,并确认无乘客遗留在区间。
（4）当现场需要抢救伤员时,携带担架到现场支援。

3. 售票岗

（1）收好票款和票,关闭客服中心电源,打开边门,回收单程票。
（2）协助安放应急疏散告示。
（3）负责组织站厅乘客疏散出站并维持好秩序。

4. 保洁

（1）接到执行火灾应急处理程序的通知后,到车控室拿"运营告示",到出入口进行张贴,并关停出入口自动扶梯。
（2）等候消防队到来,引导到现场灭火。

5. 支援岗

（1）支援原则是由就近的车站派出（但不能影响车站正常运营为前提）。

（2）支援人员全部到车控室签到。
（3）听从值班站长或行车值班员安排。

6. 客 值

（1）接到执行紧急疏散的通知后，赶到车控室，确认所有闸机已设为紧急模式，相应的通风排烟模式开启，广告照明已关闭，站台自动扶梯已关停。
（2）穿戴好防护用品，带应急灯（或手电筒）和值班站长到区间列车上疏散乘客。
（3）到达区间后，带领乘客向本站方向疏散。
（4）到达站台后，引导乘客经楼梯口疏散到站厅。
（5）组织好车站公交驳运等客运服务工作（按OCC组织）。

7. 行 值

（1）接到行车调度通知列车在区间利用疏散平台紧急疏散乘客的命令后，报值班站长。
（2）启动AIS的火灾模式。
（3）拨"110"报警、报地铁公安。
（4）广播宣布执行列车区间紧急疏散程序，并反复利用广播引导站内乘客疏散。
（5）接到可进入区间疏散的行车调度通知后，立即通知值班站长执行。
（6）安排人员在出口拦截进站乘客。
（7）及时将乘客疏散和现场情况报告给行车调度，并与行车调度、值班站长保持联系。

8. 值 站

（1）接到报告后，立即通知站务员、客运值班员，并穿戴防护用品（荧光衣、绝缘靴），带齐事故处理物品（电筒、应急灯、防毒面具、对讲机）后在端门处等候。
（2）接到可进入区间疏散乘客的行车值班员通知时，立即通过疏散平台进入相应的区间。见到有乘客正在疏散时，立即安排客运值班员接替副司机引导乘客疏散。
（3）与司机取得联系，了解现场情况，用灭火器或隧道消火栓灭火，若发现伤员，立即通知车控室安排人员携担架支援。
（4）确认所有乘客撤离，并将现场情况及时通报行车值班员。
（5）消防队员到火场后，将灭火工作交给消防队员；火势失去控制时，命令现场员工疏散到车站。
（6）确认乘客全部疏散出站后，安排人员关闭出入口的闸门（消防队员进出的出入口不关闭）。

9. 行 调

（1）发布相关车站、相关线路关站的指令，扣停全线列车，让它们在车站待令。
（2）向全线发布事件信息，按控制主任要求组织行车。行车调度在控制主任授权下立即组织行车，并要求事故车站组织乘客疏散并封站。
（3）向车站了解现场情况并及时报告控制主任。
（4）根据事故情况通知环控调度执行相应的隧道排风模式。
（5）随时跟踪了解救援情况，协调现场处理有关事宜。

10. 电　调

（1）尽快了解供电系统受影响情况并报告控制主任。

（2）根据现场情况，及时切断事故区段牵引供电电源及 35 kV 环网电缆电源。

（3）确保其他具备供电条件的设备均已投入运行，尤其要保证配电变压器的正常运行。

（4）随时跟踪了解救援情况，协调现场处理有关事宜。

（5）事故处理完毕，通知相关人员检查设备情况，对具备运行条件的设备恢复送电。

11. 环　调

（1）尽快向设备操作员了解各系统受影响情况并报告控制主任。

（2）根据现场情况，及时调整运行工况。

（3）随时跟踪了解救援情况，协调现场处理有关事宜。

（4）事故处理完毕，恢复正常环控模式。

12. 信息调度

（1）向有关岗位收集事件的概况，向领导通报有关故障信息。

（2）向受影响的车站通报晚点信息。

（3）跟进事件处理情况，向领导通报控制中心采取的应急措施。

（4）故障恢复后，及时向相关部门发布运营恢复信息。

（5）协助控制主任收集与事故有关的信息，做好事故、事件的总结工作。

13. 调度值班主任

（1）接行车调度报告后，向当值调度宣布进入疏散应急故处理状态。

（2）向行车调度、供电调度、环控调度下达相关车站、相关线路的关站指令，并立即报告地铁公安指挥室。

（3）了解事故影响范围，设备运行情况。

（4）在处理过程中，监督和协调控制中心各岗位的工作，保持与上级领导信息沟通的顺畅。

（5）拨打"110"及时报告。

五、考核标准

考核内容	考核标准	评分标准	考试形式
课内实训综合成绩	实训纪律、工作态度、专业技能、合作精神、综合素质	课内实训综合成绩是课程平时成绩的重要组成部分。按总评成绩分数分为：A（90~100分）、B（80~89分）、C（70~79分）、D（60~69分）、E（0~59分）五级	综合评定

《城市轨道交通通信与信号系统》课内实验指导书

适用专业	城市轨道交通运营管理	课程名称	城市轨道交通通信与信号系统	实训课时	12
编制执笔人	曾丽芬		编制时间		年　月　日

《城市轨道交通通信与信号系统》课内实训项目目录

课程名称	实训名称	课时数	实训目的	实训内容	主要仪器设备	备注
城市轨道交通通信与信号系统	6502电气集中控制台列车进路的操作办理	2	熟悉控制台盘面各种按钮的作用和表示灯含义。掌握列车进路的操作办理方法和解锁	区段人工解锁盘；进路按钮；道岔单锁按钮；道岔单操按钮的操作	6502控制台	
	6502电气集中控制台调车进路及引导接车操作	2	掌握调车进路的办理，进路取消或人工解锁，引导接车的操作办理	调车基本进路操作办理；长调车进路分段办理；长调车进路一次办理；调车变更进路操作办理；取消调车进路；进路锁闭方式引导接车操作办理及取消办理；全咽喉道岔总锁闭方式引导接车进路操作办理	6502控制台	
	计算机联锁系统操作	2	了解计算机联锁屏幕主要显示及按钮设置；熟悉各种型号计算机联锁系统的操作办理	TYJL-Ⅱ系统操作进路的办理与操作	接发列车实训室计算机联锁控制台	
	LOW操作	2	掌握LOW工作站的操作方法。掌握在LOW工作站进行操作的有关规定	LOW上对联锁的操作；LOW上对进路的操作	OCC网络实训室LOW工作站	

课内实验一：6502电气集中控制台列车进路的操作办理

一、实验目的

（1）熟悉控制台盘面各种按钮的作用和表示灯含义。
（2）熟练掌握以下列车进路的操作办理方法和解锁：
① 接车基本进路；② 接车变通进路；③ 发车基本进路；④ 发车变通进路；⑤ 通过进路。

二、实验任务

（1）认真阅读实验指导书，了解实验内容，熟悉实验步骤。
（2）按规定进行实验操作，掌握控制台列车进路的办理方法。

（3）完成实验报告：学生应按照实验指导书的要求，完成指定的实验任务，并按时提交实验报告。

三、实验组织管理

每 4 个人组合成一个小组，分配到一个车站控制台，再每 2 人分配到控制台的上、下行咽喉进行操作。

四、实验内容

（一）控制台上按钮的使用

1. 区段人工解锁盘

它的每一个按钮对应着一段轨道区段，当某一段轨道电路区段不能自动解锁时，需要用区段人工解锁盘上的按钮＋总人工解锁按钮来进行解锁。

区段人工解锁盘安装在控制台室的墙边上，离控制台有一段距离，盘面上的按钮 SGA（事故按钮）都带铅封，用来解锁组合的道岔区段或无岔区段。如果需要对某区段实行故障解锁时，需两个人协同操作，一个人按压控制台的总人工解锁按钮，另一人按压区段人工解锁盘上该区段的事故按钮（SGA），则区段立即解锁（道岔区段和股道是组合在一起的）。

区段人工解锁盘的作用：当解锁电路故障（白光带不灭），不能按进路方式（自动）解锁时，可以用它来完成个别区段的故障解锁任务，当取消进路或人工解锁不能关闭信号时，用它来关闭信号。

2. 进路按钮

（1）列车进路按钮：二位自复式绿色按钮，设在对应进站及出站信号机处的光带上，办理列车进路时作为始、终端按钮。

（2）调车进路按钮：二位自复式白色按钮，设在对应调车信号机处的光带上，办理调车进路时作为始、终端按钮。

在出站兼调车信号机处的光带上设一个列车进路按钮，在光带下方设一个调车进路按钮，分别作为办理列车和调车的进路。

（3）变通按钮：二位自复式绿色按钮，专门用于办理变通进路。

（4）通过按钮：二位自复式绿色按钮，对应有通过进路的进站信号机处设有通过按钮，仅供办理正线通过进路时使用。

3. 其他按钮的作用

（1）总取消按钮：用于取消办理的进路。

（2）总人工解锁按钮：用于进行人工解锁进路。比如引导接车后，需进行人工解锁进路。接通光带按钮：按下后可检查相应咽喉区的所有道岔开通位置。

4. 道岔单锁按钮

道岔单锁按钮是二位非自复式带灯按钮，每一个单锁按钮对应某一组道岔，按下时该道岔单独锁闭，按钮表示灯亮红灯，再按一下就解锁。

5. 道岔单操按钮

道岔单操按钮为白色二位自复式按钮，每一个单操按钮对应一组道岔，当需要单独操纵道岔时，应同时按下道岔总定位（或总反位）按钮和道岔单操按钮，才能使其转向定位或反位。定位时，道岔表示灯亮绿灯，反位时亮黄灯。

五、实验步骤及注意事项

1. 接车基本进路操作办理

先按压进站信号 LA，再按压接车股道反向出站信号 LA。

2. 接车变更进路操作办理

先按压进站信号 LA，再按压变更进路上任一 DA 或 BA，最后再按压接车股道反向出站信号 LA。

3. 发车基本进路操作办理

先按发车股道出站信号 LA，再按进站信号 LA（单线区段）或再按 SLZA 或 XLZA（复线区段发车口）。

4. 发车变更进路操作办理

先按发车股道信号 LA，再按变更进路上任一 DA 或 BA，最后再按进站信号 LA（单线区段）或再按 SLZA 或 XLZA（复线区段发车口）。

5. 取消接发车进路及其变更进路

同时按压该咽喉 ZQA 及进路始端 LA。

6. 注意事项

与实验无关的设备不要乱动。
按规定操作按钮，不要盲目动作。
注意观察控制台按钮表示灯、道岔按钮表示灯、进路光带等表示现象。
按照实验内容，依次完成操作办理，完成以下表格中的内容。

进路名称	操作办理			取消进路	人工解锁进路
	按下始端按钮名称	按下变更按钮名称	按下终端按钮名称	按下按钮名称	按下按钮名称

六、思考题

（1）通过进路如何办理？
（2）当误操作按下某始端按钮时，如何取消？

课内实验二：6502 电气集中控制台调车进路及引导接车操作

一、实验目的

（1）掌握调车进路的操作办理。
（2）取消或人工解锁。
（3）长调车变通进路必须分段进行。
（4）引导接车的操作办理。

二、实验任务

（1）认真阅读实验指导书，了解实验内容，熟悉实验步骤。
（2）按规定进行实验操作，掌握控制台调车进路及引导接车的办理方法。
（3）完成实验报告。
（4）学生应按照实验指导书的要求，完成指定的实验任务，并按时提交实验报告。

三、实验组织管理

每 4 个人组合成一个小组，分配到一个车站控制台，再按 2 人一组的方式分配到控制台的上、下行咽喉进行操作。

四、实验步骤及注意事项

（一）调车基本进路操作办理

先按某调车信号 DA，再按相应的调车信号 DA（单置、并置、差置、尽头）。

（二）长调车进路分段办理

由远及近依次办理短调车进路，方法同上第 5 点。

（三）长调车进路一次办理

先按某调车信号 DA，再按进路终端 DA。

（四）调车变更进路操作办理

先按某调车信号 DA，再按变更进路上，反向单置调车信号 DA 或专用 BA，最后再按进路终端处 DA。

（五）取消调车进路

同时按压该咽喉 ZQA 及进路始 DA（长调车进路时，必须分段取消）。

（六）进路锁闭方式引导接车操作办理及取消办理

1. 接车信号机故障时

先办理与接车进路为同一条进路的反向调车进路后再取消，然后按下 TGA 检查进路正确无误后，登记破封，最后按下相应 YA。

2. 进路上第一轨道区段故障时

先单独操纵进路上道岔排通进路，再按下 TGA 检查，确认进路正确无误后，登记、破封并一直按压 YA，直至列车第一轮对进入进站信号机内方止。

进路锁闭的方式引导接车进路的取消：同时按压该咽喉 ZRA 及始端 LA。

（七）全咽喉道岔总锁闭方式引导接车进路操作办理

当进路上某道岔失去位置表示时，先检查该岔实际位置与进路开通位置，要求两者相符（否则在现场摇道岔开通），单独操纵进路上各道岔开通正确位置，将失去表示的道岔单独锁闭（按下单独锁闭按钮），按下 TGA 检查，进路正确无误后登记，破封按下 YZSA，再按下相应 YA。

全咽喉道岔总锁方式引导接车进路的取消：拉出 YZSA。

（八）注意事项

（1）与试验无关的设备不要乱动。
（2）按规定操作按钮，不要盲目动作。
（3）注意观察控制台按钮表示灯、道岔按钮表示灯、进路光带等表示现象。

按照实验内容，依次完成操作办理，完成以下表格中的内容。

进路名称	操作办理			取消进路	人工解锁进路
	按下始端按钮名称	按下变更按钮名称	按下终端按钮名称	按下按钮名称	按下按钮名称

五、思考题

（1）当调车变更进路中遇到并、差置调车信号时，应如何办理？
（2）办理进路锁闭方式引导接车与引导总锁闭接车有何不同？

课内实验三：计算机联锁系统操作

一、实验目的

（1）了解计算机联锁屏幕主要显示及按钮设置。
（2）熟悉各种型号计算机联锁系统的操作办理。

二、实验任务

掌握计算机联锁系统中列车进路、调车进路及引导进路操作办理，取消或人工解锁的方法。

三、实验组织管理

每位同学可单独使用计算机联锁仿真培训系统，选择各种型号的联锁系统进行操纵练习。

四、实验步骤及注意事项

实验内容

（一）CRT 屏幕显示

屏幕显示按站场图形布置，平时显示的灰色光带为基本的轨道图形。为调车作业设置的绝缘，在屏幕上用竖线表示，灰色为普通绝缘，红色带圆圈为超限绝缘。
屏幕图形显示的各种颜色的含义如下。

1. 轨道区段

（1）平时轨道区段为粗线，当该区段的轨道继电器的前后接点校核错时为细线。
（2）灰色光带——基本图形。
（3）白色光带——进路在锁闭状态或溜放进路在退路锁闭状态。
（4）红色光带——轨道区段有车占用，或故障。
（5）绿色光带——区段出清后尚未解锁或溜放进路在有车占用后处于退路锁闭状态。
（6）蓝色光带——进路初选状态。
（7）青色光带——接通光带。

也可点压机占按钮和股道上的信号按钮,人工设置或取消机占标志,用于办理特殊作业或封锁股道。

2. 列车信号机

(1)红色——信号关闭。

(2)绿色——信号开放。

(3)红色、白色同时显示——引导信号开放。

(4)红色闪光——灯丝断丝。

3. 调车信号机

(1)蓝色——调车信号机关闭。

(2)红色——起阻挡作用的调车信号机关闭。

(3)白色——调车信号机开放。

(4)白色闪光——溜放进路及退路信号开放。

(5)红色闪光——表示灯丝断丝。

4. 信号名称

信号机平时不显示名称号,只有在信号开放、相应股道有机占、信号前后接点校核错、灯丝断丝或办理进路时显示。点压"信号名称"按钮可显示信号名称号。

信号名称显示的含义为:

(1)绿色闪光——办理列车作业,始端或终端按钮按下,进路尚未排通。

(2)黄色闪光——办理调车作业,始端或终端按钮按下,进路尚未排通。

(3)粉红色闪光——办理总取消。

(4)红色闪光——办理总人解,正在延时解锁。

(5)黄色——提示该信号在开放状态或相应股道有机占,信号前后接点校核错或断丝(断丝时信号复示器为红闪)。

(6)浅灰色——办理总人解时,等待输入口令。

(7)深灰色——按下信号名称按钮,显示全部信号名称。

(8)红色外框(方形,在名称外)——表明该信号的接近轨道有机占。

5. 道 岔

道岔岔尖处用缺口表示道岔位置,无缺口的一侧表示道岔开通位置。当道岔无表示时,道岔岔尖处闪白色光,挤岔时岔尖闪红色光,同时出现道岔名称。数字化仪盘面上道岔处箭头所指方向为道岔定位位置。点压"道岔名称"时,在 CRT 上,道岔岔心处的短绿光带表示定位,短黄光带表示反位。

道岔名称有以下含义:

(1)黄色——道岔正在转换。

(2)红色——道岔单独锁闭。

(3)白色——道岔封闭。

(4)灰色——按下道岔名称按钮,显示全部道岔名称。

道岔单独锁闭的含义是指可通过该道岔锁定位置排进路，但不能操纵；道岔封闭是指不能通过该道岔排进路，但道岔可以单独操纵。道岔封闭是专为电务人员维修道岔而设。

（二）按钮设置

采用鼠标控制时，利用按压鼠标左键来实现在屏幕上按压"按钮"的功能，屏幕上设置的按钮有通用按钮、其他按钮和除信号和道岔按钮外的其他按钮，平时它们都隐含在屏幕内。

1. 信号按钮

用鼠标操作时，用股道旁的列车信号机作为列车按钮，调车信号机作调车按钮。列车按钮用鼠标右键，调车按钮用左键。列车终端，调车终端，变更按钮为灰色方块。

2. 功能按钮

包括"总取消""总人解""道岔总定""道岔总反""道岔单锁""道岔单解""封闭""清封闭""区段故障解锁""破封检查"等按钮。办理时，先点压功能按钮，屏幕上出现该功能的提示，再点压有关的道岔或信号按钮。对于铅封按钮，需再按口令，点压一次功能按钮，且只能有效一次。凡是按压带口令的按钮时，屏幕均有计数器记录使用次数。倒机时，该记录可自动叠加。按下破封检查按钮可依次查看各个铅封按钮的使用次数。要想按区段故障解锁按钮还需先按压区段内的道岔按钮。相关详情见"区段解锁按钮"一节。

3. 道岔按钮

设于道岔岔尖处的黄色圆块为道岔按钮，双动道岔两端均设有黄色圆块，用鼠标时，屏幕上道岔岔尖处为道岔按钮，双动道岔两端均为道岔按钮，点压任意一个均可。

4. 上电解锁按钮

开机或人工切换时，出现全场锁闭，只有此时才可以点压"上电解锁"按钮解锁，其他任何时候均不可以点压此按钮。屏幕上平时无显示，办理时，点压鼠标左键，屏幕上显示"上电解"按钮。点压此按钮前，必须确认全场车列已停止运行，否则将可能造成迎面解锁。点压上电解锁按钮必须按照屏幕提示点压口令，使用该按钮后，应记录使用原因。

5. 信号名称按钮

全场设一个，点压后屏幕上出现所有信号机名称，再点压一次显示消失。

6. 道岔名称按钮

全场设一个，点压后屏幕上出现所有道岔名称及道岔所在位置，绿色短光带表示道岔处于定位，黄色短光带表示道岔处于反位，再点压一次显示消失。

7. 接通光带按钮

全场设一个，点压后屏幕上沿道岔开通位置用青色光带显示，再点压一次显示消失。

8. 清提示按钮

全场设一个，点压后可清除屏幕上提示窗口内不需要的汉字提示。

9. 清按钮按钮

对于任何已点压但尚未执行的按钮，可通过点压该按钮取消操作。

10. 区段解锁按钮（即区段故障解锁按钮）

用于轨道区段故障修复后的区段解锁，在屏幕上显示为"区段解"按钮。只对道岔区段有效。办理区段故障解锁须确认该区段确实没有车占用，并且该区段所在进路的始端和终端均已解锁。办理时，先按区段解，再按相应道岔区段内的任一道岔按钮，再按口令"7、8、9"即可，以上每一步操作，屏幕提示窗口均有提示。

（三）进路的办理与操作

进路的办理方法如下：
点压始端—终端—开通基本进路。
点压始端—变更（或多个变更）—终端—开通变更进路。

1. 列车进路

先点压始端信号按钮。例如点压 X 信号，相应的 X 信号名称出现绿色闪光，并在屏幕下端提示："始端—X"。再点压终端信号按钮，例如点压 S1 信号，相应的 S1 信号名称出现绿色闪光，屏幕下端提示变为："始端—X—终端—S1"。若满足选路条件，则开始动岔、锁闭进路、开放信号。若选路条件不满足，则在上提示后面加"—按钮不符"或"—选路不通"或"—有区段锁闭"或"—有区段占用"或"—有道岔要点"等，并给出道岔或区段名称。

2. 调车进路

调车进路同样点压始端、（变更）、终端按钮办理。

反向单置信号可作调车变更，并置或差置信号可作同向进路变更。变更按钮不受此限。调车进路的办理方法和显示与列车进路相同。

调车信号复示器开放调车信号时亮白灯。

（1）对原铅封按钮的相应办理。

为办理慎重起见，相对于原铅封按钮点压后，屏幕将提示输入口令，点压口令后操作才被执行，微机系统自动记录，并且在屏幕提示栏有记录显示。

以总人解 X 进路为例：先点压"总人解"，再点压 X 按钮，此时屏幕下方提示"总人解—X—请输入口令—１２３—"，据此依次点压数字１２３，正确后屏幕下方提示"OK"，此时操作被执行。

（2）误办的进路，需要变更时，在进路未锁闭前可点压本咽喉的"总人解"或"总取消"按钮进行取消，然后还需点压清按钮；锁闭后的进路需点压"总取消"或"总人解"按钮和"始端"按钮取消进路；当接近区段有车占用时，必须点压"总人解"按钮和进路始端按钮，延时 30 s 或 3 min 后解锁。

4. 单独操纵和单独锁闭道岔

道岔区段在解锁状态时，允许办理单独操纵道岔。同时点压"总定位"（总反位）按钮和"道岔"按钮，屏幕提示处显示"道岔总定（总反）……C×××"。在道岔转换过程中，屏幕道岔岔尖处闪白光，同时道岔号显示黄色。

点压"单独锁闭"按钮和"道岔"按钮，屏幕提示处显示"单独锁闭……C×××"，同时显示红色道岔号。单锁后，不能再单独操纵道岔，但还可通过该道岔排列进路。点压"单独解锁"和"道岔"按钮，该道岔解锁。

5. 封闭信号和封闭道岔

先按封闭按钮，再按压信号按钮或道岔按钮，这时信号机外套上白色方框，道岔名显示白色，表明信号机按钮已不能再进行操作，也不能再通过该道岔排进路。

封闭按钮，按压信号按钮或道岔按钮，这时信号机外的白色方框消失，白色道岔名消失，表明该信号或道岔的封闭取消。

6. 进路引导接车

当某轨道区段故障，进段信号机不能开放允许信号时，可用进路引导接车。办理方法是：首先车务人员必须确认要开通的进路上无车，将道岔单操到需要的位置后点压该进段信号的"引导"按钮，如X接车，点压"X引导"按钮，屏幕提示"进路引导接车—XJ1，请按口令２３４！"，值班员依次点压２、３、４，屏幕上显示"OK"，进路锁闭，引导信号开放。

引导进路点亮白光带，表示引导进路已锁好。

和继电设备所不同的是，当进站信号内方第一区段发生故障时，信号开放10 s就会关闭，为保证引导信号开放，需要每隔８～９s点压一次"XJ1引导"按钮，点压完后屏幕提示窗有倒计时提示，直到列车进入进站信号机内方。在引导信号开放时，第一区段有车占用，按压"引导"按钮，不需输入口令。另外在这种情况下也可以直接按压该信号的列车按钮。

引导信号开放后，可用"总人解"的办法关闭该引导信号，引导进路便可自动解锁。

7. 引导总锁闭

设一个引导总锁闭按钮。当道岔因电气故障失去表示时，可用引导总锁闭接车，但车务人员必须确认道岔位置走向正确，进路上无机车车列占用，才可用引导总锁闭接车。

办理的方法是：先点压"引导总锁"按钮，如点压下行咽喉的"引导总锁"按钮，屏幕提示："引导总锁，请按口令３６９！"，然后依次点压数字按钮3、6、9，屏幕提示"OK"，同时有红色闪光的"引导总锁"汉字提示，接着再点压进段信号的"引导"按钮，办理方法同第4节所述，引导信号开放。

取消引导总锁的办理方法是：先点压"总人解"按钮，再点压"引导总锁"按钮，最后输入口令"１２３"即可。

（二）实验步骤

1. 接车基本进路操作办理

先点压始端进站信号按钮，再点压接车股道反向出站信号按钮。

2. 接车变更进路操作办理。

先点压进站信号LA，再点压变更进路上任一DA或BA，最后再点压接车股道反向出站信号LA。

3. 发车基本进路操作办理

（前提：应先办闭塞与自闭区段联系时应在 ILQG 区段空闲时方可办理。否则，发车进路可锁闭，出站信号不能开放）。

先点压发车股道出站信号 LA，再点压进站信号 LA（单线区段）或再点压 LZA（复线区段发车口）。

4. 发车变更进路操作办理

（前提：应先办闭塞与自闭区段联系时应在 ILQG 区段空闲时方可办理。否则，发车进路可锁闭，出站信号不能开放）。

先点压发车股道出站信号 LA，再点压变更进路上任－DA 或 BA，最后再点压进站信号 LA（单线区段）或再点压 LZA（复线区段发车口）。

5. 调车基本进路操作办理

先点压某调车信号 DA 再点压同方向调车信号 DA（咽调时）或再点压反向调车信号或出站信号 DA（股道或尽头调时）。

6. 长调车进路分段办

先点压某调车信号 DA，再点压两次长调车进路中同方向调车信号 DA，一次作终端，一次作始端，最后再点压进路终端 DA。

7. 长调车进路一次办

先点压某调车信号 DA，再点压进路终端 DA（中间信号点应自动带起）。

8. 调车变更进路操作办理

先点压某调车信号 DA，再接变更进路上，反向单置调车信号 DA 或 BA，最后再点压进路终端处 DA。

9. 进路锁闭方式引导接车操作办理

（1）接车信号机故障时。

先办与接车进路同一条进路的反向调车进路后再取消，然后，点压下 TGA，检查进路正确无误后，登记破封，最后点压下 YA。

（2）进路上第一轨道区段故障时。

先单操进路上道岔排通进路再点压下 TGA 检查，进路正确无误后，登记，破封并一直点压 YA，直至列车第一轮对进入进站信号机内方止。

10. 全咽喉道岔总锁闭方式引导接车进路操作办理

当进路上某岔失去位置表示时，先检查该岔实际位置与进路开通位置，要求两者相符（否则摇道岔开通），单操进路上各岔开通进路将失去位置表示岔单锁（拉出 CA）点压下 TGA 检查，进路正确无误后登记，破封点压 YZSA，再点压 YA。

11. 取消上述各种进路操作办理

（1）取消接发车进路及其变更进路：同时点压该咽喉 ZQA 及进路始 LA。

（2）取消调车进路。

同时点压该咽喉 ZQA 及进路始 DA（长调车进路时，必须分段取消）。

（3）取消引导接车进路。

① 进路锁闭方式引导接车进路时：同时接该咽喉 ZRA 及始 LA。

② 全咽喉道岔总锁方式引导接车进路时拉出 YZSA。

12. 人工解锁列、调车进路操作办理

在 JG 有车时，登记破封，同时点压 ZRA 及进路始 LA 或 DA（接车进路和正线发车进路经 3 min 延时后解锁。侧线发车和调车地路经 30 s 延时后解锁）。

五、实验报告

认真记录实验过程，实验现象，完成实验思考题。

六、实验思考题

计算机联锁系统办理引导进路解锁与电气集中办理引导解锁有什么不同？

课内实验四：LOW 操作

一、实验目的

（1）掌握 LOW 工作站操作界面的显示意义。
（2）掌握 LOW 工作站的操作方法。
（3）掌握在 LOW 工作站进行操作的有关规定。

二、实验任务

（1）认真阅读实验指导书，了解实验内容，熟悉实验步骤。
（2）按规定进行实验操作，掌握 LOW 工作站的操作方法。

三、实验组织管理

每 2 个人组合成一个小组，使用 LOW 工作站模拟软件进行操作。

四、实验内容及实验步骤

（一）LOW 上对联锁的操作

了解联锁相关内容，在 LOW 上操作相应的联锁操作，如自排全开、自排全关、追踪全开、追踪全关等。

在 LOW 显示屏空白处点击左键或点击刚登记进入后出现在命令栏内的所有命令，均为对联锁的操作的命令。

（1）检查在主窗口左下方显示的命令是否与选中的命令是否一致。

（2）检查选中的命令是否完全符合想输入的命令。

（3）检查所选的要素是否已被标记。

（4）在上述条件满足后，用鼠标左键点击了"执行"按钮，也可以通过点击"取消"键来取消安全命令"S"或普通命令"R"。

（二）LOW 上对进路的操作

当系统出现故障时需要人工排列进路，要学会在 LOW 上排列进路和取消进路。

信号系统正常时，进路可自动排列。需要时，在 LOW 上排列进路。

操作内容：排列和取消进路。

1. 排列基本进路

（1）在 LOW 上，要排列一条基本进路，只要用鼠标的左键点击 LOW 主窗口上要排列进路的始端信号机便可。

（2）用鼠标的右键点击要排列进路的终端信号机，此时所选始端信号机和终端信号机都会被打上灰色底色。

（3）在对话窗口中的命令显示栏（在 LOW 的左下角）用鼠标的左键点击"排列进路"的命令，最后用鼠标的左键点击对话窗口中的"执行"按钮即可。

2. 取消基本进路

（1）在 LOW 上，要取消一条已排好的进路，只要用鼠标的左键点击 LOW 主窗口上该进路的始端信号即可。

（2）用鼠标的右键点击该进路的终端信号机，此时所选始端信号机和终端信号机都会被打上灰色底色。

（3）在对话窗口中的命令显示栏用鼠标的左键点击"取消进路"的命令，最后用鼠标的左键点击对话窗口中的"执行"按钮即可。

（三）LOW 上对轨道区段的操作

（一）轨道区段在 LOW 上的显示

1. 轨道区段的编码

颜色：白色为正常，灰色为无数据。

状态：出现编号闪烁时，表示为与 ATP 连接中断。稳定时表示正常。

2. 轨道区段体部

轨道区段（含道岔区段）有六种在 LOW 上显示的优先等级颜色，从高到低分别为灰色、深蓝色、红色、绿色或淡绿色、黄色。例如，通过某一轨道区段排列进路后，此区段发生红光带故障，则此区段优先显示红色，同时覆盖了绿色和黄色。

（1）颜色。

① 黄色：常态，空闲，没有被进路征用。

② 绿色：空闲，被进路征用。

③ 红色：物理占用。

④ 粉红色：逻辑占用。

⑤ 轨道中部深蓝色：表示该区段已被封锁，拒绝通过该区段排列进路（如果轨道中部深蓝色闪烁，表示对该区段已进行封锁操作，但对下一条进路才有效）。

⑥ 灰色：无数据（轨道电路设备与联锁计算机连接中断）。

（2）状态。

① 稳定表示正常。

② 闪烁表示在延时解锁中。

3. 运营停车点

（1）颜色表示含义。

① 红色：常态，设置了停车点。

② 绿色：取消了停车点。

（2）运营停车点的设置，是为了满足正常运营的需要。

① 设置了停车点，列车必须在站台区段停车。

② 列车已停稳在站台区段，此时取消运营停车点，列车可用 ATO 驾驶模式自动启动。

③ 列车还没有进站，此时取消运营停车点，列车可以自动通过车站。

（二）区段限速标记

用鼠标左键选择需要设限的股道区段，在功能区选择"区段设限"按钮，选择限速的值。限速的列车最高速度会以红色的 60、45、30、15 字样在相应的区段下方显示出来。

操作内容：车站值班员对轨道区段单独操作实验（封锁解封区段、终止运营停车点、轨区设限等）

1. 封锁和解封区段

（1）用鼠标的左键点击 LOW 主窗口上的轨道元件或轨道元件编号，如 607，此时所选元件被打上高亮底色。

（2）然后在对话窗口中的命令显示栏用鼠标的左键点击"封锁区段"命令，最后用鼠标的左键点击对话窗口中的"执行"按钮即可。

（3）如果允许通过该区段排列进路，则在对话窗口中的命令显示栏用鼠标的左键点击"解封区段"命令，并用鼠标的左键点击对话窗口中的"执行"按钮，在 15 s 内按"释放 1"键，在 10 s 内按"释放 2"键，否则安全相关命令操作会被自动取消，而且在未点击"释放 2"键之前，可以通过点击"取消"键来取消安全相关命令操作。

2. 强解区段

（1）用鼠标的左键点击 LOW 主窗口上的轨道元件或轨道元件编号，如 607，此时所选元件被打上高亮底色。

（2）然后在对话窗口中的命令显示栏用鼠标的左键点击"强解区段"命令，最后用鼠标的左键点击对话窗口中的"执行"按钮，在 15 s 内按"释放 1"健，在 10 s 内按"释放 2"键，否则安全相关命令操作会被自动取消，而且在未点击"释放 2"之前，可以通过点击"取消"键来取消安全相关命令操作。

3. 轨区逻空

（1）用鼠标的左键点击 LOW 主窗口上的轨道元件或轨道元件编号，如 607，此时所选元件被打上高亮底色。

（2）然后在对话窗口中的命令显示栏用鼠标的左键点击"轨区逻空"命令，最后用鼠标的左键点击对话窗口中的"执行"按钮，在 15 s 内按"释放 1"健，在 10 s 内按"释放 2"键，否则安全相关命令操作会被自动取消，而且在未点击"释放 2"之前，可以通过点击"取消"键来取消安全相关命令操作。

4. 轨区设限和轨区消限

（1）用鼠标的左键点击 LOW 主窗口上的轨道元件或轨道元件编号，如 607，此时所选元件被打上高亮底色。

（2）然后在对话窗口中的命令显示栏用鼠标的左键点击"轨区设限"命令，最后用鼠标的左键点击对话窗口中的"执行"按钮，在 15 s 内按"释放 1"健，在 10 s 内按"释放 2"键，否则安全相关命令操作会被自动取消，而且在未点击"释放 2"之前，可以通过点击"取消"键来取消安全相关命令操作。

（3）如果取消轨道区段的限速，则在对话窗口中的命令显示栏用鼠标的左键点击"轨区消限"命令，并用鼠标的左键点击对话窗口中的"执行"按钮，在 15 s 内按"释放 1"健，在 10 s 内按"释放 2"键，否则安全相关命令操作会被自动取消，而且在未点击"释放 2"之前，可以通过点击"取消"键来取消安全相关命令操作。

5. 终止站停

（1）用鼠标的左键点击 LOW 主窗口上的轨道元件或轨道元件编号，如 605，此时所选元件被打上高亮底色。

（2）然后在对话窗口中的命令显示栏用鼠标的左键点击"终止站停"命令，最后用鼠标的左键点击对话窗口中的"执行"按钮即可。

（四）LOW 上对信号机的操作

1. 信号机编号

（1）颜色。

红色：处于人工排列进路状态。

绿色：处于自动排列进路状态。

黄色：处于追踪进路状态。

（2）状态。

① 稳定：正常。

② 闪烁：信号机红灯断主丝故障或绿灯/黄灯灭灯。

2. 信号机基础（脚）

信号机基础可以显示出信号处于监控层还是处于非监控层。

（1）颜色。

绿色：主信号控制层（处于监控层，在进路状态）。

黄色：引导信号控制层（处于监控层，在进路状态）。

红色：非监控层（或不在进路状态）。

（2）状态。

① 稳定：正常。

② 闪烁：在延时中，进路延时取消，进路延时建立或保护区段延时解锁。

3. 信号机机柱（柱）

信号机机柱用来记录信号机的开放及关闭情况。

颜色：

绿色：信号机开放，且开放主信号。

黄色：信号机开放引导信号。

红色：信号机关闭，且未开放过（针对本次进路）。

蓝色：信号机关闭，但曾经开放过（针对本次进路）。

4. 信号机灯头（头）

信号机灯头可以用来显示信号机处于开放还是关闭状态。

颜色：

绿色：信号机处于开放主信号状态。

红色：信号机处于关闭状态（但可以开放引导信号）。

蓝色：信号机处于关闭状态，且被封锁（但可以开放引导信号）。

注：信号机机体灰色表示无效。

操作内容：车站值班员对信号灯单独操作实验（开放和关闭信号、开放引导信号、封锁和解封信号机等）。

（1）开放和关闭信号。

① 用鼠标的左键点击 LOW 主窗口上的信号机元件或信号机元件编号，如 X501，此时所选元件被打上淡蓝色底色。

② 然后在对话窗口中的命令显示栏用鼠标的左键点击"开放信号"命令，最后用鼠标的左键点击对话窗口中的"执行"按钮即可开放信号机。

③ 如果要将信号机设置为关闭状态，则在对话窗口中的命令显示栏用鼠标的左键点击"关单信号"命令，并用鼠标的左键点击对话窗口中的"执行"按钮即可。

（2）开放引导信号。

① 用鼠标的左键点击 LOW 主窗口上的信号机元件或信号机元件编号，如 X501，此时所选元件被打上淡蓝色底色。

② 然后在对话窗口中的命令显示栏用鼠标的左键点击"开放引导"命令。

③ 最后用鼠标的左键点击对话窗口中的"执行"按钮，在 15 s 内按"释放 1"健，在 10 s 内按"释放 2"键，否则安全相关命令操作会被自动取消，而且在未点击"释放 2"之前，可以通过点击"取消"键来取消安全相关命令操作。

（3）封锁和解封信号机。

① 用鼠标的左键点击 LOW 主窗口上的信号机元件或信号机元件编号，如 X501，此时所选元件被打上淡蓝色底色。

② 然后在对话窗口中的命令显示栏用鼠标的左键点击"封锁信号"命令，最后用鼠标的左键点击对话窗口中的"执行"按钮即可封锁信号机。

③ 如果要取消对关闭状态下的信号机的封锁，则在对话窗口中的命令显示栏用鼠标的左键点击"解封信号"命令，并用鼠标的左键点击对话窗口中的"执行"按钮，在 15 s 内按"释放 1"健，在 10 s 内按"释放 2"键，否则安全相关命令操作会被自动取消，而且在未点击"释放 2"之前，可以通过点击"取消"键来取消安全相关命令操作。

（4）自排单开和自排单关。

① 用鼠标的左键点击 LOW 主窗口上的信号机元件或信号机元件编号，如 X501，此时所选元件被打上淡蓝色底色。

② 然后在对话窗口中的命令显示栏用鼠标的左键点击"自排单开"命令，最后用鼠标的左键点击对话窗口中的"执行"按钮即可设置单架信号机处于自动排列进路状态。

③ 如果要设置单架信号机处于人工排列进路状态，则在对话窗口中的命令显示栏用鼠标的左键点击"自排单关"命令，并用鼠标的左键点击对话窗口中的"执行"按钮即可。

（5）跟踪单开和跟踪单关。

① 用鼠标的左键点击 LOW 主窗口上的信号机元件或信号机元件编号，如 X501，此时所选元件被打上淡蓝色底色。

② 然后在对话窗口中的命令显示栏用鼠标的左键点击"跟踪单开"命令，最后用鼠标的左键点击对话窗口中的"执行"按钮即可使单架信号机由联锁自动排列进路。

③ 如果要单架信号机取消由联锁自动排列进路，则在对话窗口中的命令显示栏用鼠标的左键点击"跟踪单关"命令，并用鼠标的左键点击对话窗口中的"执行"按钮即可。

（五）LOW 上对道岔的操作

1. 道岔编号（见图 6.1）

（1）颜色：白色表示正常、无锁定；红色表示道岔被单独锁定。

（2）状态：稳定表示正常。

2. 道岔编号框

如果该道岔没有被进路征用，则道岔编号不会出现道岔编号框，只有该道岔被进路征用锁闭时，道岔编号框才会出现。

3. 轨道段编码

在道岔区段中，轨道区段编号只会以灰色显示，道岔区段是一个带道岔的特殊轨道区段。

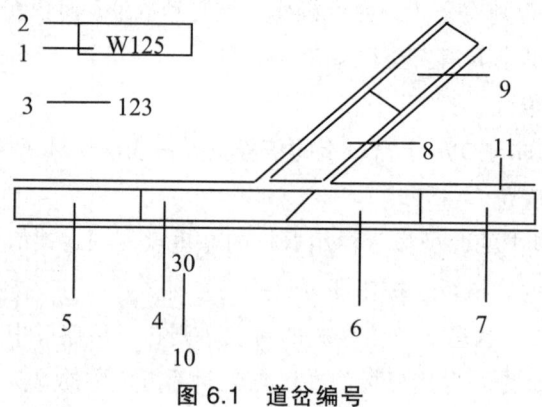

图 6.1　道岔编号

（1）道岔编号（2）道岔编号框（3）轨道区段编号（4）道岔根部（5）道岔根部延伸（6）道岔右位（7）道岔右位延伸（8）道岔左位（9）道岔左位延伸（10）道岔区段限速标记（11）选择框

4. 岔　体

岔体是由根部 4、5 和腿部 6、7、8、9 组成。

（1）颜色表示含义：

① 黄色：常态、空闲、没有被进路征用。

② 绿色：空闲、被进路征用。

③ 红色：占用、物理占用。

④ 粉红色：占用、逻辑占用。

⑤ 道岔中部深蓝色：表示该区段已被封锁，拒绝通过该区段排列进路（如果轨道中部深蓝色闪烁，表示对该区段已进行封锁操作，但对下一条进路才有效）。

⑥ 灰色：无数据。

（2）道岔位置判断：

① 岔体 4、5、6、7 有颜色显示，而 8、9 为灰色，且都为稳定显示时，则道岔为右位。

② 岔体 4、5、8、9 有颜色显示，而 6、7 为灰色，且都为稳定显示时，则道岔为左位。

③ 岔体 4、5、6、7 有颜色显示，且 6 为闪烁（俗称短闪），而 8、9 为灰色且稳定时，则该道岔表示为右位转不到位（右位无表示）。

④ 岔体 4、5、8、9 有颜色显示，且 8 为闪烁，而 6、7 为灰色且稳定时，则该道岔表示为左位转不到位（左位无表示）。

⑤ 岔体 4、5、6、7、8、9 均有颜色显示，且 6、7、8、9 均为闪烁（俗称两腿长闪），则该道岔表示为挤岔表示。

5. 道岔区段限速标记

道岔区段设置了限速，限速的列车最高速度会以红色的 60、45、30、15 字样在相应的区段下方显示出来。

操作内容：车站值班员对道岔单独操作实验（锁定道岔、封锁道岔、道岔限速、转换道岔等）。

（1）锁定和解锁道岔。

① 用鼠标的左键点击 LOW 主窗口上的道岔元件或道岔元件编号，如 W505，此时所选元件被打上灰色底色。

② 然后在对话窗口中的命令显示栏用鼠标的左键点击"单独锁定"命令，最后用鼠标的左键点击对话窗口中的"执行"按钮即可锁定单个道岔，阻止转换。

③ 如果要取消对单个道岔的锁定，道岔可以转换，则在对话窗口中的命令显示栏用鼠标的左键点击"取消锁定"命令，并用鼠标的左键点击对话窗口中的"执行"按钮，在 15 s 内按"释放 1"健，在 10 s 内按"释放 2"键，否则安全相关命令操作会被自动取消，而且在未点击"释放 2"之前，可以通过点击"取消"键来取消安全相关命令操作。

（2）封锁和解封道岔。

① 用鼠标的左键点击 LOW 主窗口上的道岔元件或道岔元件编号，如 W505，此时所选元件被打上灰色底色。

② 然后在对话窗口中的命令显示栏用鼠标的左键点击"封锁道岔"命令，最后用鼠标的左键点击对话窗口中的"执行"按钮即可禁止通过道岔排列进路。

③ 如果允许通过道岔排列进路，则在对话窗口中的命令显示栏用鼠标的左键点击"解封道岔"命令，并用鼠标的左键点击对话窗口中的"执行"按钮，在 15 s 内按"释放 1"健，在 10 s 内按"释放 2"键，否则安全相关命令操作会被自动取消，而且在未点击"释放 2"之前，可以通过点击"取消"键来取消安全相关命令操作。

（3）强行转岔。

① 用鼠标的左键点击 LOW 主窗口上的道岔元件或道岔元件编号，如 W505，此时所选元件被打上灰色底色。

② 然后在对话窗口中的命令显示栏用鼠标的左键点击"强行转岔"命令，最后用鼠标的左键点击对话窗口中的"执行"按钮，在 15 s 内按"释放 1"健，在 10 s 内按"释放 2"键，否则安全相关命令操作会被自动取消，而且在未点击"释放 2"之前，可以通过点击"取消"键来取消安全相关命令操作。在这里道岔有两种状态定位和反位，如果当前在定位，如果执行转岔，那么道岔就会变成反位。

（4）转换道岔。

① 用鼠标的左键点击 LOW 主窗口上的道岔元件或道岔元件编号，如 W505，此时所选元件被打上灰色底色。

② 然后在对话窗口中的命令显示栏用鼠标的左键点击"转换道岔"命令，最后用鼠标的左键点击对话窗口中的"执行"按钮即可。

（5）强解道岔。

① 用鼠标的左键点击 LOW 主窗口上的道岔元件或道岔元件编号，如 W505，此时所选元件被打上灰色底色。

② 然后在对话窗口中的命令显示栏用鼠标的左键点击"强解道岔"命令，最后用鼠标的左键点击对话窗口中的"执行"按钮，在 15 s 内按"释放 1"健，在 10 s 内按"释放 2"键，否则安全相关命令操作会被自动取消，而且在未点击"释放 2"之前，可以通过点击"取消"键来取消安全相关命令操作。

（6）岔区逻空。

① 用鼠标的左键点击 LOW 主窗口上的道岔元件或道岔元件编号，如 W505，此时所选元件被打上灰色底色。

② 然后在对话窗口中的命令显示栏用鼠标的左键点击"岔区逻空"命令，最后用鼠标的左键点击对话窗口中的"执行"按钮，在 15 s 内按"释放 1"健，在 10 s 内按"释放 2"键，否则安全相关命令操作会被自动取消，而且在未点击"释放 2"之前，可以通过点击"取消"键来取消安全相关命令操作。

（7）岔区设限和岔区消限。

① 用鼠标的左键点击 LOW 主窗口上的道岔元件或道岔元件编号，如 W505，此时所选元件被打上灰色底色。

② 然后在对话窗口中的命令显示栏用鼠标的左键点击"岔区设限"命令，最后用鼠标的左键点击对话窗口中的"执行"按钮，在 15 s 内按"释放 1"健，在 10 s 内按"释放 2"键，否则安全相关命令操作会被自动取消，而且在未点击"释放 2"之前，可以通过点击"取消"键来取消安全相关命令操作。

③ 如果取消对道岔区段的限速，则在对话窗口中的命令显示栏用鼠标的左键点击"岔区消限"命令，并用鼠标的左键点击对话窗口中的"执行"按钮，在 15 s 内按"释放 1"健，在 10 s 内按"释放 2"键，否则安全相关命令操作会被自动取消，而且在未点击"释放 2"之前，可以通过点击"取消"键来取消安全相关命令操作。

（8）挤岔恢复。

① 用鼠标的左键点击 LOW 主窗口上的道岔元件或道岔元件编号，如 W505，此时所选元件被打上灰色底色。

② 然后在对话窗口中的命令显示栏用鼠标的左键点击"挤岔恢复"命令，最后用鼠标的左键点击对话窗口中的"执行"按钮，在 15 s 内按"释放 1"健，在 10 s 内按"释放 2"键，否则安全相关命令操作会被自动取消，而且在未点击"释放 2"之前，可以通过点击"取消"键来取消安全相关命令操作。

五、考核标准

考核内容	考核标准	评分标准	考试形式
课内实训综合成绩	实训纪律、工作态度、专业技能、合作精神、综合素质	课内实训综合成绩是课程平时成绩的重要组成部分。按总评成绩分数分为：A（90～100 分）、B（80～89 分）、C（70～79 分）、D（60～69 分）、E（0～59 分）五级	综合评定

《城市轨道交通车辆》课内实训指导书

适用专业	城市轨道交通运营管理	课程名称	城市轨道交通车辆	实训课时	4
编制执笔人	陈小明		编制时间		年 月 日

《城市轨道交通车辆》课内实训项目目录

课程名称	实训名称	课时数	实训目的	实训内容	主要仪器设备	备注
城市轨道交通车辆	实训一：列车制动与缓解实训	2	使运营管理各岗位人员掌握列车制动、缓解的基本原理和操作	列车制动、列车制动的缓解	列车制动模型	城市轨道交通车辆
	实训二：列车应急设备实训	2	使运营管理各岗位人员掌握列车应急设备的使用方法，掌握列车发生火灾等紧急情况时的应急疏散	列车应急设备的使用、列车火灾时紧急疏散	地铁车辆模型、列车应急设备	
	实训三：车钩连接与解钩实训	2	了解车钩的结构和种类，掌握车钩的解钩作业	密接式车钩的连接与解钩、全自动车钩的解钩	车钩模型、现场图片	
	实训四：车门故障处理	2	了解车门控制系统，掌握车门故障的处理办法	车门夹人或夹物的处理、单个车门故障的车辆	地铁车辆模型、对讲机	

实训一：列车制动缓解实训指导书

一、实训目的

使运营管理各岗位人员掌握列车制动、缓解的基本原理和操作。

二、实训设备及环境

列车制动装置模型。

三、实训组织管理

每组 3~8 人，司机、运管工作人员若干人，掌握自动式空气制动机的基本原理，进行自动式空气制动机的制动、缓解的操作。

四、实训指导

（一）作业要求

（1）当进行现场处理时，要注意做好安全防护。
（2）注意着装，按时到场。
（3）遵守列车制动装置的安全使用规定。

（二）实训步骤

1. 列车制动

（1）将操作手柄置于制动位。
（2）制动管的空气经制动阀排气减压，三通阀活塞移动。
（3）滑阀移动，与制动缸 r 孔对准。
（4）副风缸向制动缸充气，活塞移动。
（5）闸瓦压向车轮，产生制动力。

2. 列车制动的缓解

（1）将操作手柄置于缓解位。
（2）制动管的空气经制动阀向副风缸进行充气，三通阀活塞移动。
（3）滑阀移动，未与制动缸 r 孔对准。
（4）制动缸的空气经三通阀 Ex 口排气，活塞移动。
（5）闸瓦离开车轮，制动进行缓解。

3. 停放制动与缓解

（1）列车断电后，风缸压力下降，停放制动自动施加。
（2）列车充电后，空压机工作，风缸压力上升，停放制动自动缓解。
（3）停放制动的手动缓解：通过设在转向架一侧的手动缓解拉钩进行人工缓解。

五、考核标准

考核内容	考核标准	评分标准	考试形式
课内实训综合成绩	实训纪律、工作态度、专业技能、合作精神、综合素质	课内实训综合成绩是课程平时成绩的重要组成部分。按总评成绩分数分为：A（90~100分）、B（80~89分）、C（70~79分）、D（60~69分）、E（0~59分）五级	综合评定

实训二：列车应急设备实训指导书

一、实训目的

使运营管理各岗位人员掌握列车应急设备的使用方法，掌握列车发生火灾等紧急情况时的应急疏散作业流程。

二、实训设备及环境

（1）模拟站台层实训室。
（2）城市轨道交通车辆实训室。

三、实训组织管理

每组 7～10 人，设司机一人、行车值班员一人、值班站长一人、车站其他工作人员二人、另设 1 人代表 OCC 各调度岗位及值班调度主任、乘客若干人。

按照已经分好的组，一人位于调度中心，车站各岗位人员分别位于各自的工作岗位。

四、实训指导

（一）作业要求

（1）按照规定着装，按时到场。
（2）当进行现场处理时，要注意做好个人防护。
（3）熟悉实训的流程，听从指挥，遵守纪律。

（二）实训步骤

1. 地铁列车司机

（1）接到乘客火灾报警，确认火灾情况，并向 OCC 汇报情况。
（2）使用列车广播系统，通知乘客不要惊慌，做好火灾应急的处理。
（3）打开"紧急疏散门"，引导乘客通过客室端门，进入驾驶室进行疏散。
（4）组织乘客从列车上进行疏散。
（5）确认列车上疏散完毕后报 OCC。

2. OCC 各调度岗位及值班调度主任

（1）接到司机汇报后，值班调度主任向司机下达列车火灾应急处理的指令。
（2）行车调度通知车站行车值班员配合司机做好列车应急疏散的组织工作。
（3）环控调度通知车站按站台火灾模式开启相应设备，做好发生火灾的车站或隧道的通风、排烟等，通知维修立即派人到事故车站协助救灾。

3. 行车值班员

（1）接收到行车调度的应急疏散指令后，立即报告值班站长。
（2）广播通知所有岗位执行设备区火灾应急处理程序，并反复利用广播引导乘客疏散。
（3）及时将火灾情况报告行车调度，并与行车调度、值班站长保持联系。

4. 值班站长

（1）接到火警通知后，担任事故处理主任，宣布执行车站火灾应急处理程序，安排车站人员组织乘客从列车及车站进行紧急疏散。

（2）消防队到现场后，将有关信息通报给消防负责人后，根据情况组织员工撤退，并负责确认所有站内人员疏散完毕。

（3）负责与各方的协调与沟通，火灾扑灭后，组织人员检查设备，恢复运营。

5．车站其他工作人员

（1）配合司机组织乘客从列车疏散后进入站台。

（2）组织乘客沿着正确的逃生方向进行疏散，到达安全区域。

6．乘　客

（1）使用"紧急报警按钮"或者"紧急对讲按钮"，及时将发生的火灾报告司机。

（2）使用车厢内的"灭火器"进行扑火自救。

（3）列车到站停车后，使用"紧急解锁装置"打开车门，使用屏蔽门手动解锁装置，打开屏蔽门，从车门进行疏散。

（4）按照操作指引，打开"客室端门"，进入驾驶室，走"紧急疏散门"进行疏散。

（5）从列车疏散到站台时，听从车站工作人员的统一指挥，沿着正确的逃生方向进行疏散。

五、考核标准

考核内容	考核标准	评分标准	考试形式
课内实训综合成绩	实训纪律、工作态度、专业技能、合作精神、综合素质	课内实训综合成绩是课程平时成绩的重要组成部分。按总评成绩分数分为：A（90~100分）、B（80~89分）、C（70~79分）、D（60~69分）、E（0~59分）五级	综合评定

实训三：车钩连接与解钩实训指导书

一、实训目的

认识车钩结构和种类，掌握车钩的解钩作业。

二、实训设备及环境

车钩模型。

三、实训组织管理

每组5~8人，进行车钩的连接和解钩作业。

四、实训指导

（一）作业要求

（1）当进行现场处理时，要注意做好安全防护。

（2）注意着装，按时到场。

（3）遵守列车安全使用的相关规定。

（二）实训步骤

1. 参观车钩模型

（1）理解车钩的结构。

（2）分析车钩的"三态"作用。

2. 密接式车钩的连接

（1）凸锥插进凹锥，钩舌转动。

（2）解钩气缸的弹簧受压，钩舌逆时针旋转40°。

（3）弹簧复原，钩舌处于闭锁位置。

3. 密接式车钩的解钩

（1）人力扳动解钩杆。

（2）钩舌转动至开锁位置，两钩可解开。

（3）解钩气缸排气，解钩弹簧复原。

（4）钩舌顺时针旋转40度，恢复到待挂状态。

4. 全自动车钩的解钩

（1）拉动解钩手柄（钩头一侧）。

（2）两人同时拉相邻车钩的钢丝绳。

（3）钩舌顺时针转动，钩锁连接杆脱出钩舌。

（4）钩舌处于解钩状态。

（5）两钩分离，弹簧复位，钩舌定位杆回至待挂位。

五、考核标准

考核内容	考核标准	评分标准	考试形式
课内实训综合成绩	实训纪律、工作态度、专业技能、合作精神、综合素质	课内实训综合成绩是课程平时成绩的重要组成部分。按总评成绩分数分为：A（90～100分）、B（80～89分）、C（70～79分）、D（60～69分）、E（0～59分）五级	综合评定

实训四：车门故障处理实训指导书

一、实训目的

使运营管理各岗位的人员掌握车门故障的处理办法。

二、实训设备及环境

城轨综合实训室。

三、实训组织管理

每组 5~8 人，司机 1 人、行车值班员 1 人、行车调度 1 人、站务员 1 人、乘客若干人，按照已经分好的组，车站各岗位人员分别位于各自的工作岗位。

四、实训指导

（一）作业要求

（1）当进行现场处理时，要注意做好安全防护作业。
（2）注意着装，按时到场。
（3）遵守列车安全使用的相关规定。

（二）实训步骤

1. 车门夹人或夹物的处理

（1）车站站务员发现车门夹人或夹物后，应立即用对讲机通知司机。
（2）若司机无任何回应（无重开车门），按压站台紧急停车按钮并报告行车值班员。
（3）若仍无法联系司机时，行车值班员报告行调。
（4）行调通知司机，夹人不能启动，重新打开车门。
（5）司机确认人员及物品处于安全区域后重新关车门。
（6）车站处理乘客事务。

2. 单个车门故障的处理

（1）司机发现某车门故障不能正常开启或关闭时，再次开关车门一次。
（2）如故障仍然存在，司机通过车辆显示屏确认故障车门的位置，并记录。
（3）报告行调及车控室（站台岗），再次打开车门（屏蔽门），并做好利用广播安抚乘客的工作。
（4）车站接到司机的呼叫后，迅速派人到站台协助司机进行处理。
（5）车站工作人员准备好两张车门故障纸。

（6）司机到达故障车门处确认门槽内无异物，将故障车门切除。

（7）司机关好故障车门，与车站工作人员共同确认切除车门锁闭良好后，车站人员张贴两张故障纸。

（8）司机经其他车门下车返回司机室关闭车门。

（9）车站工作人员维持好站台乘客的秩序。

（10）车站工作人员确认车门（屏蔽门）关闭无异常情况发生及确认站台安全后向司机传达"好了"的信号。

（11）司机确认车站工作人员传达"好了"信号及确认行车条件后动车。

五、考核标准

考核内容	考核标准	评分标准	考试形式
课内实训综合成绩	实训纪律、工作态度、专业技能、合作精神、综合素质	课内实训综合成绩是课程平时成绩的重要组成部分。按总评成绩分数分为：A（90～100分）、B（80～89分）、C（70～79分）、D（60～69分）、E（0～59分）五级	综合评定

整周实训指导书

《车站客运组织与服务工作》整周实训指导书

适用专业	城市轨道交通运营管理	课程名称	车站客运组织与服务工作	实训课时	53~60
编制执笔人	张翊华		编制时间		年 月 日

《车站客运组织与服务工作》整周实训项目目录

整周实训名称	分项目实训名称	课时数	实训目的	实训内容	主要仪器设备	备注
车站客运组织与服务工作实训	项目一：日常客流组织工作	16	掌握日常客流组织工作作业、城市轨道交通车站站台层的布局、站台层以及导向标识的布局	进站客流组织、出站客流组织、换乘客流组织、导向标识布局	车站模型、现场图片	分组模拟演练
	项目二：非正常情况客流组织工作	12	熟悉大客流组织的基本知识，以客流三级控制原则训练实施客流三级控制方法、会操作PSD站台级和就地级操作及故障应急处理	大客流组织、突发事件客流组织、PSD操作及故障应急处理	车站模型、现场图片、PSD	分组模拟演练
	项目三：车站客运服务礼仪	12	掌握客运服务人员客运服务礼仪规范	客运服务人员仪容仪表规范、仪态礼仪规范、行走规范、站姿规范、坐姿规范	示范图片、演示视频	分组示范
	项目四：车站客运岗位作业标准	12	掌握站务人员售票兑零、问询、查看证件、关心安抚、礼貌劝阻的标准操作流程和标准用语	售票兑零作业标准、问询作业标准、查看证件作业标准、关心安抚作业标准	标准化操作视频、车站场地，如：票亭BOM、闸机、站台、站厅	分组模拟演练
	答辩、技能测试	4	学习效果测试	技能考核		

一、实训目的

通过本技能训练，使学生在理论教学的基础上，综合运用专业理论知识，掌握城市轨道交通车站站务人员客运组织与服务工作综合演练的基本知识和技能，提高动手能力和解决实际问题的能力，以便更好地适应岗位。

二、实训任务

（一）项目一：日常客流组织工作

1. 进站客流组织

了解进站客流流线，正确绘制车站进站客流流线图。

2. 出站客流组织

了解出站客流流线，正确绘制车站出站客流流线图。

3. 导向标识布局

了解导向标识分类，合理布置各类导向标识（站外导向、站厅导向和站台导向）。

4. 换乘客流组织

了解换乘客流流线，正确绘制车站换乘客流流线图。

5. 日常客流组织工作演练

熟悉日常客流组织工作八部曲，模拟演练日常客流组织工作。

（二）项目二：非正常情况客流组织工作

1. 大客流组织

熟悉大客流组织的基本知识，按客流三级控制的原则训练实施客流三级控制的方法。

2. 突发事件客流组织

了解突发事件客流组织的准备工作，掌握突发事件的客流组织方法。

3. PSD 操作及故障应急处理

（1）正确掌握 PSL 允许操作开关的操作和 ASD/EED 互锁解除的操作。
（2）会操作 IBP 紧急盘，主要是开关门的操作。
（3）正确掌握 ASD 和 EED 的手动操作程序。
（4）熟悉 PSD 玻璃龟裂和破碎时的应急处理。

（三）项目三：车站客运服务礼仪

1. 客运服务人员仪容仪表规范

掌握客运服务人员发型要求、女性客服人员妆容要求、客服人员服装要求。

2. 客运服务人员仪态礼仪规范

掌握客运服务人员手势的规范、不同情境下鞠躬的规范。

3. 客运服务人员行走规范

掌握客服人员行姿的要求、引领乘客的规范和注意事项。

4. 客运服务人员站、坐规范

掌握客运服务人员站姿规范、坐姿规范、蹲姿规范。

（四）项目四：车站客运岗位作业标准

1. 售票兑零作业标准

掌握充值兑零作业服务的标准和技巧，熟悉客服售票兑零标准操作流程和标准用语。

2. 问询作业标准

掌握问询作业服务的标准和技巧，熟悉站务人员对处理乘客问询时的标准操作流程和标准用语。

3. 查看证件作业标准

掌握查看证件作业服务的标准和技巧，熟悉厅巡在查看乘客证件时的标准操作流程和标准用语。

4. 关心安抚作业标准

掌握关心安抚作业服务的标准和技巧，熟悉站务人员在主动关心乘客和安抚乘客时的标准操作流程和标准用语。

5. 礼貌劝阻的作业标准

掌握礼貌劝阻作业服务的标准和技巧，熟悉站务人员劝阻乘客时的标准操作流程和标准用语。

三、实训预备知识

在进行车站客运组织与服务工作实训前，应先重点复习《城市轨道交通概论》《城市轨道交通车辆》《城市轨道交通场站设备》《城市轨道交通通信信号设备》《轨道交通客运服务标准》《城市轨道交通运营车站客运组织工作》等城市轨道交通运营相关知识，了解和熟悉与城市轨道交通客运业务相关的办理规定和作业要求。

四、主要仪器设备及使用、操作时的安全注意事项

实训设备的使用必须严格遵循实训中心管理制度，需要使用到的实训设备有：地铁车站模型、模拟站厅层、模拟站台层、对讲机、手提方播、隔离带、导向牌、PSD等，实训操作过程中必须严格按照设备操作程序的要求。

五、实训的组织管理

1. 实训分组安排

以班级为单位组织实训，视实训项目内容和实训条件也可以以8人为一组进行实训，在实训过程鼓励同学们互相提出问题、讨论分析问题、共同解决问题。

2. 时间安排（见表6.1）

表6.1 实训进程安排表

教学时间		实训项目（或任务）	具体内容（知识点）	学时	备注
星期	节次				
1	1-3	项目一：日常客流组织工作（一）进站客流组织	由老师提供不同的站形，不同的客运设备的配置，学生绘制实际车站的进站客流流线图	3	
1	4-6	项目一：日常客流组织工作（二）出站客流组织	由老师提供不同的站形，不同的客运设备的配置，学生绘制实际车站的出站客流流线图	3	
2	1-3	项目一：日常客流组织工作（三）导向标识布局	由老师提供站形和客运设备的配置，学生绘制实际车站的导向标识布局图	3	
2	4-6	项目一：日常客流组织工作（四）换乘客流组织	由老师提供各换乘方式车站的，学生结合换乘客流流线，合理组织换乘客流，绘制换乘客流流线	3	
3	1-4	项目一：日常客流组织工作（五）日常客流组织工作演练	由老师提供车站三维彩图，学生依据车站布局形式，结合客流组织八部曲，分组模拟演练车站日常的客流组织工作	4	
3	5-6	项目二：非正常情况客流组织工作（一）大客流组织	由老师提供车站三维彩图，学生通过模拟车站大客流发生时的情景，依据客流三级控制原则训练实施客流三级控制方法	4	
4	1-2				
4	3-4	项目二：非正常情况客流组织工作（二）突发事件客流组织	突发事件客流组织方法	4	
4	5-6				
5	1-2	项目二：非正常情况客流组织工作（三）PSD操作及故障应急处理	教师带学生到实训室，通过设备模拟操作PSL允许操作开关、ASD/EED互锁解除、滑动门手动操作、应急门的手动操作	4	
5	3-4				
1	1-3	项目三：车站客运服务礼仪（一）客运服务人员仪容仪表规范	教师示范班前仪容要求，女性客服人员需要化淡妆，客服人员根据要求整理仪容仪表	3	
1	4-6	项目三：车站客运服务礼仪（二）客运服务人员仪态礼仪规范	学生模拟场景，考察学生规范手势、鞠躬的礼仪规范	3	
2	1-3	项目三：车站客运服务礼仪（三）客运服务人员行走规范	学生模拟场景，考察学生行走礼仪规范	3	
2	4-6	项目三：车站客运服务礼仪（四）客运服务人员站、坐规范	学生模拟场景，考察学生站、坐规范	3	
3	1-3	项目四：车站客运岗位作业标准（一）售票兑零作业标准	老师提供场地，模拟售票兑零作业	3	
3	4-6	项目四：车站客运岗位作业标准（二）问询作业标准	老师提供场地，模拟问询作业	3	

续表

教学时间		实训项目（或任务）	具体内容（知识点）	学时	备注
星期	节次				
4	1-2	项目四：车站客运岗位作业标准（三）查看证件作业标准	老师提供场地，模拟查看证件作业	2	
4	3-4	项目四：车站客运岗位作业标准（四）关心安抚作业标准	老师提供场地，模拟关心安抚作业	2	
4	5-6	项目四：车站客运岗位作业标准（五）礼貌劝阻作业标准	老师提供场地，模拟礼貌劝阻作业	2	
5	1-4	答辩、技能测试		4	
合　　计				56	

六、实训项目简介、实训步骤指导与注意事项

（一）项目一：日常客流组织工作

1. 进站客流组织

（1）项目简介：根据进站客流流线，合理组织进站客流。

（2）实训步骤：

① 进站客流流线。

② 绘制进站客流流线图。

结合不同的站形和不同的客运设备的配置，绘制实际车站的进站客流流线图。

（3）注意事项：

进站客流流线图的绘制是从始端（出入口）到终端（乘车）的。

2. 出站客流组织

（1）项目简介：根据出站客流流线，合理组织出站客流。

（2）实训步骤：

① 出站客流流线。

② 绘制出站客流流线图。

结合不同的站形，不同的客运设备的配置，绘制实际车站的出站客流流线图。

（3）使用设备：车站模型。

（4）注意事项：结合车站模型和现场图片，出站客流流线图的绘制是从始端（站台下车）到终端（出站）的。

3. 导向标识布局

（1）项目简介：依据车站形式，结合客流组织形式合理布置各类导向标识（站外导向、站厅导向和站台导向）。

（2）实训步骤：

① 站外导向标识。

采用垂直平分线法和道路隔离法。

② 站厅导向标识。

结合导向标识的布置原则，进出站客流隔离，尽量人性化和标准化。

③ 站台导向标识。

结合导向标识的布置原则，进出站客流隔离，线路方向指引明确。

（3）使用设备：车站模型。

（4）注意事项：结合车站模型和现场图片，导向标识的布局需结合客流流线组织，以方便乘客作为宗旨。

4. 换乘客流组织

（1）项目简介：依据车站的换乘方式，结合换乘客流流线，合理组织换乘客流。

（2）实训步骤：

① 换乘客流流线。

② 判断实际车站的换乘方式。

③ 绘制换乘站的示意图。

④ 绘制换乘客流流线图。

结合实际换乘站采用的不同的换乘方式，不同的客运设备的配置，绘制实际车站的换乘客流流线图。

（3）使用设备：车站模型。

（4）注意事项：结合车站模型和现场图片，换乘客流流线图的绘制是从始端（站台下车）到终端（乘车）的。

5. 日常客流组织工作演练

（1）项目简介：依据车站布局形式，结合客流组织八部曲，分组模拟、演练车站日常客流组织工作。

（2）实训步骤：

① 讨论、设计车站的各种客流流线，制订客流组织方案，完成岗位分配。

② 通过角色扮演法，演练并确认步骤①中制订的方案的合理程度。

（3）使用设备：车站模型。

（4）注意事项：利用车站模型进行演练，注重体现团队的合作性和岗位的分工合理性。

（二）项目二：非正常情况客运组织工作

1. 大客流组织

（1）项目简介：在具备大客流组织的基本知识的基础上，通过模拟车站大客流发生时的情景，依据客流三级控制原则训练实施客流三级控制方法。

（2）实训指导：

① 大客流组织的主要措施：

a. 增加列车运能。

b. 增加售检票能力。

c. 启动大客流控制办法。

② 客流三级控制原则：

a. 坚持"由下至上、由内至外"的客流控制原则。

b. 坚持点控和线控的原则。

c. 坚持"集中领导、统一指挥"的原则。

③ 客流三级控制的具体措施：

第一级：控制站台客流；控制点在站厅与站台的楼梯或自动扶梯口。

第二级：控制付费区客流；控制点在进站闸机。

第三级：控制非付费区客流，控制点在车站出入口。

（3）使用设备：车站模型、出入口、站厅、站台层。

（4）注意事项：客流三级控制中的各级控制点要准确定位，才能达到控制客流的效果，客流三级控制并非一定是逐级实施的，若车站客流量直接对付费区甚至是非付费区造成冲击，也可以直接进入二级或三级客流控制。

2．突发事件客流组织

（1）项目简介：通过学习突发事件客流组织的准备知识，掌握应对突发事件的客流组织方法，能根据具体突发事件对应地采取突发事件客流组织办法，采用模拟演练的方式来训练突发事件客流组织能力。

（2）实训指导：

① 站台火灾处理的关键点。

a. 疏散事发点附近的乘客。

b. 将情况上报车控室。

c. 使用灭火器尝试灭火。

d. 火势无法控制的情况下疏散站台乘客。

e. 确认站台乘客已全部疏散的情况下前往站厅协助疏散乘客。

② 站内列车火灾处理的关键点。

a. 如车门、屏蔽门不能电控打开时，立即进行人工开门。

b. 若能打开，则直接引导乘客疏散。

c. 在确保安全的前提下尝试灭火。

d. 灭火无效后放弃灭火，待站台乘客全部疏散后向车控室汇报。

e. 前往站厅协助疏散。

③ 列车清客的关键点。

a. 接到值班站长清客的命令后，到列车上逐节车厢清客，确保无乘客滞留在车厢。

b. 做好乘客的安抚和解释工作，主动帮助有困难的乘客。

c. 遇到乘客不配合的情况，报告值班站长，采取必要的措施，确保尽快处理完毕。

d. 清客完毕后，按值班站长要求，显示"好了"的信号。

（3）使用设备：车站模型、出入口、站厅、站台层。

（4）注意事项：突发事件发生要依据具体情况准确分析，并判定采用的突发事件客流组织办法，注意区分突发事件列车清客与终点站列车清客的差异。

3. PSD 操作及故障应急处理

（1）项目简介：学会 PSL 允许操作开关的操作和 ASD/EED 互锁解除的操作，学会滑动门和应急门的手动操作，学会 PSD 玻璃破碎时的处理程序，分组进行模拟、演练。

（2）实训步骤：

① PSL 允许操作开关的操作。

打开操作：用 301 钥匙插入开关禁止位，转动到关闭位停顿 1 s，再转动到打开位置，保持 5 s，整侧屏蔽门/安全门打开完毕。

关闭操作：转动钥匙到关闭位置，保持 5 s，整侧屏蔽门/安全门关闭完毕。

PSL"ASD/EED 门关闭"绿灯亮，整侧屏蔽门/安全门关闭且锁紧。

转动钥匙到禁止位后取出钥匙并带走，操作完毕。

② ASD/EED 互锁解除的操作：

当 PSL"ASD/EED 门关闭"绿灯不亮，整侧屏蔽门/安全门没有关闭且锁紧信号时。需操作互锁解除开关，强行给出 ASD/EED 互锁已解除的信号，让列车继续前行或进入车站，由司机或站务人员操作。

互锁解除开关的操作：

插入 302 钥匙转动至互锁解除位置（ASD/EED 互锁亮起 1 min）；ASD/EED 互锁在亮起状态，表示互锁解除作用有效。

确认列车驶出安全距离后或停车到位后，方可停止操作、互锁解除，否则须再次转动至互锁解除位置。

取出钥匙并带走，操作完毕。

③ 滑动门手动操作。

滑动门手动操作发生于以下情况中：

当系统级控制和站台级控制均不能操作安全门时。

在站台侧由站台工作人员用钥匙打开滑动门。

在轨道侧由司机通过车内广播通知乘客使用滑动门上的手动解锁把手自行开启安全门。

④ 应急门的手动操作。

站台工作人员在站台侧用钥匙打开应急门。

在轨道侧由列车司机通过广播指导乘客压推杆锁打开应急门。

⑤ 屏蔽门玻璃破碎时的处理程序。

a. 只是龟裂时：

报车控室，如是滑动门/应急门发生龟裂应将该门隔离。

地下站应将其左右相邻两档滑动门变为旁路状态后处于常开状态（地下站端门破碎时将临近的滑动门隔离后处于常开状态）。

使用封箱胶纸将破碎的玻璃粘贴住（粘贴尽量规则及美观），设置防护区域，滑动门故障须在门上张贴"此门故障，暂停使用"的告示牌。

在该门处进行安全防护。

b. 玻璃破碎掉落时：

若玻璃已经破碎应立即按压紧急停车按钮，确认碎片是否落入轨行区，及时报告车控室。

若未落入轨行区，马上进行清理，防止玻璃碎片掉入轨行区，在该门处设置安全防护。

若已落入轨行区但不影响行车安全，向车控室汇报，在该门处设置安全防护，运营结束后清理。

玻璃破碎掉落到轨道影响列车安全，向行调请点并确认相应区段接触轨停电后进入轨行区清理。

（3）使用设备：车站模型、站台层、PSD、PSL 盘、IBP 盘、屏蔽门专用钥匙（101、301、302 钥匙）。

（4）注意事项：PSL 允许操作开关操作在开关闭过程中，密切注意站台人群情况，以防夹人。操作 ASD/EED 互锁解除开关时，车站工作人员要密切注意站台人群情况，以防乘客误入掉进轨道。如果一分钟内列车没有进站或驶出安全距离，必须要再次操作 ASD/EED 互锁解除开关，否则列车会紧急制动。滑动门手动操作程序不可乱，当隔离一档滑动门时要做好防护。对于 PSD 各类门故障的处理程序不完全一致，要区别对待。

（三）项目三：车站客运服务礼仪

1. 客运服务人员仪容仪表规范

（1）项目简介：根据客运服务人员班前仪容要求，女性客服人员需要化淡妆，客服人员根据要求整理仪容仪表。

（2）实训指导：

① 客服人员发型要求：洁净整齐，长短适中，发型得体，美观大方。男士前不遮眉、侧不遮耳、后不触领。女士长发需梳理在发网内。

② 女性客服人员妆容要求：自然大方，不能化浓妆、夸张的妆容。

③ 客服人员服装要求：大小合身、外观整齐。

（3）实训步骤：

① 视频示范客服人员仪表要求。

② 考核客服人员整理仪容仪表是否符合要求。

（4）使用设备：车站模型（站厅层的票亭凳子、闸机）。

（5）注意事项：妆容干净自然，制服整齐、挺括，符合要求。

2. 客运服务人员仪态礼仪规范

（1）项目简介：根据模拟场景，考察学生规范手势、鞠躬的礼仪规范。

（2）实训指导：

① 手势的规范：五指并拢，以小臂带动大臂，掌心向上，幅度适中。

② 不同情境下鞠躬的规范：鞠躬分为三类即草礼、楷礼、章礼。

（3）实训步骤：

① 视频演示，模拟情景考核手势的规范。

a. 乘客问路如何指引近处和指引远处。

b. 请乘客注意脚下台阶。

c. 请乘客站在黄色安全线外候车。

d. 请乘客勿冲向正在关闭的安全门。

e. 请乘客确认显示器上的金额。

② 模拟情景考核鞠躬的礼仪规范。

a. 感谢乘客的宝贵意见。

b. 为对乘客造成的损失致歉。

c. 感谢乘客乘坐列车时鞠躬。

（4）使用设备：车站模型（站厅层的票亭凳子、闸机）。

（5）注意事项：学生分组练习，边练习边讲评。

3. 客运服务人员行走规范

（1）项目简介：训练客运服务人员跟"行"有关的礼仪。

（2）实训指导：

① 城轨对于客服人员行姿的要求：身体协调、步姿优美。双肩相平不僵，两臂自然摆动，步伐从容，步态平稳，步幅适中，步速均匀。走姿稳健，精神饱满，抬头挺胸。不嬉笑打闹，不勾肩搭背，不推拉乘客，不与乘客抢道。

② 引领乘客的规范和注意事项：五指并拢，掌心向上，以肘关节为轴，前臂自然上抬伸直指示方向，目视目标方向。步伐适中，注意迁就乘客步伐，走在乘客一侧，不时招呼乘客。

（3）实训步骤：

① 示范客运服务人员行走举止规范，讲解男、女客服人员行姿的注意事项。

② 示范客运服务人员如何引领乘客，讲解注意事项，分组进行演练。

③ 教师讲评，学生讨论。

（4）使用设备：车站模型（站厅层的票亭凳子、闸机）。

（5）注意事项：注意站姿的规范。

4. 客运服务人员站、坐规范

掌握客运服务人员站姿的规范、坐姿规范、蹲姿规范。

（1）项目简介：模拟客运服务人员工作场景，训练售票等不同情境下，站、坐、蹲的礼仪规范。

（2）实训指导：

① 站姿的规范：端正、稳重、自然。上身正直，头正目平，挺胸收腹，双手自然下垂或体前相握，两脚并拢，不叉腰、抱膀、抖腿或把手放在口袋内。

② 坐姿规范：目光正视乘客，身体挺直，双腿并拢，不跷二郎腿，不趴桌，不倚靠。

③ 蹲姿规范：上身挺直，两脚前后稍分、屈膝，不弯腰曲背、低头翘臀。

（3）实训步骤：

① 结合图片和视频示范了解客运服务人员站姿、坐姿、蹲姿的行为举止和规范。

② 学生结合情景进行模拟练习。

③ 点评讲解。

（4）使用设备：车站模型（站厅层的票亭凳子、闸机）。

（5）注意事项：不同情境下站姿、坐姿、蹲姿有所不同。

（四）项目四：车站客运岗位作业标准

1. 售票兑零作业标准

掌握充值兑零作业服务标准和技巧，熟悉客服售票兑零标准操作流程和标准用语。

（1）项目简介：客服在遇到乘客问询时的行为举止和语言规范，应严格按照"一收，二唱，三操作，四找赎"的四部曲进行操作。

（2）实训步骤：

① 示范售票员工作时的行为举止和语言规范。

② 学生结合情景模拟练习。

③ 点评讲解。

（3）实训指导。

四部曲：一收二唱三操作四找赎（或兑零），见图6.2。

一收：收取乘客的钱时，应大声说出收取的金额并将钱放在乘客可视的范围内。

二唱：说出所收的金额及操作步骤，并与乘客确认所办理的业务。

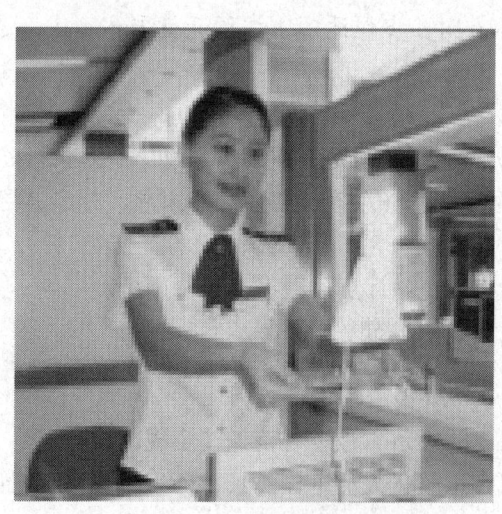

图6.2 "四部曲"（1）

三操作：严格按步骤操作，并用高手位提醒乘客确认乘客显示屏。

四找赎：纸币应逐张清点、扇形摆放在桌面向乘客展示并与乘客共同确认，硬币垒成柱状叠放在纸币上，双手一起把票卡、钱币轻放在凹槽里，并用中手势示意乘客收好。

（4）使用设备：车站模型（票亭BOM、闸机、站台、站厅）。

（5）注意事项：

言语："收您××元""找您××元，请您清点确认""您充值××元，已经办理完毕，请确认核对"。

行为：尽量以双手收找钱或票。检验大额钞票；在BOM上操作处理；请乘客在BOM显示屏上确认。

切忌：埋头操作；将钱或票扔入窗口凹槽内；在整个过程一言不发。

图6.3 "四部曲"（2）

2. 问询作业标准

掌握问询作业服务的标准和技巧，掌握站务人员对处理乘客问题时的标准操作流程和标准用语。

（1）项目简介：模拟客服人员工作场景，训练客服使其掌握对处理乘客问询时的标准操作流程和标准用语。

（2）实训步骤：

① 示范客服在遇到乘客问询时的行为举止和语言规范。

② 结合情景让学生模拟练习。

③ 点评讲解。

（3）实训指导。

基本要求：

仔细聆听顾客的询问，耐心的听取乘客的意见；在乘客说话时，保持眼神接触，并且点头表示明白或给予适当回应。应主动问好，耐心及有礼貌的向他们收集信息，弄清乘客的需要，解决乘客遇到的问题，如未听清乘客的需要，必须有礼貌地说："对不起，麻烦您再讲一遍。"应遵循"一迎，二听，三答"的原则。

"一迎"：微笑迎接乘客的问询。

"二听"：认真听完乘客的提问。

"三答"：耐心回答乘客的问题。

3. 查看证件作业标准

掌握查看证件作业服务标准和技巧，厅巡在查看乘客证件时的标准操作流程和标准用语。

（1）项目简介：模拟厅巡工作场景，训练厅巡使其掌握在查看乘客证件时的标准操作流程和标准用语。

（2）实训步骤：

① 示范厅巡岗在需要查看乘客证件时的行为举止和语言规范。

② 结合情景让学生模拟练习。

③ 点评讲解。

（3）实训指导。

查看证件服务的基本要求：

① 熟知相应的票务政策（能否免费乘坐）。如：65岁周岁以上的老人和持《离休证》《残疾军人证》《伤残人民警察证》《残疾证》的人士等便享有免费乘坐的资格。

② 认真仔细查验，如实登记。

③ 对于持用伪造、涂改、盗用的车票等违章行为，按相关规定处理。

④ 使用设备：车站模型（票亭 BOM、闸机、站台、站厅）。

4. 关心安抚作业标准

掌握关心安抚作业的服务标准和技巧，熟悉站务人员在主动关心乘客和安抚乘客时的标准操作流程和标准用语。

（1）项目简介：模拟车站工作人员工作场景，训练站务员在主动关心乘客和安抚乘客时的标准操作流程和标准用语。

（2）实训步骤：

① 示范工作人员遇到需要关心和安抚的重点乘客时的行为和语言规范。

② 结合情景让学生模拟练习。

③ 点评讲解。

（3）实训指导：

① 关心安抚的基本要求：

对老、弱、病、残、孕等特殊乘客，应提供必要的服务，帮助其顺利乘车。

发现走失的儿童、无人监护的智障人员，站务人员应设法联系其监护人或报警。

通过车站设置的无障碍设施设备，为有需要的乘客提供方便。

② 关心安抚服务标准：

言语："请问您觉得哪里不舒服？""您先坐下休息一下，车站同事会立刻来帮您""请问这位先生/女士可不可以帮下忙？"

行为：亲切慰问及给予适当照顾；安排乘客在安全的地方休息或让其等待进一步协助；礼貌地请求其他乘客协助；在旁边陪护和安抚；经乘客同意，通知其家属或拨打120。

关心安抚的基本程序应遵循"一观，二问，三帮"的原则。

一观：注意观察周围有困难的乘客。

二问：主动上前询问有困难乘客情况。

三帮：主动提供帮助。

5. 礼貌劝阻作业标准

掌握礼貌劝阻作业服务标准和技巧，站务人员劝阻乘客时的标准操作流程和标准用语。

（1）项目简介：模拟车站工作人员工作场景，训练站务员劝阻乘客时的标准操作流程和标准用语。

（2）实训步骤：

① 示范工作人员遇到需要对乘客的某些行为进行劝阻时的标准操作流程和语言。

② 结合情景让学生模拟练习。

③ 点评讲解。

(3）实训指导：

言语："对不起/不好意思""为了您本身和其他乘客的安全""根据地铁运营条例，地铁车站内是不可以…""请您站起来，好吗？""麻烦您把行李/物件放在一边，好吗？""请您合作一下。"

行为：有礼貌地提出劝谕；悉心讲解所造成的影响；提出合理而令人信服的理由；以手掌指着有关标志；友善地说明条例有关规定；礼貌地要求对方合作。

例如：面对携带物品超长、超重、超大、三品；依靠屏蔽门，在站内穿溜冰鞋、滑板等情况时。

切忌：讥讽/责骂乘客，令对方感到尴尬；喝令或指责乘客。

（4）使用设备：车站模型（票亭 BOM、闸机、站台、站厅）。

（5）实训注意事项：关心安抚的基本程序应遵循"一观，二问，三帮"的原则。

六、考核标准（见表 6.2）

表 6.2 考核标准

序号	考核内容	考核标准	评分标准	考试形式
1	作业技能（占综合成绩的 50%）	技能考核，要求正确处理各种实际问题。（注：按时、按质、按量完成各项实训任务，按规定要求完成实训任务后，方有资格参加技能测试，成绩以过程考核为准）	满分 100 分，以下为各项目评分标准 项目一：日常客流组织工作 （占实训成绩 25%） （1）独立思考、按时、正确地完成实作任务，能快速准确结合不同的站形，不同的客运设备的配置，绘制实际车站的进站、出站、换乘客流流线图；能够合理布置站外、站厅、站台导向标识；能够作为组长领导组员讨论各种客流流线，制定客流组织方案，完成日常流组织工作演练岗位分配。〔90～100 分〕 （2）认真思考、按时、正确地完成任务，较好地掌握进站、出站、换乘客流流线图；能够合理布置站外、站厅、站台导向标识；能够配合组长参与讨论各种客流流线，协助组长制定客流组织方案，参与完成日常客流组织工作演练岗位分配。〔80～89 分〕 （3）按时、正确地完成任务，基本掌握进站、出站、换乘客流流线图；能够合理布置站外、站厅、站台导向标识；能听从组长岗位安排，完成日常客流组织工作演练。〔70～79 分〕 （4）按时、基本正确地完成任务，基本掌握进站、出站、换乘客流流线图；能够合理布置站外、站厅、站台导向标识；能听从组长岗位安排，完成日常客流组织工作演练。〔60～69 分〕	实训项目完成情况过程性考核，并需提交书面成果：《车站客运组织与服务工作实训任务书》完成版

续表

序号	考核内容	考核标准	评分标准	考试形式
1	作业技能（占综合成绩的50%）	技能考核，要求正确处理各种实际问题。（注：按时、按质、按量完成各项实训任务，按规定要求完成实训任务后，方有资格参加技能测试，成绩以过程考核为准）	（5）不能按时、正确地完成任务，未能掌握进站、出站、换乘客流流线图；未能布置站外、站厅、站台导向标识；在日常客流组织工作演练中角色混乱，不听从安排。〔0~59分〕 项目二：非正常情况客运组织工作 （占实训成绩25%） （1）独立思考、按时、正确地完成实作任务，能良好掌握车站大客流控制方法，车站突发事件客流组织方法，以及PSD操作及故障应急处理方法。能够作为组长领导组员讨论车站突发事件处理方法，制定客流组织方案，完成演练，效果良好。〔90~100分〕 （2）认真思考、按时、正确地完成任务，较好地掌握车站大客流控制方法，车站突发事件客流组织方法，以及PSD操作及故障应急处理方法。能够积极参与讨论车站突发事件处理方法，制定客流组织方案，完成演练，效果良好。〔80~89分〕 （3）按时、正确地完成任务，基本掌握车站大客流控制方法，车站突发事件客流组织方法，以及PSD操作及故障应急处理方法。能参与讨论车站突发事件处理方法，制定客流组织方案，完成演练，效果一般。〔70~79分〕 （4）按时、基本正确地完成任务，基本掌握车站大客流控制方法，车站突发事件客流组织方法，以及PSD操作及故障应急处理方法。能够完成组长安排的演练，效果一般。〔60~69分〕 （5）不能按时、正确地完成任务，未能掌握车站大客流控制方法，车站突发事件客流组织方法，以及PSD操作及故障应急处理方法。未能参与演练，不听从安排。〔0~59分〕 项目三：车站客运服务礼仪 （占实训成绩25%） （1）独立思考、按时、正确地完成实作任务，能良好掌握客运服务人员仪容、仪表、仪态、礼仪、行走、站、坐等规范，能够作为组长领导组员讨论演练方案，并能将客运服务礼仪规范融入案例，效果良好。〔90~100分〕 （2）认真思考、按时、正确地完成任务，较好地掌握客运服务人员仪容、仪表、仪态、礼仪、行走、站、坐、规范，能够积极参与讨论小组演练方案，并能将客运服务礼仪规范融入案例，效果良好。〔80~89分〕	实训项目完成情况过程性考核，并需提交书面成果：《车站客运组织与服务工作实训任务书》完成版

续表

序号	考核内容	考核标准	评分标准	考试形式
1	作业技能（占综合成绩的50%）	技能考核，要求正确处理各种实际问题。（注：按时、按质、按量完成各项实训任务，按规定要求完成实训任务后，方有资格参加技能测试，成绩以过程考核为准）	（3）按时、正确地完成任务，基本掌握客运服务人员仪容、仪表、仪态、礼仪、行走、站、坐、规范，能够积极参与讨论小组演练方案，并能将客运服务礼仪规范融入案例，效果一般。〔70~79分〕 （4）按时、基本正确地完成任务，基本掌握客运服务人员仪容、仪表、仪态、礼仪、行走、站、坐、规范，能够参加组长分配的演练任务，效果一般。〔60~69分〕 （5）不能按时、正确地完成任务，未能掌握掌握客运服务人员仪容、仪表、仪态、礼仪、行走、站、坐、规范。未能参与演练，不听从安排。〔0~59分〕 项目四：车站客运岗位作业标准（占实训成绩25%） （1）独立思考、按时、正确地完成实作任务，能良好掌握客运岗位售票兑零、问询、查看证件、关心安抚、礼貌劝阻作业标准。能够作为组长领导组员讨论演练方案，并能在演练场景中体现售票兑零、问询、查看证件、关心安抚、礼貌劝阻的标准化作业，效果良好。〔90~100分〕 （2）认真思考、按时、正确地完成任务，较好地掌握客运岗位售票兑零、问询、查看证件、关心安抚、礼貌劝阻作业标准。能够积极参与讨论演练方案，并能在演练场景中体现售票兑零、问询、查看证件、关心安抚、礼貌劝阻的标准化作业，效果良好。80~89分〕 （3）按时、正确地完成任务，基本掌握客运岗位售票兑零、问询、查看证件、关心安抚、礼貌劝阻作业标准。能够参与讨论演练方案，并能在演练场景中体现售票兑零、问询、查看证件、关心安抚、礼貌劝阻标准化作业，效果一般。〔70~79分〕 （4）按时、基本正确地完成任务，基本掌握客运岗位售票兑零、问询、查看证件、关心安抚、礼貌劝阻的作业标准。能够完成组长分配的演练任务，但未能做到售票兑零、问询、查看证件、关心安抚、礼貌劝阻的标准化作业，效果一般。〔60~69分〕 （5）不能按时、正确地完成任务，未能掌握客运岗位售票兑零、问询、查看证件、关心安抚、礼貌劝阻作业标准。未能参与演练，不听从安排。〔0~59分〕	实训项目完成情况过程性考核，并需提交书面成果：《车站客运组织与服务工作实训任务书》完成版

续表

序号	考核内容	考核标准	评分标准	考试形式
2	平时成绩（占综合成绩的30%）	遵守学校的考勤制度，按时出勤。同时根据服务、安全、节能、环保等职业素养进行打分	满分100分 （1）平时考勤（占平时成绩50%，50分）：依据学校的考勤制度，对于有违章违纪现象采用倒扣分式的计分原则；迟到、早退、请假1次扣5分；旷课1次扣10分。扣完为止 （2）平时表现（占平时成绩50%，50分）：①在实训过程中保持积极向上的学习态度，在各方面均有成效，积极参与组织技能评比，遵章守纪，分工明确，有责任感，具有良好的团队协作精神，表现突出。（40~50分） ②能够比较认真地参加实训，能够开展交流与合作，态度较好但成效一般。（30~40分） ③职责不清，学习散漫，与小组成员之间缺乏有效的交流与合作。（0~30分）	日常考勤和平时检查情况评定
3	实训报告（占综合成绩的20%）	实训报告撰写质量；实训过程的独立完成情况；进度	满分100分 （1）较高质量地完成实训报告各项内容的撰写，具有较强的综合分析和归纳总结能力，并有一定的独立见解或创新，独立完成，进度快。〔90~100分〕 （2）全面良好地完成实训报告各项内容的撰写，具有一定的综合归纳总结能力，并有一定的独立见解或新意，能独立完成，进度符合要求。〔80~89分〕 （3）全面完成实训报告各项内容的撰写，具有基本的综合分析和归纳总结能力，并有自己的见解和分析，能和他人共同完成，进度稍滞后。〔70~79分〕 （4）基本按要求完成实训报告各项内容的撰写，能对实训进行综合分析和归纳，并有自己的实训体会和总结，能和他人共同完成，进度慢。〔60~69分〕 （5）不能按要求完成实训报告的撰写任务，内容和质量有较大欠缺，进度严重滞后。〔0~59分〕	提交书面实训报告
4	综合成绩	实训纪律、工作态度、专业技能、合作精神、综合素质	综合成绩中实训成绩占50%，平时成绩占30%，实训报告占20%。按总评成绩分数，分为：优秀（90~100分）、良好（80~89分）、中等（70~79分）、及格（60~69分）、不及格（0~59分）五级	综合评定

七、实训报告

按实训报告表完成实训报告各项内容的撰写，在撰写过程中应进行综合分析和归纳总结，并有一定的独立见解或创新，达到实训报告的要求。

《票务工作实训》整周实训指导书

适用专业	城市轨道交通运营管理	课程名称	票务工作实训	实训课时	56学时
编制执笔人	王丽娟	编制时间		年 月 日	

《城市轨道交通运营票务工作》整周实训项目目录

整周实训名称	分项目实训名称	课时数	实训目的	实训内容	主要仪器设备	备注
票务工作实训	项目一：自动售票机操作与管理	12	自动售票机的基本操作，掌握TVM的日常操作业务以及维护业务，通过模拟训练完成TVM补币、补票、回收钱作业情景	自动售票机日常操作的加币加票、清理废票、回收钱票、常见故障处理	自动售票机TVM	操作演练
	项目二：自动增值机操作与管理	4	自动增值机的基本操作，掌握AVM的功能、结构、日常操作业务以及维护业务，通过模拟训练完成AVM充值操作、更换钱箱和更换打印纸作业情景	自动增值机功能和结构、日常操作、常见故障处理	自动增值机AVM	操作演练
	项目三：半自动售票机操作与管理	8	半自动售票机的基本操作，掌握BOM的功能、结构、日常操作业务以及维护业务，通过模拟训练完成BOM作业情景	半自动售票机功能和结构、日常操作、常见故障处理	半自动售票机BOM	操作演练
	项目四：闸机操作与管理	4	闸机的基本操作，掌握闸机的功能、结构、日常操作业务以及维护业务，通过模拟训练完成闸机回收车票的作业情景	闸机功能和结构、回收车票作业、常见故障处理	闸机AGM	操作演练
	项目五：填报票务报表	8	熟悉票务报表填写的规范，能够依据不同的作业情景对应填写票务报表	报表填写规定，OP101、OP102、OP103、OP105的填写，以及报表综合实训	OP101 OP102 OP103 OP105	
	项目六：车票和现金的管理	8	熟悉车票和现金管理流程，会车票和现金的清点工作和不同的封装方式，能够识别假币和模拟处理收到假币的情景	车票和现金的管理规定、车票和现金清点、封装和识别	车票和模拟点钞币点票机点钞机	分组模拟演练
	项目七：票务作业	8	在了解票务政策的基础上，进一步训练票务相关作业：售票作业、检票作业、乘客票务处理以及非正常运营模式下票务处理，模拟演练售票员的作业情景	售票作业、检票作业、乘客票务处理、非正常运营模式票务处理	车站AFC终端设备和SC	分组模拟演练
	技能测试	4	学习效果测试	技能考核		

一、实训目的

本课程是高职城市轨道交通运营管理专业的一门综合实践性课程。通过本技能训练，使学生在理论教学的基础上，综合运用专业理论知识，掌握城市轨道交通票务工作综合演练的基本知识和技能，提高动手能力和解决实际问题的能力，以便更好地适应客运岗位的需求。

二、实训任务（见表 7.1）

表 7.1 实训任务列表

实训项目	单项任务	实训任务要求
项目一：自动售票机操作与管理	TVM 加币加票	学会 TVM 日常操作（加币加票）作业标准，熟练掌握加币加票作业过程
	TVM 清理废票	学会 TVM 日常操作（清理废票）作业标准，熟练掌握清理废票作业过程
	TVM 回收钱票	学会 TVM 日常操作（回收钱票）作业标准，熟练掌握回收钱票作业过程
	TVM 简单故障处理	能够处理自动售票机常见故障（如开机无显示、暂停服务、卡币、卡票等）
项目二：自动充值机操作与管理	AVM 回收钱箱	学会 AVM 日常操作（回收钱箱）作业标准，熟练掌握回收钱箱作业过程
	AVM 简单故障处理	能够处理自动增值机常见故障（如只接收纸币方式、设备报警等）
项目三：半自动售票机操作与管理	BOM 售票业务	熟练操作 BOM 按站点售票和按金额售票两种作业方式
	BOM 充值业务	熟练操作 BOM 不同金额的充值业务
	BOM 异常车票处理	会处理非付费区和付费区各类异常车票的处理作业
项目四：闸机操作与管理	AGM 回收车票作业	学会 AGM 回收车票作业标准，熟练掌握闸机回收车票作业过程
	AGM 简单故障处理	能够处理闸机常见故障（如开机无显示、暂停服务等）
项目五：填报票务报表	OP101、OP102 填写	依据售票员不同作业情景，规范填写 OP101、OP102
	OP103、OP105 填写	依据售票员不同作业情景，规范填写 OP103、OP105
	报表综合实训	依据票务作业情景，规范填写与票务情景相关的各类报表
项目六：车票和现金的管理	车票的清点和封装	快速清点准备的车票，并能用不同的加封方式封装车票
	现金的清点和封装	快速清点准备的现金，并能用不同的加封方式封装现金

续表

实训项目	单项任务	实训任务要求
项目七：票务作业	售票作业	明确售票作业内容，明确售票作业程序，演练售票作业过程
	检票作业	明确检票作业内容，明确检票作业程序，演练检票作业过程
	乘客票务处理	明确乘客票务事务处理规定，处理各类乘客票务事务
	非正常运营模式下票务处理	掌握不同的情景的票务应急处理过程和方法，并能够进行非正常情况下的票务应急处理
实训考核	技能测试	考核实训学习情况，促进同学巩固票务各项技能训练

三、实训预备知识

在进行票务工作综合演练实训前，应事先重点学习《城市轨道交通运营票务工作》课程中票务管理、票务组织、票务安全等相关内容，并参阅《城市轨道交通车站票务管理》《城市轨道交通车站客运服务》《站务人员》《票务项目应知应会》《票务管理规定》《车站票务运作手册》等相关票务规章、书籍。

四、实训仪器仪表使用、实训操作安全注意事项

实训设备的使用必须严格遵循实训中心管理制度，需要使用到的实训设备有：AFC系统设备（自动售票机TVM、自动充值机AVM、自动查询机TCM、自动检票机TCM、半自动售票机BOM等），票务相关报表，票务备品以及模拟站厅层等，实训操作过程中必须严格按照设备操作的标准程序要求。

五、实训的组织管理

以班级为单位组织实训，视实训项目内容和实训条件也可以进行分组训练，在实训过程中鼓励同学们互相提出问题、讨论分析问题、共同解决问题。

实训进程安排如表7.2所示。

表7.2 实训进程安排

实训项目	实训时间		实训单项	实训学时数	实训指导老师
	星期	节次			
第×周					
项目一：自动售票机操作与管理	一	1-4	TVM加币加票	4	操作演练
	一	5-6	TVM清理废票	2	操作演练
	二	1-4	TVM回收钱票	4	操作演练
	二	5-6	TVM简单故障处理	2	

续表

实训项目	实训时间		实训单项	实训学时数	实训指导老师
	星期	节次			
第×周					
项目二：自动充值机操作与管理	三	1-2	AVM 回收钱箱	2	操作演练
	三	3-4	AVM 简单故障处理	2	
项目三：半自动售票机操作与管理	三	5-6	BOM 售票业务	2	操作演练
	四	1-3	BOM 充值业务	2	操作演练
	四	4-6	BOM 异常车票处理	4	操作演练
项目四：闸机操作与管理	五	1-2	AG 回收车票作业	2	操作演练
	五	3-4	AG 简单故障处理	2	
第×周					
项目五：填报票务报表	一	1-4	OP101、OP102 填写	4	
	一	5-6	OP103、OP105 填写	2	
	二	1-2	报表综合实训	2	
项目六：车票和现金的管理	二	4-6	车票的清点和封装	4	分组演练
	三	1-4	现金的清点和封装	4	分组演练
项目七：票务作业	三	5-6	售票作业	2	分组演练
	四	1-2	检票作业	2	分组演练
	四	3-4	乘客票务处理	2	
	四	5-6	非正常运营模式票务处理	2	
实训考核	五	1-4	技能测试	4	

六、实训项目简介、指导与注意事项

（一）项目一：TVM 操作与管理

1. 项目简介

自动售票机（TVM）的日常操作和简单故障处理，主要训练 TVM 补币、补票、回收钱票、清理废票、AVM 回收钱箱作业。

2. 实训指导

（1）TVM 补币、补票作业标准。

① 作业前准备。

作业工具、器具的准备：钱箱票箱装载车 1 部、AFC 钥匙 1 套、硬币钱箱、单程票票箱、《TVM 加币/补币记录表》和《TVM 加票回收记录表》。

② 作业步骤及标准见表7.3。

表7.3 TVM补币、补票作业步骤及标准

系统登录	作业准备：准备好足够数量的硬币、单程票并装入硬币钱箱、单程票票箱，到达需要补币、补票的TVM前，设置暂停服务牌
	开门操作：打开售票机房门，用钥匙打开设备后维护门
	系统登录：在维护单元输入用户名和密码，系统登录成功
补币操作	补充硬币：选择"日常操作（1）"，再选择"补充5角硬币（1）"或"补充1元硬币（3）"进入到补充硬币操作界面，并将加币箱放入到备用箱机构上方
	数量确认：在加币界面中选择"F3"并输入需要加币的数量，确认输入数量正确后，选择"F4"，再选择"是（1）"确认操作
补票操作	补充单程票：选择"日常操作（1）"，再选择"补充单程票1（2）"或"补充单程票2（4）"，进入到补充单程票的操作界面，并将补票箱放到对应票箱机构上方
	数量确认：在补充单程票的操作界面中选择"F3"并输入需要加票的数量，确认输入数量正确后，选择"F4"后，再选择"是（1）"确认操作
系统退出	退出系统：补币、补票完毕后，选择"ESC"退至主菜单后，选择"注销退出（9）"，再选择"是（1）"确认操作，关闭后维护门，确认整机状态恢复正常，撤除暂停服务牌，操作结束

③《TVM加票回收记录表》填表说明：

a. 报表填写人：客运值班员（另一人须签名确认）。

b. 加票、回收时间：24小时制（格式如：07：00、14：30）。

c. TVM号码：按每次加单程票的TVM设备编号填写。

d. 加票数：每次TVM加的单程票数量。

e. TVM号码：按每次TVM回收单程票的设备编号填写。

f. 回收箱机器读数（张）：按照TVM上的机器读数直接填写。

g. 回收箱实点数（张）和废票箱实点数（张）：按人工清点的回收箱数量或废票箱数量直接填写。

（2）TVM清理废票作业标准。

① 登录后维护。

② 操作界面操作：

a. 根据"主菜单"界面标记"日常操作"的快捷键"1"，在维护键盘上点击相应的数字键"1"，进入"日常操作"界面。

b. 根据"日常操作"界面显示"清理废票箱"的快捷键"9"，在维护键上按数字键"9"，进入"清理废票箱"界面。

③ 废票箱的取出与装入。

a. 把挡板向上拨起，抽出废票箱。

b. 用钥匙打开废票箱盖，清出废票。

c. 把拨杆往上拨，合上废票箱盖并锁上。

d. 把废票箱推进废票箱座，并拨下挡板。

④ 完成废票箱更换。

a. 装入空废票箱后,在维护键盘上按 F4 键,弹出确认提示框,再按"1"键或"Enter"键确认更换好废票箱并清零写入退出。

b. 退出后维护,关闭后维护门,并确认整机状态恢复正常,操作结束。

(3) TVM 回收钱、票作业标准。

① 作业前准备。

作业工具、器具的准备:钱箱票箱装载车 1 部、AFC 钥匙 1 套、纸币钱箱、硬币回收箱、单程票票箱、单程票回收箱、TVM(AVM)钱箱更换清点记录表(纸币)、TVM 钱箱更换清点记录表(硬币)。

② 作业步骤及标准见表 7.4。

表 7.4 TVM 回收钱、票作业步骤及标准

系统登录	作业准备:准备好足够数量的钱箱、票箱,到达需要回收的 TVM 前,设置暂停服务牌	
	开门操作:用 TVM 后门钥匙打开后维护门	
	系统登录:TVM 在维护单元第一次登录,输入用户名和密码,系统登录成功,进入"维护菜单"界面	
TVM 纸币钱箱回收	二次登录:在维护面板选择"更换纸币钱箱",输入另一用户名和密码,正确登录钱箱后,会显示钱箱里面纸币的数量及金额信息等相关数据	
	查询、记录:按 F2 键界面会显示钱箱的电子 ID 号,在《TVM(AVM)钱箱更换/清点记录表》记录电子 ID 号及金额,维护单元显示"请尽快更换钱箱 超时将注销"	
	更换纸币钱箱:将钱箱的压杆由右侧拨到左侧打开压杆,将钥匙插入右上角的锁,顺时针旋转钥匙,抽出纸币钱箱,再将空钱箱装入钱箱座,更换后要保证空钱箱正确到位,将钥匙插入右上角的锁,逆时针旋转钥匙上锁后把钱箱的压杆由左侧拨到右侧	
TVM 硬币钱箱回收	清硬币:在维护面板上,选择"日常操作""盘点"后,分别选择"伍角循环箱""伍角备用箱""壹元循环箱""壹元备用箱",并通过选择"F2"来启动盘点;(在运营结束后按"下班盘点"键后按"确定"键可自动完成硬币、车票的清点)	
	查询、记录:在"维护菜单"界面中选择"日常操作"界面,选择"更换硬币回收箱",在弹出的登录框中输入另一用户名和密码,进入更换硬币回收的操作界面。在该操作界面上显示了硬币的数量信息,选择"F2"读取硬币钱箱 ID,将硬币金额及硬币钱箱 ID 记录在《TVM(AVM)钱箱更换/清点记录表》	
	更换硬币回收箱:选择"F4"写入,取出硬币回收箱,将准备好的空硬币回收箱归位	
TVM 单程票回收	清单程票:在"维护菜单"界面选择"日常操作"、"盘点"进入到盘点操作界面,在维护键盘上按"2"进入单程票箱 1 盘点界面,或按"4"进入单程票箱 2 盘点界面,再选择"F2 启动"执行票箱盘点,盘点完成后会显示实际盘点数;(在运营结束后按"下班盘点"键后按"确定"键可自动完成硬币、车票的清点)	
	查询、记录:待单程票全部掉入单程票回收箱后,在维护面板中选择"日常操作""更换回收票箱",再选择"F2"读取单程票回收箱电子 ID 号,将单程票数量及电子 ID 号记录在《TVM 加票回收记录表》上	
	更换单程票回收箱:选择"F4"写入,然后取出单程票回收箱,将准备好的空单程票回收箱归位	
系统退出	系统退出:TVM 钱箱、票更换回收完毕后,在维护键盘上按"ESC"键注销退出菜单,关闭后维护门,确认整机状态恢复正常后,撤除暂停服务牌	

③《TVM（AVM）钱箱更换清点记录表（纸币/硬币）》填表说明。
a. 报表填写人：客运值班员（另一人须签名确认）。
b. 时间：按照（格式如：07：00、14：30）的格式填写。
c. TVM（AVM）号码：填写设备编号。
d. 钱箱号码：填写钱箱编号。
e. 机器读数：填写设备的电子读数。
f. "实点金额"根据实际清点的金额填写。
g. 差异金额＝"实点金额"－"机器读数"，如果不为零，则需填写备注。
h. 钱箱总数：当日更换的钱箱数量的合计数。
i. 金额合计：机器读数合计数、实点金额合计数、差异金额合计数。
（4）TVM简单故障处理（见表7.5）。

表7.5 TVM简单故障处理

序号	故障现象	可能的故障原因	解决方法
1	开机无显示	无电源输入	检查电源及显示器、部件连接或联系专业维护人员
		部件连接异常	
2	提示暂停服务（非上级系统控制）	单程票处理单元异常	首先检查部件电源及通信连接或联系专业维护人员
		硬币单元和纸币单元同时异常	
		后维护门在开启状态或后维护门状态检测传感器异常	首先关闭后维护门或联系专业维护人员
		连续出废票	首先登录后维护再退出或联系专业维护人员
3	提示只接收硬币	纸币识别单元异常或找零硬币不足	先维持此方式运行，并联系专业维护人员或站务人员
		纸币钱箱满或离位	
4	操作界面显示器没有画面信息	主控程序未启动	启动主控程序
5	登录不成功	维护单元与主机的连接线故障	检查连接或联系专业维护人员
		维护单元硬件故障	检查连接或联系专业维护人员
		输入密码错误	重新输入
6	设备报警	未在限定时间内登录	重新登录
		三次登录均失败	人工重新验证用户信息，在输入操作密码重新登录
		未进行更换钱箱的登录而直接挪走钱箱	人工重新验证用户信息，输入操作密码重新登录，再按正规流程进行更换钱箱操作
		更换钱箱后未归位	重新归位并确认完成

续表

序号	故障现象	可能的故障原因	解决方法
7	未完成购票操作而钱币被退出	操作超时	重新进行购票操作
8	卡票	出票漏斗（也称歪嘴）处卡票	拧开出票漏斗（也称歪嘴）滚花螺丝，打开漏斗取出被夹的票
8	卡票	电磁铁闸口处	用非金属物体拨动通道或电磁铁闸门，让票进废票箱或出票口
8	卡票	出票通道和金属通道衔接处	轻轻向后拉开 TDU 模块，取出被夹的票，再将 TDU 推到位
9	卡币	出票找零口处	直接取出
9	卡币	Hopper 内	上报专业维护人员处理
9	卡币	鉴币器入口处	通过维护命令，使硬币退到出票找零口
9	卡币	鉴币器内	上报专业维护人员处理
9	卡币	其他位置	上报专业维护人员处理
10	纸币被夹	纸币有可能被夹在纸币单元内	上报专业维护人员处理
11	硬币回收箱不能推到位	箱盖内的复位销未拨到上位	把箱盖内的复位销拨到上位，再装入
12	纸币钱箱不能上锁	推进时纸币钱箱指示灯为红色	打开纸币钱箱侧盖再锁上，此时应指示绿灯；轻轻把纸币钱箱推到位；锁紧纸币钱箱，此时应指示红灯，完毕

3. 注意事项

TVM 的日常操作和维护作业必须双人进行，其中一人必须是客运值班员，相应报表填写应符合相关规定。

（二）项目二：自动增值机操作与管理

1. 项目简介

自动增值机的基本操作，模拟训练 AVM 充值操作、更换钱箱和更换打印纸的作业情景。

2. 实训指导

自动充值机安装在地铁车站的非付费区内，用于乘客对储值票进行充值的自助办理。

（1）更换钱箱。

① 功能描述。

当需要更换纸币钱箱时，以空的纸币钱箱更换设备内的当前纸币钱箱。

② 更换纸币钱箱操作总流程。

a. 登录后维护。

b. 维护菜单界面操作。

c. 纸币钱箱的取出与装入。

d. 完成纸币钱箱的更换。

③ 更换钱箱注意事项。

a. 未进行更换钱箱登录身份确认（输入用户名及操作密码），而直接取出钱箱，设备将报警并上传信息。

b. 用户必须在限定的时间内移走钱箱，否则将自动注销当前登录信息。

c. 当用户移走纸币钱箱后必须在限定的时间内把新纸币钱箱归位，否则将报警。

d. 把空钱箱装入后要把压杆压下去。

e. 更换完钱箱后应按"确认"键结束操作。

（2）更换打印纸。

① 功能描述。

当需要更换打印纸时，以新的打印纸卷更换设备内的当前打印纸卷。

② 更换打印纸操作总流程。

a. 登录后维护。

b. 拉出打印处理模块。

c. 更换打印纸后使模块归位。

d. 完成打印纸的更换。

③ 具体操作流程。

a. 用钥匙打开后维护门，乘客显示器显示"暂停服务"。

b. 拉出维护面板，通过维护键盘输入合法的用户名/密码，并按"Enter"键。

c. 按下打印处理模块拖链锁钮并拉出打印处理模块，取下打印纸。

d. 从纸筒中抽出轴承，并套上新的打印纸卷。

e. 自下而上拉出打印纸并将纸头嵌入打印口，打印处理模块自动进纸、切纸。

f. 把打印处理模块归位。

g. 注销登录，关闭后维护门，并确认自动充值机恢复正常工作状态，操作结束。

④ 更换打印纸注意事项。

注意拉出打印纸的方向不能弄反，否则容易卡纸。

（3）AVM 简单故障处理（见表 7.6）。

表 7.6　AVM 简单故障处理

类别	故障现象	可能的故障原因	解决方法
运营操作	开机无显示	无电源输入	检查电源及显示器、部件连接或联系专业维护人员
		显示部件连接异常	
	提示暂停服务（非上级系统控制）	储值票机构异常	检查部件电源及通信连接或联系专业维护人员
		银行卡处理单元和纸币处理单元同时异常	
		后维护门在开启状态或后维护门状态检测传感器异常	关闭后维护门或联系专业维护人员

续表

类别	故障现象	可能的故障原因	解决方法
运营操作	提示只接收纸币方式	银行卡处理单元异常	维持此方式运行,并联系专业维护人员
运营操作	提示只接收银行卡	纸币钱箱满或纸币处理单元故障	维持此方式运行,更换纸币钱箱或联系专业维护人员
运营操作	维护单元显示通信故障	维护单元与主机的连接线故障	检查连接或联系专业维护人员
运营操作	维护单元显示通信故障	维护单元硬件故障	检查连接或联系专业维护人员
运营操作	登录不成功	输入用户名或密码错误	重新输入
运营操作	设备报警	未在限定时间内登录	重新登录
运营操作	设备报警	三次登录均失败	人工重新验证用户名和操作密码
运营操作	设备报警	未进行更换钱箱登录而直接挪走钱箱	再次登录,输入用户名和操作密码
运营操作	设备报警	更换钱箱后未归位,完成未确认	重新归位并确认完成
运营操作	后维护键盘无法使用	后维护键盘不通电	拔出键盘的 USB 接口再重新接上
充值操作	充值操作过程中设备充值方式改变或暂停服务	储值票传送机构故障	直接联系客服中心
充值操作	充值操作过程中设备充值方式改变或暂停服务	银行卡处理和纸币处理单元同时故障	直接联系客服中心
充值操作	未完成充值而卡解锁	操作超时	重新进行充值操作
充值操作	纸币充值中不再接收纸币	卡内金额已超过最大极限值或充值余额不足一次充值	结束纸币充值
充值操作	纸币被退出	非 50 元、100 元人民币或假币、残币、不平整币等	换张较为平整的纸币再试
充值操作	储值卡锁卡机构未解锁	异常储值票卡	直接联系客服中心
充值操作	提示不能打印票据	打印机模块出错或损坏	检查部件电源及通信连接或联系专业维护人员
充值操作	提示不能打印票据	打印机连接异常	检查部件电源及通信连接或联系专业维护人员
充值操作	提示不能打印票据	缺少打印纸	更换打印纸

3. 实训注意事项

AVM 的日常操作和维护作业必须双人进行,其中一人必须是客运值班员。

(三)项目三:半自动售票机操作与管理

1. 项目简介

半自动售票机的基本操作,掌握 BOM 的日常操作业务以及维护业务,模拟训练完成 BOM 作业情景。

2. 实训指导

半自动售票机是系统业务功能较为齐全的终端设备,它能实现系统的多种业务,包括售卡、卡充值、退卡、换卡、挂失、退余额、异常卡处理、卡的信用设置、卡资料更改以及卡的密码设置等，还能实现一些行政业务方面的处理。

（1）半自动售票机部件功能说明。

① 主控单元功能。

工控机作为半自动售票机的主控单元，是整个系统的控制核心，其功能包括数据处理、网络通信、显示等，它与车站 AFC 系统或中心 AFC 系统通过以太网连接，进行数据交换。底层控制单元通过串行端口（RS-232）实现数据交换。

② 操作员显示器功能。

操作员显示器主要用于给票亭里的操作员显示操作提示信息及相关操作指引信息等，引导操作员完成相关票务操作。

③ 乘客显示器功能。

乘客显示器主要用于给乘客显示设备运行状态、充值信息、票务信息、提示信息等。

④ 桌面读写器功能。

桌面读写器由车站工作人员操作，主要是对乘客的单程票、储值票、深圳通等票卡进行查询、充值、读写等处理。

⑤ 票据打印机功能。

半自动售票机通过票据打印机为乘客提供充值交易凭据，能够打印中、英文字体。票据打印机采用针式打印机，具有多联打印功能。

⑥ 钱箱功能。

钱箱主要用于存放纸币、硬币等，带电磁锁，可通过信号驱动自动弹开，也可以用钥匙手动打开钱箱。

⑦ 对讲装置功能。

实现操作员与乘客之间的双方对话扩音功能。

⑧ 电源箱功能。

电源箱是设备的配电、电源转换单元，为设备内部各个模块提供电源。

（2）日常操作。

① 售卡。

BOM 具有售票功能，能够发行系统允许发行的各类车票。车票的种类包括：单程票、储值票、计次票、定期票及将来可能发行的各类 IC 票卡。BOM 只能将新初始化或回收处理后的卡出售给客户。

② 充值。

BOM 具有增值功能，它可以对储值票进行增值。与增值相关的参数有：可增值的票种、增值上/下限等，所有参数必须由中心下发到 BOM，并与中心保持一致。

对于可透支的储值票，增值时应从增值额中扣除透支额。对于计次类车票只可选择由系统参数设定的金额。

③ 车票异常处理。

用于对不能正常进、出站的票卡进行读卡分析，并根据分析得出的异常原因进行相应处理或给出解决方式。四种可能的异常原因为非付费区"票卡为已入站状态"；付费区"余额不足"；"滞留超时"；"无有效票卡"，其中只有"无有效票卡"（不能出示有效票卡等）可以由人工确定，其余的必须是通过"读卡分析"来确定。操作步骤如下：

a. 选择主菜单中的"异常处理"。

b. 系统显示"异常处理"界面。

c. 选择所在区域："付费区"或"非付费区"。

d. 点击"读卡分析"，在"卡基本信息"框中显示卡的基本信息。

e. 然后点击异常处理。

④ 验卡。

用于检验卡是否合法，并显示卡的详细资料及其交易情况。对于非系统卡，系统不能读出卡内信息，并给出错误提示信息；对于卡内数据有异常，在数据显示时会对异常数据做出标记。操作步骤如下：

a. 在业务面板上，将单程票或储值票放在外置读卡器上。

b. 读卡，对卡数据进行校验，对于非本系统的卡，系统不能读出卡内信息，并给出错误提示信息，对于是本系统的卡，可以读出卡内信息，如果卡内数据有异常，在显示数据时会对异常数据做出标记。

c. 如果要继续验卡，则换另一张卡，系统会自动继续检验该卡，不需关闭验卡界面。

d. 按"返回"后窗口关闭。

⑤ 售团体票。

事务处理时，可以售团体票，可以根据需要选择不同的张数，发售团体票。具体操作步骤如下：

a. 进入行政事务处理主界面。

b. 点击"售团体票"，进入售团体票界面。

c. 操作员根据乘客的说明，选择对应的站点和张数，系统自动计算出相应的金额。

d. 点击确定按钮。

⑥ 退票退款。

退票即退卡，退票后该车票即回收，不可再使用，上交票务中心重新处理。

BOM退票功能按实际票务政策，通过参数设置，退票分为即时退票、非即时退票和不可退卡三种情况，在办理退票前，应当对车票进行有效性分析，检查车票的合法性和车票状态。车票是否允许退还，由该票卡的属性决定。对于车票内部编码信息未被损坏，且符合即时退票条件的则办理即时退票手续，否则办理非即时退票手续。

对单程票为即时退票，对其他票都设计为非即时退票，对于能读出卡信息的票，根据读出的卡信息打印单据给乘客。不能读写的票，由人工填写单据，乘客凭单据到车站客服中心或其他机构办理退票收款。

⑦ 售行李票。

当乘客携带超过地铁运营公司运营规定的行李（如超重）时，票务处理机可以对乘客发售行李票，售票员根据运营政策规定，发售一定金额的行李票，并打印小票凭证。

操作步骤：

a. 进入行政事务处理主界面。

b. 点击"售行李票"按钮,显示操作界面。

c. 选择目的地站点,系统会自动计算对应的金额。

d. 点击确定按钮。

⑧ 补收票款。

票务处理机可以根据地铁运营公司票务管理规定合理收取因乘客违章带来的地铁运营收入的损失,以及解决票务纠纷问题,如儿童超高、遗失车票、一卡多用、无票乘车、卡余额不足且不增值、闸门误用、车票失效等。

操作步骤:

a. 进入行政事务处理主界面。

b. 点击"补收票款",进入补收票款界面。

c. 操作员根据乘客的说明,选择对应的原因,系统自动计算出相应的金额。

d. 点击确定按钮。

⑨ 乘客事务退款。

票务处理机可以解决由于自动售检票设备故障带来的票务纠纷,向乘客退还乘客的损失,如由 TVM 卡币、TVM 卡票、TVM 少找币、TVM 少出票、设备发售无效票、设备增值失败等原因造成乘客的损失。具体操作步骤:

a. 进入行政事务处理主界面。

b. 点击"乘客退款",进入乘客退款界面。

c. 操作员根据乘客的说明,选择对应的原因,系统自动计算出相应的金额。

d. 点击确定按钮。

(3) BOM 简单故障处理(见表 7.7)。

表 7.7 BOM 简单故障处理

序号	故障现象	原因分析	故障处理
1	设备无法上电,上电马上跳闸	设备内有短路、过载或漏电现象	检查并排除设备内短路、过载或漏电故障
2	设备上电,不启动,设备无反应	电源线路接插不好,有开路	检查电源线路,排除开路
3	设备能上电无法启动	工控机操作系统损坏	重新安装操作系统
		工控机硬件故障	修复或更换工控机
		运营软件损坏	修复或重新安装运营软件
		运营软件参数配置错误	修正运营软件参数配置
		病毒引起	杀毒
		工控机电源线太细,电源线上消耗的截面积电压较大,导致工控机启动电压不足	更换线径更粗(推荐 2.5 mm^2)且线材电阻率更低的电源线,并要求厂家把工控机电源的 5 V 电压适当调高

续表

序号	故障现象	原因分析	故障处理
4	读写器刷卡无反应	桌面读写器存在读写盲区或读写器损坏	修复或更换桌面读写器
		桌面读写器SIM卡损坏	更换SIM卡
		桌面读写器接线松脱	检查并插牢桌面读写器接线
		运营软件损坏	修复或重新安装运营软件
		运营软件参数配置错误	修正运营软件参数配置
5	显示器异常	电源异常	修复或更换电源箱
		VGA线缆松脱	插牢VGA线缆
		显示器故障	更换显示器
		工控机显卡故障	更换工控机
		液晶面板损坏	更换液晶显示器
		VGA线质量问题	更换VGA线
		亮度设置的原因	通过按钮调节亮度
6	打印机不能打印	打印机通信线松脱	插牢打印机通信线
		打印机驱动程序没装	安装打印机驱动程序
		串口号设置错误	根据实际连线正确设置串口号
		打印机没纸	安装打印纸
		打印机损坏	更换打印机
7	钱箱无法用主机发信号打开	钱箱通信线松脱	插牢钱箱通信线
		钱箱锁拧到了锁定或手动打开的位置	用配套钥匙把钱箱锁拧到自动打开的位置
		串口号设置错误	根据实际连线正确设置串口号
		系统软件参数设置错误	正确设置系统软件参数
		AFC系统软件损坏	重装AFC系统软件
		钱箱损坏	更换钱箱
8	对讲机输出没有声音	话筒接线错误	按说明书要求重新接线
		内外音量调节旋钮旋到"0"位置	适当调节旋钮调高音量
		对讲机损坏	更换对讲机

3. 实训注意事项

BOM 的操作必须严格按照售票员作业标准并且遵守客服中心服务准则,操作步骤要符合规范。

（四）项目四：闸机操作与管理

1. 项目简介

闸机的基本操作,掌握闸机的功能、结构、日常操作业务以及维护业务,模拟训练完成闸机回收车票的作业情景。

2. 实训指导

闸机安装在付费区与非付费区的分界处,用于分隔付费区和非付费区并完成以下功能:乘客自助检票,判断乘客所持票卡的真伪,计算乘客乘车费用并扣费;监控乘客通行,给乘客提供指引,对不规范的乘客通行行为报警提示。闸机可以通过网络接受车站计算机和中心计算机的控制,并实时上传工作状态和交易数据。以龙岗线为例,其闸机种类包括:出站闸机、入站闸机、双向闸机、特殊通道闸机。

（1）闸机部件（见表 7.8）。

表 7.8　闸机部件

序号	部件名称	序号	部件名称
1	工控单元	10	方向指示器
2	门式机芯	11	电源模块
3	通行控制器（PCM）	12	机芯变压器
4	通行及安全传感器	13	维护单元
5	票卡回收机构	14	警示灯
6	乘客显示器	15	报警器
7	票箱座	16	通行指示器
8	票箱	17	读写器
9	综合控制器	18	扬声器

（2）车站闸机回收车票作业标准。

① 作业前准备。

作业工具、器具准备：钱箱票箱装载车 1 部、闸机钥匙 1 套、单程票箱、GATE 票箱回收记录表。

② 作业步骤及标准（见表 7.9）。

表 7.9　车站闸机回收车票作业标准

系统登录	作业准备：准备好足够数量的票箱，到达需要回收的闸机前，设置暂停服务牌
	开门操作：用闸机钥匙打开出站方向的维护门
	系统登录：闸机 30 秒内输入用户名和密码，并按"确定"键；系统登录成功
闸机单程票回收	查询、记录数据：选择"票箱""票箱 1ID"查询票箱电子 ID，返回到票箱界面，选择"票箱 1 数量"查询票箱 1 数量，并记录在《车站闸机回收车票记录表》中；选择"票箱 2ID"查询票箱电子 ID，返回到票箱界面，选择"票箱 2 数量"查询票箱 2 数量，并记录在《GATE 票箱回收记录表》中
	更换票箱：返回到"票箱"界面，选择"更换票箱""F1 解锁票箱 1""F2 解锁票箱 2"，取出票箱放入空票箱，按 "F3 装回票箱"锁定票箱后再按回车键
系统退出	系统退出：闸机票箱更换后，关上维护门，离开通道，确认闸机正常工作后，撤除暂停服务牌

③《GATE 票箱回收记录表》填表说明。

a. 报表填写人：客运值班员（另一人须签名确认）。

b. 时间：按每次回收单程票的时间填列（格式如：07：00、14：30）。

c. GATE 号码：根据每台 GATE 设备编号填写。

d. 票箱号码机器读数、实点数：根据 GATE 里票箱 1 的单程票机器读数、人工清点数直接填写。

e. 合计：涉及车票数量列项的合计数。

3. 实训注意事项

闸机的日常操作和维护作业必须双人进行，其中一人必须是客运值班员，相应报表填写应符合相关规定。

（五）项目五：填报票务报表

1. 项目简介

熟悉票务报表填写的规范，能够依据不同的作业情景对应填写票务报表。

2. 实训指导

（1）报表填写要求。

报表填写必须真实、准确、完整、及时。报表填写完毕，填写人员必须加盖私章。

真实：报表填写必须如实反映票务情况，不得捏造事实，弄虚作假。

准确：报表填写需确保数据正确。

完整：必须按报表所列事项填写，不得遗漏。

及时：报表必须在规定期限内填制完毕，并按规定时间上交调度票务部票务分部，不得故意拖延。

属于过底的报表，一定要写透，不要上面清楚，下面模糊。

文字：必须用蓝色或黑色笔填写，字迹必须清晰、工整，不得潦草。属于过底的报表用圆珠笔填写，属于非过底的报表可用钢笔或签字笔填写。

数字：阿拉伯数字应一个一个地写，不得连笔书写。

报表改错规定：报表填写发生错误时，不得刮擦、挖补、涂抹或用化学药水更改字迹。更改数字必须用"划线更正法"。应用"划线更正法"更正时，在报表中错误文字或数字上划一红线，以示注销，要求划去整个错误数字，然后在该处盖上更改人员名字修正章以示为其负责。若一张报表更改超过 8 处时，应另填写一份（重填时"非本人的员工签章"无需填写），该报表作废。重填的报表需在空白处注明报表更改人，并签章确认。

（2）作废报表的处理规定。

报表在写坏作废时，各联应当加盖"作废"戳记，第一联随报表上交调度票务部票务分部，其他联车站留存保管。

（3）报表的申印及保管。

报表申印：车站报表的申印、发放及保管工作由车务部负责。报表格式更换时，由调度票务部同票务分部提前一个月提供报表样板。

报表保管：车站应定期整理装订报表。车站保管报表需确保报表的安全。

车站报表保管期限按统计范畴的规定执行，保管期限满后由车务部统一注销和销毁，严禁私自进行报表的注销、销毁工作。

（4）报表上交。

各站将需上交的报表归整齐全后放入文件袋中，由客运值班员与调度票务部人员在指定车次的列车车头进行交接。

（5）报表填写说明。

①《售票员结算单》（OP101）填写说明。

a. "时间"栏由售票员以 24 小时制的表示方式填写上岗时间。

b. "配备用金金额"栏填写给售票员所配的各次备用金金额（含上岗前所配备用金和中途追加的备用金），配发备用金的客运值班员应在"值班员签名"中的对应栏签章确认。

c. 各分区的"票种"列按车票及票据的种类进行填写。

d. "开窗张数"列填写客运值班员配给售票员的各票种车票的张数。当配发车票数量不足需要追加时，则"开窗张数"列用"A + B + …"形式表示（A 为上岗前所配张数，B 为追加张数）。

e. "关窗张数"列填写本班售票结束后，客运值班员回收的各票种车票的实际张数。

f. "开窗张数"和"关窗张数"栏原则上不允许更改，确实是由于笔误而必须更正的，在更改后必须由当事人双人共同确认并签章。

g. 各票种车票对应的"出售张数"（用 M 表示）的计算公式为：出售张数 = 开窗张数 − 关窗张数 − 遗失张数。

h. IC 卡储值票对应"出售"栏的"押金"列计算方法为"M × 20"，"出售金额"按"M × 50"计算填写；纸票和预制票对应的出售金额按"M × 相应票价"计算填写。

i. 地铁车票退款情况反映在"地铁 IC 卡车票"栏内，以负值形式表示。IC 卡储值票退款总计金额填写在"IC卡退款"栏,分"押金"和"金额"两列填写;单程票退款金额填写在"单程票退款"对应的"金额"栏。

j. "预收款金额"栏填写客运值班员在售票员结账前从该班售票员处收取的现金总额,要求客运值班员签章确认,并填写收款人员工号。

k. "实收总金额"栏填写售票员的实际收入金额,公式为:实收总金额 = 结账时的实点现金总额 + 预收款金额 – 所配备用金总额。该栏原则上不允许更改,确实是由于笔误而必须更正的,在更改后必须由当班客运值班员、值班站长及售票员本人三人共同确认并签章。

l. 乘客事务差额根据《乘客事务处理单》(OP105)"现金事务 – 涉及金额"的"小计"金额,填写在"地铁IC卡车票"分区的"乘客事务差额"对应的"金额"栏内,分正、负值进行填写。

②《车票退款记录表》(OP102)填写说明。

a. 车站处理以下情况应及时填写OP102。

- 开出OP103。
- 给OP103C办理退款。
- 办理储值票、单程票(含特殊、应急情况下的单程票)、纸票等退款业务。
- 上交除回收箱回收的储值票外,其他须随当日报表上交票务分部的车票、票据时。

b. "开出OP103共___张"栏填写该班售票员所办理的OP103的张数(不包括作废联);"NO:"栏填写所办理的OP103的单号(若为作废的OP103,需在单号后注明"作废")。若一班售票员填写了多张OP102,则在第一张OP102上填写相应内容。

c. 办理车票退款时需按"普通TOKEN/纸票退款""储值票退款"分区进行填写。"票种"按车票种类填写。若乘客持OP103C前来办理时,填写在"储值票退款"区,"票种"一栏填写"OP103C"(OP103C需随报表上交票务分部),"乘客签名"栏不需乘客再签名(乘客已在OP103C上签名)。

d. "车票ID"栏填写BOM分析显示的"卡号"后十位或所办理车票面编号的后十位,若为纸票则填写票面的编号。若乘客持OP103的收据前来办理,"车票ID"填写OP103C的编号。

e. "余值"栏的填写按票务相关规定确认后的车票余值,若填写错误需修改时应要求乘客确认,并请乘客在更改后的内容旁签名。若按规定需扣除车票最小车程费的,填写为A(B)的形式,A为实际退还乘客的票款,B为BOM上分析的车票余值;OP103C按《无效票处理通知书》上所注明的"车票余值"填写。

f. "卡押金"栏填写相应车票允许退的押金额;OP103C按《无效票处理通知书》上所注明的"车票押金"填写。若填写出现错误需修改时应要求乘客确认,并请乘客在更改后的内容旁签名。

g. "乘客签名"栏由乘客填写。

③《无效车票处理申请表》(OP103)填写说明。

a. 此表分为A、B、C三部分,C部分称为"车票处理申请表收据",简称OP103C。

b. 此表在售票员为乘客办理在 BOM 上不能确定车票余值的无效 IC 卡储值票相关业务时填写。

c."车票票面编号"栏填写车票票面编号后十位。

d."拒收原因"栏填写 BOM 分析的结果。

e. 此表 A 部分的"无效票分析员填写"栏无需车站人员填写。

f. 该表 B 部分内容全部由乘客自行填写。"联系电话"栏填写乘客有效电话号码;"您对车票估值"栏填写乘客对该张车票所剩余值的估值。

g. OP103C 的"乘客签收"部分的"收到结余值""乘客签名"和"办理日期"栏均由乘客填写,其中"收到结余值"填写乘客收取的退款总金额(含押金和余值)。OP103C "乘客签收"上方的"办理人签章"和"办理人员工号"由开出 OP103 的售票员填写;OP103C "乘客签收"下方的"办理人签章"和"办理人员工号"由办理 OP103C 退款的售票员填写。

h. 乘客持无效储值票乘车未带钱,凭 OP103C 领取一张目的地单程票时,在 OP103A 及 OP103C 的"备注"栏注明"免费给乘客发售一张 X 元单程票,请乘客签名确认"。

④《乘客事务处理单》(OP105)填写说明。

a. 车站办理乘客事务时需填写 OP105。

b. 乘客事务分为"现金事务"和"非现金事务"两类,分区填写。

c."处理结果"栏由售票员根据实际处理情况填写处理结果。

d."涉及金额 +/-"栏填写处理乘客事务所造成的差额数,分正(+)、负(-)差额填写。

e."乘客资料"栏由乘客填写,若是车站发售付费出站票,则无需填写。

f. 办理乘客事务填写 OP105 时均要求车站客运值班员以上的人员到现场确认处理情况。

g."事件详情""涉及金额""非现金事务"栏的"发售免费出站票一张""发售付费出站票一张"项填写错误需更改时,须由当事人双人签章确认。

3. 实训注意事项

填写报表时不得随意涂改,必须严格按照票务报表的修改和作废规定,并且填写格式需规范,防止漏填和误填。

(六)项目六:车票和现金管理

1. 项目简介

熟悉车票和现金管理流程,会车票和现金的清点工作和不同的封装方式,能够识别假币和模拟收到假币的情景。

2. 实训指导

(1)车站现金运作管理。

① 现金票款的流程。

② 车站现金安全区域。

车站现金只能存放在现金的安全区域。现金安全区域包含 AFC 票务室、客服中心、TVM 钱箱、AVM 钱箱。

③ 现金的加封。

所有现金的加封均需双人负责。现金可用钱袋、信封、砂纸加封，加封后必须保证一经破封无法复原。

④ 假钞的处理。

若员工收取的现金中有假钞，一律由收款人自行负责，并即时补足票款。

⑤ 备用金。

备用金指由财务部配发的，专用于向银行兑零，给乘客找零、兑零，TVM 补币以及 AFC 设备故障测试和乘客客伤救护时临时借用的现金。相关管理规定见《运营事业总部备用金管理办法》。

（2）车站车票运作管理。

① 车票的流程。

② 车票的安全管理。

a. 原则上车票只能存放于 AFC 票务室、客服中心、TVM 车票回收箱、出站闸机车票回收箱。赋值储值票和预制票应存放于保险柜或上锁的票柜中。

b. 票务处车票保管。

售票员在票务处处理车票时，应将车票放在乘客接触不到的地方。存放于临时票务处的车票须做好防盗工作。

c. 运送途中。

车票在运送途中，一律放在上锁的售票盒、票箱或上锁的手推车中。赋值羊城通、赋值储值票和预制票需由两名车站站务员工（车站站务员工包括车站站务员、值班员、值班站长和站长，下同）负责运送和保证安全。

d. 保管车票时，注意防折曲、刻划、腐蚀、防水、重压和高温。

③ 车票的加封。

车票（包含票据）可用票盒、钱袋（布袋）、信封、砂纸加封，加封后必须保证一经破封无法复原。

④ 车票的盘点。

a. 盘点工作由客运值班员和值班站长双人进行。

b. 每月最后一天运营结束后对站存各票种车票（含票据），分票种、票价进行全面盘点。盘点时除调度票务部票务分部加封、配票人员与车站人员共同加封、站长与值班站长共同加封的车票不需拆封、按加封数量盘点外，其他车票需清点实际数量。盘点结束后，盘点人员在《车站售/存票日报》上记录盘点情况。

c. 若发现车票的实际盘存数量与当天的《车站售/存票日报》的本日结存数不符，出现车站对账实不一致的情况应立即上报车务部，车务部及时组织调查并在 5 个工作日内将调查情况书面报安全稽查部和调度票务部。

3. 实训注意事项

车票和现金的安全区域不要混淆，封装方式也应该有所区分。

（七）项目七：票务作业

1. 项目简介

在了解票务政策的基础上，进一步训练票务相关作业：售票作业、检票作业、乘客票务处理以及非正常情况票务应急处理，模拟演练售票、检票、乘客事务处理以及非正常情况下票务应急处理的作业情景。

2. 实训指导

（1）售票相关规定。

① 售票的基本规定。

a. 售票地点：各车站的客服中心或临时售票亭。

b. 售票时间：开站时至末班车开出前 5 min。

c. 服务业务：兑零、咨询、售票、增值、退票、验票、乘客事务处理等。

d. 注意事项

- 运营时间内，车站必须确保至少一个客服中心有售票员当值，当值售票员未经许可不得擅自离开工作岗位。
- 售票员严禁携带私人票、款（员工票除外）进入客服中心。
- 保证客服中心的门处于锁闭状态。

② 准备售票。

a. 售票员到客运值班员处领取票、款等。

b. 与客运值班员当面清点票、款，并在《售票员结算单》上签收。

c. 早班售票员须到客运值班员处领取读卡器和客服中心钥匙，同时做好相关的登记。

③ 开窗售票。

a. 开启客服中心票务设备，登录 BDM 操作界面。

b. 售票时必须遵守"一收、二唱、三操作、四找零"的工作标准。

c. 车票在交给乘客之前，必须使用 BOM 进行分析，确保每一张车票的有效性，并需得到乘客确认。

④ 售票结束。

a. 退出 BOM 操作界面，收齐自己的物品。

b. 早班售票员下班后须与中班售票员交接客服中心内的票务工具、器具，并登记《客服中心交接班记录表》。

c. 中班售票员下班后须把读卡器和客服中心钥匙交回给客运值班员。

d. 到 AFC 票务室与客运值班员交班。

（2）车站边门进出管理规定。

车站边门设在付费区和非付费区之间，主要为了紧急疏散和运送大型器械之用。平时应处于锁闭状态。

① 正常情况下边门供地铁工作人员及持有效凭证人员进出。
② 紧急情况下（如闸机故障、火灾等），边门开放，用以疏散乘客。
③ 特殊情况下经领导批准的特殊个人或团体可由边门进出，车站需登记相关信息。
④ 免费出入边门的工作人员需在《边门进出登记本》上登记，免票乘客需在《免费客流登记本》上登记。

（3）乘客票务处理。
① 车票超时。
a. 若为单程票，向乘客收取超时补款金额，填制《乘客事务处理单》，然后更新车票进站时间。
b. 若为储值票，通过 BOM 扣取超时补款后更新车票入站时间，需填制《乘客事务处理单》。
c. 若为计次票，扣除 1 次乘车次数后进行数据更新，需填制《乘客事务处理单》。
d. 若为定期票，免费对车票进行数据更新。
② 车票超程。
a. 若单程票超程，须补交超程车资后进行数据更新，需填制《乘客事务处理单》。
b. 若为计次票超区段，须补交超程车资，需填制《乘客事务处理单》。
c. 若为定期票超区段，须补交超程车资，需填制《乘客事务处理单》。
③ 无票出站。
a. 若为遗失车票，补交车票工本费 10 元，并按最高单程票价补交票款，同时填制《乘客事务处理单》，并告知乘客若 5 日内找回车票，可持车票到处理车站要求退回付费出站票票款和工本费，超过 5 日不予处理。
b. 若在付费区内乘客反映单程票在出闸时被他人误用，则填写《乘客事务处理单》并发放免费出站票。
c. 若为无票乘车，原则上按 10 倍最高车资补收票款，对于不了解地铁票务政策及储值票相关规定的乘客也可酌情按本站同程车资补售付费出站票。

（4）非正常运营模式票务应急处理。
（1）列车故障模式的设置原则：城市轨道交通发生运营故障，需在某站进行清客时；列车晚点，要求退票的乘客超过 10 人时。
（2）进、出站免检模式的设置原则：车站进站闸机全部故障且无法立即修复或者由于车站出现大客流乘客拥挤，大量由本站进站的乘客未通过进站闸机。
（3）时间免检模式的设置原则：由于列车延误或时钟错误等城市轨道交通运营方原因导致乘客所持车票超时。
（4）日期免检模式的设置原则：由于城市轨道交通运营方的原因导致乘客所持车票过期。
（5）车费免检模式的设置原则：在接到行调有关"列车越站"的通知时。
（6）紧急放行模式的设置原则：车站出现危机乘客生命安全，需及时疏散乘客出站的紧急情况时。

3. 实训注意事项

区分不同的乘客票务事务的处理过程，分清乘客所持车票的类型以及明确处理事务的区域是在付费区还是非付费区。

七、考核标准（见表 7.10）

表 7.10　考核标准

序号	考核内容	考核标准	评分标准	考试形式
1	作业技能（占综合成绩的50%）	技能考核，要求正确处理各种实际问题。注：按时、按质、按量完成各项实训任务，按规定要求完成实训任务书和各分项技能考核后，方有资格参加技能测试，成绩以过程考核为准	满分100分 （1）《票务工作实训任务书》完成情况评分。（占实训成绩的40%，按百分制评分再折算） ① 独立思考、按时、正确地完成实作任务，良好地掌握票务工作实作技能。〔90~100分〕 ② 认真思考，按时、正确地完成任务，较好地掌握票务工作实作技能。〔80~89分〕 ③ 按时、正确地完成任务，基本掌握票务工作实作技能。〔70~79分〕 ④ 按时、基本正确地完成任务，基本掌握票务工作实作技能。〔60~69分〕 ⑤ 不能按时、正确地完成任务，未能基本掌握票务工作实作技能。〔0~59分〕 （2）实操项目技能考核（占实训成绩的50%，按百分制计分再折算），各分项目考核是依据分项目操作标准步骤比照来评分，每错、漏一步扣5分，扣完为止，计算所有项目的平均分为最终实操考核成绩。 （3）技能测试（占实训成绩的10%，按百分制计分再折算），通过抽考几个分项目技能操作的方式，依据项目操作标准步骤比照评分，每错、漏一步扣5分，扣完为止	实训项目完成情况过程性考核，并需提交书面成果：《票务工作实训任务书》完成版
2	平时成绩（占综合成绩的30%）	遵守学校的考勤制度，按时出勤。同时根据服务、安全、节能、环保等职业素养进行打分	满分100分 （1）平时考勤（占平时成绩50%，50分）：依据学校的考勤制度，对于有违章违纪现象的，采用倒扣分式的计分原则；迟到、早退、请假1次扣5分；旷课1次扣10分。扣完为止。 （2）平时表现（占平时成绩50%，50分）： ① 在实训过程中保持积极向上的学习态度，在各方面均有成效，积极参与组织技能评比，遵章守纪，分工明确，有责任感，具有良好的团队协作精神，表现突出。（40~50分） ② 能够比较认真地参加实训，能够开展交流与合作，态度较好但成效一般。（30~40分） ③ 职责不清，学习散漫，只是机械式的完成任务，与小组成员之间缺乏有效的交流与合作。（0~30分）	日常考勤和平时检查情况评定

续表

序号	考核内容	考核标准	评分标准	考试形式
3	实训报告（占综合成绩的20%）	实训报告撰写质量；实训过程的独立完成情况；进度	满分100分 （1）较高质量地完成实训报告各项内容的撰写，具有较强的综合分析和归纳总结能力，并有一定的独立见解或创新，独立完成，进度快。〔90～100分〕 （2）全面良好地完成实训报告各项内容的撰写，具有一定的综合归纳总结能力，并有一定的独立见解或新意，独立完成，进度符合要求。〔80～89分〕 （3）全面完成实训报告各项内容的撰写，具有基本的综合分析和归纳总结能力，并有自己的见解和分析，共同完成，进度稍滞后。〔70～79分〕 （4）基本按要求完成实训报告各项内容的撰写，能对实训进行综合分析和归纳，并有自己的实训体会和总结，共同完成，进度慢。〔60～69分〕 （5）不能按要求完成实训报告的撰写任务，内容和质量有较大欠缺，进度严重滞后。〔0～59分〕	提交书面实训报告
4	综合成绩	实训纪律、工作态度、专业技能、合作精神、综合素质	综合成绩中实训成绩占50%，平时成绩占30%，实训报告占20%。按总评成绩分数，分为：优秀（90～100分）、良好（80～89分）、中等（70～79分）、及格（60～69分）、不及格（0～59分）五级	综合评定

八、实训报告

按实训报告表完成实训报告各项内容的撰写，在撰写过程中应进行综合分析和归纳总结，并有一定的独立见解或创新，达到实训报告的要求。

《城市轨道交通运营车站行车工作》整周实训指导书

适用专业	城市轨道交通运营管理	课程名称	城市轨道交通运营行车工作实训	实训课时	56
编制执笔人	朱 华　王智超	编制时间		年　月　日	

《城市轨道交通运营车站行车工作》整周实训项目目录

整周实训名称	实训项目	课时数	实训目的	主要仪器设备	实训内容	备注
行车工作实训	行车值班员应知应会综合实训	12	掌握列车运行组织的有关要求，信号显示要求，车次编制要求	某城市地铁公司的《行车组织规则》	列车运行、施工组织，调车作业、信号显示	
	车站行车人员手信号综合实训	6	掌握接发列车手信号，调车手信号	信号旗，信号灯，口笛	昼间信号，夜间信号，徒手信号，音响信号	分组模拟演练
	手摇道岔准备进路综合实训	6	掌握手摇道岔作业程序与安全要求	信号旗，信号灯，红显灯，荧光衣，手摇把，勾锁器，道岔钥匙	ZD6-D型道岔作业；S-700K道岔作业	分组模拟演练
	站间电话闭塞法接发列车作业	14	掌握电话闭塞法接发列车作业技能	OCC网络实训室或电子沙盘实训室，LOW工作站	联锁故障一站两区间作业；联锁故障两站两区间作业	学生分组，组内各工种轮换
	6502电气集中联锁单双线半自动闭塞接发列车操作综合实训	6	掌握车厂接发列车作业技能	OCC网络实训室或电子沙盘实训室，6502控制台	车厂接车工作，车厂发车作业	
	其他非正常情况下接发列车综合实训	8	掌握道岔转折机故障接发车，区段轨旁ATP故障、大面积轨旁ATP故障不变更闭塞法时的接发列车工作、列车车载ATP故障时的接发列车工作等	OCC网络实训室或电子沙盘实训室，LOW工作站	区段轨旁ATP故障、大面积轨旁ATP故障不变更闭塞法时的接发列车工作、列车车载ATP故障时的接发列车工作等	学生分组，组内各工种轮换
	考核	4	分析学生技能掌握程度	OCC网络实训室		分组考核

一、实训目的

通过行车站行车工作实训达到以下岗位技能要求：

（1）掌握行车人员手信号。

（2）较熟练地操作 6502 控制台。

（3）按照深圳某城轨企业《行车组织规则》规定的程序和用语，熟练地办理站控情况下的接发列车作业。

（4）掌握信号联锁设备故障情况下的接发列车办法。

（5）掌握各种行车凭证及有关表、簿、令、册等的填写。

（6）掌握车站行车值班员与邻站、车站与调度所、接发列车作业人员之间、车站接发车人员与驾驶员之间的工作联系与密切配合，进一步理解"高度集中、统一指挥"的特点和行车指挥原则，树立安全生产及责任意识。

（7）初步具备车站行车值班员岗位工作的应急处理能力。

二、实训任务

（1）行车值班员应知、应会综合实训。

（2）车站行车人员手信号综合实训。

（3）手摇道岔准备进路综合实训。

（4）站间电话闭塞法接发列车综合实训。

（5）6502 电气集中联锁单双线半自动闭塞接发列车操作综合实训。

（6）其他非正常情况下接发列车综合实训。

在上述各项实训中，根据办理作业的需要，同时训练行车值班员、客运值班员、值班站长等相关内容。重点实训行车值班员在正常及非正常情况下的接发列车作业。

三、实训预备知识

认真阅读实训指导书，复习《行车组织规则》、熟悉接发列车手信号、熟悉调车手信号、熟悉非正常情况下接发列车的有关规定、掌握人工准备进路的作业程序有关知识、掌握 ATC 设备故障时的处理。

四、主要仪器设备及使用、操作安全注意事项

（一）实训所需设备

调度电话、对讲机、信号旗、信号灯、LOW 工作站、红闪灯、荧光衣、道岔手摇把、道岔断电钥匙。

（二）操作注意事项

（1）课程代表课前向实验室借用相关设备并发放至各小组，实训后归还设备。

（2）实训场地要文明工作、文明生产，各种工具、设备要摆放合理、整齐；正确使用调度电话、对讲机、LOW 工作站。

（3）实训完毕，将相关设备恢复、关机。

五、实训的组织管理

（1）实训分组安排：全班分作 6 个联锁区，设大区区站长 1 名，每组 8～10 人。每组设行调 1 名，行车值班员 2 名，站务员，司机若干名。

（2）由各大区长负责本班组实训项目的组织和管理，督促学员按步骤完成实训、组织实训内容讨论、提交实训报告。

（3）实训进程安排。

① 第 1 周（见表 8.1）。

表 8.1　第 1 周实训进程安排

教学时间		实训项目（或任务）	具体内容（知识点）	学时	备注
星期	节次				
1	1～2	行车值班员应知应会综合实训	行车技术设备，参见某城市地铁公司的《行车组织规则》	2	
1	4～6	行车值班员应知应会综合实训	行车组织原则，参见某城市地铁公司的《行车组织规则》	4	
2	1～4	行车值班员应知应会综合实训	列车运行、施工组织，参见某城市地铁公司的《行车组织规则》	4	
2	5～6	行车值班员应知应会综合实训	调车作业、信号显示，参见某城市地铁公司的《行车组织规则》	2	
3	1～2	车站行车人员手信号综合实训	车站行车人员接发列车手信号，参见附录 1	2	
3	3～6	车站行车人员手信号综合实训	调车手信号，参见附件 1	4	
4	1～6	手摇道岔准备进路综合实训	手摇道岔人工准备进路，按标准化作业，单独考核，参见附件 2	6	
5	1～4	站间电话闭塞法接发列车综合实训	联锁故障一站两区间模式，按标准化作业，按班组进行考核，参见附件 3	4	
合计				28	

② 第 2 周（见表 8.2）。

表 8.2　第 2 周实训进程安排

教学时间		实训项目（或任务）	具体内容（知识点）	学时	备注
星期	节次				
1	1~2	站间电话闭塞法接发列车综合实训	联锁故障两站两区间模式，按标准化作业，按班组进行考核，参见附件3	2	
1	3~4	站间电话闭塞法接发列车综合实训	两个联锁区轨旁ATP故障一站两区间模式，按标准化作业，按班组进行考核，参见附件3	2	
1	5~6	站间电话闭塞法接发列车综合实训	两个联锁区红光带故障一站两区间模式，按标准化作业，按班组进行考核，参见附件3	2	
2	1~4	6502电气集中联锁单双线半自动闭塞接发列车操作综合实训	车厂接车工作，按标准化作业，按班组进行考核，参见附件4	4	
2	5~6	6502电气集中联锁单线半自动闭塞接发列车操作综合实训	车厂发车工作，按标准化作业，按班组进行考核，参见附件4	2	
3	1~4	其他非正常情况下接发列车综合实训	道岔转折机故障接发车	4	
3	5~6	其他非正常情况下接发列车综合实训	单个区段（岔区、非岔区）红光带接发车工作	2	
4	1~4	其他非正常情况下接发列车综合实训	区段轨旁ATP故障、大面积轨旁ATP故障不变更闭塞法时的接发列车工作、列车车载ATP故障时的接发列车工作	4	
4	5~6	其他非正常情况下接发列车综合实训	两个联锁区ATS故障的接发列车工作，按班组进行考核车站的工作	2	
5	1~4	实训报告	班组长总结本班组工作，进行组内考核，学员填制实训报告	4	
合计				28	

六、实训项目简介、实训步骤指导与注意事项

（一）行车值班员应知应会综合实训

以某城市地铁公司某号线的《行车组织规则》作为学习、讨论、考核的内容，训练新晋职工运用专业知识、学习规章、使用规章的能力。

（二）车站行车人员手信号综合实训

显示接发列车手信号、调车手信号、音响信号。
主要考核个人手信号专业技能，要求显示到位或显示正确，横平竖直、灯正圈圆。

（三）手摇道岔准备进路综合实训

各行车工作岗位人员，应明确在什么情况下进行手摇道岔，熟练、快速地进行人工准备进路。

主要考核个人手摇道岔专业技能，要求判断准确，响应快速，正确安全。

（四）站间电话闭塞法接发列车综合实训

行车值班员应明确，在什么情况下需变更闭塞法，使用电话闭塞法行车。

主要考核整个车站的行车组织能力和行车值班员通过《行车日志》准备进路，办理闭塞，接车、发车的岗位技能。

（五）6502电气集中联锁单双线半自动闭塞接发列车操作综合实训

行车值班员应掌握办理进路的方法，掌握车厂接发列车的程序。

主要考核在正常情况下，车厂（使用6502设备）的接发列车工作。

（六）其他非正常情况下接发列车综合实训

某城市轨道交通线路如图8.1所示。

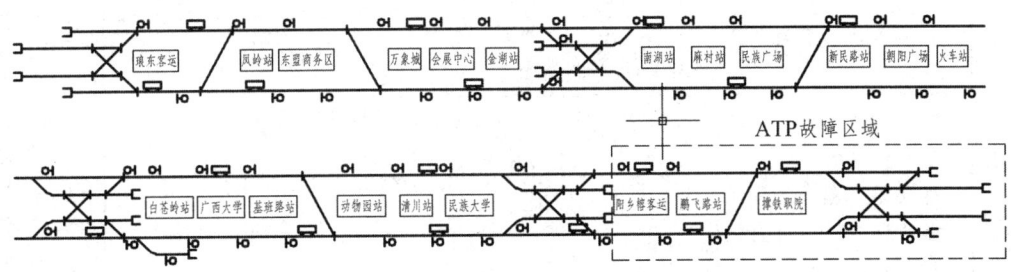

图 8.1 某城市轨道交通线路图

（1）柳铁职院站2号道岔转辙机故障，柳铁职院站接发列车工作。

（2）清川站至动物园站下行线区间出现红光带，进行行车组织。

（3）凤岭站1号道岔岔区红光带故障，凤岭站下行线发车工作。

（4）广西大学至鲁班路站下行区间轨旁ATP故障，进行行车组织。

（5）柳铁职院站联锁区出现全区轨旁ATP故障，调度长决定不变更闭塞法，进行行车组织。

（6）0202列车出现车载ATP故障，进行行车组织。

（7）万象城联锁区、南湖站联锁区同时出现ATS故障，进行相关故障区域的接发列车工作。

在进行非正常情况下的行车组织时，故障判断要准确，响应要及时，处理要准确。处理方法参见《道岔故障时的行车组织实训指导书》《ATP故障时的行车组织实训指导书》《ATS故障时的行车组织实训指导书》。

实训步骤指导的注意事项：

实训过程注意贯彻行车组织的原则：高度集中，统一指挥，逐级负责。实训班组学员必须听从班组长的统一指挥，班组长必须按教师布置的任务和实训指导书工作，不得做与行车工作无关的事。

七、考核标准

提交完整作品并按表 8.3 逐项考核打分。

表 8.3 行车值班员实训成绩评定标准

考核内容		评定标准	项目分值	备 注
实训纪律		按时上下实训课，不迟到、不倒退、不旷课。遵守实验室的规定及操作规程，无损实训设备的现象	10	凡有下列情形之一者实训成绩为不及格： 1. 有重大违纪现象者（旷课或因违反操作规程而损坏实验设备者）； 2. 未能完成某一项目工作者； 3 班组管理和生产组织严重瘫痪
技能考核	行车值班员应知应会综合实训	能运用《行车组织规则》指导行车工作，计算机标准化百分制考核	10	
	车站行车人员手信号综合实训	考官现场对每组考生考核，每人次错漏一次扣 1 分，不按要求显示到位或显示不符合横平竖直、灯正圈圆的要求扣 0.5 分，扣至 100 分停止该组考试	10	
	手摇道岔准备进路综合实训	考评员对每名学员进行考核，每错漏一项操作或安全问题扣 5 分，百分制	10	
	站间电话闭塞法接发列车综合实训	按车站为单位进行考核，出现行车事故判定为 0 分	10	
	6502 电气集中联锁单双线半自动闭塞接发车操作综合实训	按班组为单位进行考核，出现行车事故判定为 0 分	10	
	其他非正常情况下接发列车综合实训	按车站进行考核，出现行车事故判定为 0 分	10	
	班组管理	班组能听从班组长统一指挥，迅速、正确地完成实训任务。 班组中所有成员遵守工作纪律，不做与行车无关的事。 班组间团结协作，组内成员团结协作、互相学习。在工作中积极向上，讨论积极有创新，班组工作状态良好	10	
实训报告	实训内容及目的	内容及目的要写全，不能缺项	5	
	实训报告	实训报告必须包括三个部分；一是实训概述；二是实训过程或具体步骤；三是收获与体会，包括存在的主要问题及解决方法。不少于 500 字	10	
	对本次实训的建议	有建议	5	

成绩采用综合评定的方法，按总评成绩分数分为：优秀（90~100分）、良好（80~89分）、中等（70~79分）、及格（60~69分）、不及格（0~59分）五级。

八、实训报告

课内实训报告统一用学校印刷版，要求统一使用黑色钢笔或签字笔填写，字体要工整。

九、附　件

附件1　手信号、音响信号的显示

1. 接发列车手信号（在地下车站显示手信号时按夜间方式显示）

（1）特殊情况下，列车运行时有关人员应遵守表8.4中的手信号的显示。

表8.4　手信号显示

序号	手信号类别	显示方式	
		昼间	夜间
1	停车信号：要求列车停车	展开的红色信号旗，无红色信号旗时，两臂高举头上，向两侧急剧摇动	红色灯光，无红色灯光时，用白色灯光上、下急剧摇动
2	紧急停车信号：要求司机紧急停车	展开红旗下压数次，无信号旗时，两臂高举头上，向两侧急剧摇动	红色灯光下压数次，无红色灯光时，用白色灯光上下急剧摇动
3	减速信号：要求列车降低速度运行	展开的黄色信号旗，无黄色信号旗时，用绿色信号旗下压数次	黄色灯光，无黄色灯光时，用白色或绿色灯光下压数次
4	发车信号：要求司机发车	展开的绿色信号旗上弧线向列车方面作圆形转动	绿色灯光上弧线向列车方面作圆形转动
5	通过手信号：准许列车由车站通过	展开的绿色信号旗	绿色灯光
6	引导信号：准许列车进入车站或车场	展开黄色信号旗高举头上左右摇动	黄色灯光高举头上左右摇动无黄色灯光时，用绿色灯光高举头上左右摇动
7	道岔开通信号：表示进路道岔准备妥当	隆起的黄色信号旗高举头上左右摇动	白色灯光高举头上左右小动
8	好了信号：表示某项作业完成	隆起的信号旗作圆形转动	夜间为白色灯光作圆形转动

（2）特殊情况下接发列车时显示手信号的时机和地点（见表8.5）。

表 8.5 特殊情况下接发列车时显示手信号的时机和地点

手信号类别	何种情况下显示	显示时机	收回时机	显示地点
停车信号	站间电话行车法行车时	看见列车头部灯开始	列车停车后	站台头端墙屏蔽门端门外方
紧急停车信号	工程列车进站或通过车站，出现危及行车安全的情况；客车进站，发现危及行车安全情况，但来不及按压站台紧急停车按钮或紧急停车按钮不起作用时	立即显示	列车停车后	就近显示
减速信号	发现工程列车或客车超速时	立即显示	列车头部越过信号显示地点后	头端墙侧扶梯口，靠近紧急停车按钮附近
引导手信号		看见列车头部灯开始	列车头部越过信号显示地点后	站台头端墙，屏蔽门与线路间站台上
道岔开通信号	现场人工排列折返进路（如站间电话行车法行车）时	进路准备好时	司机鸣笛回示后	规定的安全位置

注：开行装载有超长、超限、集重货物的工程列车时，车站须派员工站在尾端墙附近监督运行。

2. 调车手信号（见表 8.6）

表 8.6 调车手信号

序号	调车手信号类别	显示方式	
		昼间	夜间
1	停车信号	展开的红色信号旗，无红色信号旗时，两臂高举头上，向两侧急剧摇动	红色灯光，无红色灯光时，用白色灯光上、下急剧摇动
2	减速信号	展开的绿色信号旗下压数次	绿色灯光下压数次
3	指挥列车或车辆向显示人方向来的信号	展开的绿色信号旗在下方左右摇动	绿色灯光在下方左右摇动
4	指挥列车或车辆向显示人反方向去的信号	展开的绿色信号旗上、下摇动	绿色灯光上、下摇动
5	指挥列车或车辆向显示人方向稍行移动的信号（包括连挂）	左手挠起红色信号旗直立平举，右手展开的绿色信号旗在下方左右小摆动	绿色灯光下压数次后，再左右小摇动
6	指挥列车或车辆向显示人反方向稍行移动的信号（包括连挂）	左手挠起红色信号旗直立平举，右手展开的绿色信号旗在下方上、下小摇动	绿色灯光平举上、下小摇动
7	三、二、一车距离信号：表示推进车辆的前端距被连挂车辆的距离	右手展开的绿色信号旗下压三、二、一次，分别表示距停留车三车（约 60 米）、二车（约 40 米）、一车（约 20 米）	绿色灯光平举下压三、二、一次
8	连挂作业	两臂高举头上，挠起的手信号旗杆成水平末端相接	红、绿色灯光（无绿色灯用白色灯光代替）交互显示数次

续表

序号	调车手信号类别	显示方式	
		昼间	夜间
9	试拉信号（连挂好后试拉）	按本表第6项的信号显示，当车列启动后立即显示停车信号	
10	取消信号：通知前发信号取消	拢起的手信号旗，两臂于前下方交叉后，左右摇动数次	红色灯光作圆形转动后，上下摇动
11	停留车位置信号：表示车辆停留地点		白色灯光左右小摇动
12	道岔开通信号：表示进路道岔准备妥当	拢起的黄色信号旗高举头上左右摇动	白色灯光高举头上左右小摇动

3. 徒手信号

调车长或管理人员及行车有关人员检查工作或遇列车救援、发生紧急情况，没有携带信号灯或信号旗时，可用徒手信号显示。

徒手信号显示方式如表8.7所示。

表8.7 徒手信号显示方式

序号	徒手信号类别	显示方式
1	紧急停车信号（含停车信号）	两手臂高举头上，向两侧急剧摇动
2	三、二、一车信号	单臂平伸后，小臂竖直向外压直，反复三次为三车、二次为二车、一次为一车
3	连挂信号	紧握两拳头高举头上，拳心向里，两拳相碰数次
4	试拉信号	如本表第5或第6项，列车刚起动马上给停车信号（第1项）
5	向显示人方向稍行移动	左手高举直伸，右手平伸小臂左右摇动
6	向显示人反方向稍行移动	左手高举直伸，右手向下斜伸，小臂上下摇动
7	"好了"信号	单臂向列车运行方向上弧圈做圆形转动

4. 试验列车自动制动机的手信号显示方式

（1）制动：
① 昼间——绿色信号旗拢起高举，或徒手单臂高举。
② 夜间——白色灯高举。

（2）缓解：
① 昼间——用拢起的绿色信号旗在下部左右摇动。
② 夜间——白色灯光在下部左右摇动。

（3）试验完了（或其他作业完成的显示）：
① 昼间——用拢起绿色信号旗作圆形转动。
② 夜间——白色灯光作圆形转动。

5. 音响信号

音响信号，长声为3 s，短声为1 s，间隔为1 s。重复鸣示时，须间隔5 s以上。客车、车组、工程车、轨道车等列车的鸣示方式见表8.8。

表 8.8 音响信号

序号	名称	鸣示方式	使用时机
1	起动注意信号	一长声 ———	① 列车起动或机车车辆前进时（双机牵引时，本务机车鸣笛后，尾部机车应回示，本务机车再鸣笛一长声后起动）； ② 接近车站、鸣笛标、隧道、施工地点、黄色信号、引导信号、天气不良时； ③ 在区间停车后，继续运行时，通知车长； ④ 客车在检修及整备中，准备降下或升起受电弓
2	退行信号	二长声 ——— ———	客车、机车车辆、单机开始退行
3	召集信号	三长声 ——— ——— ———	要求防护人员撤回时
4	呼唤信号	二短一长声 ·· ———	① 客车或机车要求出入车场时； ② 在车站要求显示信号时
5	警报信号	一长三短声 ——— ···	① 发现线路有危及行车安全的不良处所时； ② 列车发生重大、大事故及出现其他需要救援情况时； ③ 列车在区间内停车后，不能立即运行，需通知车长时
6	试验自动制动机复示信号	一短声 ·	① 试验制动机开始减压时； ② 接到试验制动结束的手信号，回答试风人员时； ③ 调车作业中，表示已接受调车长所发出的信号时
7	缓解信号	二短声 ··	试验制动机缓解时
8	紧急停车信号	连续短声 ······	司机发现邻线发生障碍，向邻线上运行的列车发出紧急停车信号，邻线列车司机听到后，应立即紧急停车

附件2 人工准备进路（手摇道岔）技能考核评分表

技能考核评分表（见表 8.9）。

表 8.9 技能考核评分表

作业程序					考核标准：每错漏一项（含安全要求）扣5分									
					考生：									
					考官及考核评分									
程序	项目	车站值班员	值班站长（客值）	站务员2（进路检查员）	考官	1	2	3	4	5	6	7	8	9	10
手摇道岔人工准备进路	申请下线路	（2）申请下线路："行调，申请下××方向线路"，并听取是否同意 （3）通知手摇道岔人员："可以下线路"	（1）带齐用具，穿戴好防护用品在站台端墙待命。报告行车值班员："手摇道岔人员申请下线路"	（1） （2） （3） 其他											

续表

作业程序	岗位作业技术要求		考核标准：每错漏一项（含安全要求）扣5分 考生： 考官及考核评分							
布置进路	（5）通知手摇道岔人员："准备上/下行线接（发）车进路"（或将×号道岔摇至×位） （7）听取复诵无误后，命令："执行"	（4）到达手摇道岔处后，按照规定在来车方向设置防护信号，报告行车值班员："手摇道岔人员到达" （6）复诵："准备上/下行线接（发）车进路"（或将×号道岔摇至×位）	（设置红闪灯防护信号）	（4）（5）（6）（7）其他						
手摇道岔及确认道岔开通位置	（9）听取进路准备人员报告后应答："好"	（8）手摇道岔 ① 看道岔位置："×号定/反位，摇到反/定位（如有钩锁器，口呼：有钩锁器，现在解锁）"。 （若某道岔无需手摇时，确认："×号定/反位，正确，尖轨密贴"，进行道岔加锁步骤⑥） ② 切断电源，打开钥匙孔盖上的锁露出手摇把孔，打开钩锁器的锁； ③ 手摇道岔；听到转辙机"咔嚓"的落槽声后停止动作并口呼："听到落槽声"； ④ 手指道岔尖轨确认并口呼："尖轨密贴，开通定/反位"； ⑥ 加锁，口呼："现在加锁"，将道岔加锁； ⑧ 2人到达安全位置，向行值报告："×号开通定/反位，尖轨密贴，已加锁"。 如需手摇其他道岔，重复（8）、（9）	⑤ 确认道岔开通位置，手指道岔确认并口呼："尖轨密贴，开通定/反位"； ⑦ 撤除红闪灯	（8）①②③④⑤⑥⑦⑧（9）其他						
汇报进路	（11）听取无误后复诵："上/下行接（发）车进路准备好，人员已到安全位置（线路出清）" （12）向行调报告："上/下行接（发）车进路准备好，人员已到安全位置（线路出清）"	（10）进路准备完毕，到达安全位置（站台端墙）后报站控室："上/下行接（发）车进路准备好，人员已到安全位置"		（10）（11）（12）其他						
得　分										

附件3 站间电话闭塞法作业程序

站间电话闭塞法作业程序见表8.10。

表8.10 站间电话闭塞法作业程序

发车作业项目	发车作业程序			接车作业项目	接车作业程序			说明
	行车值班员	值班站长（准备进路人员）	客运值班员（交接许可证人员）		行车值班员	值班站长（准备进路人员）	客运值班员（交接许可证人员）	
一、确认区间空闲	1. 向行调询问接发车顺序，记录《行车日志》		1. 监控行值的作业	一、确认区间空闲	1. 向行调询问接发车顺序，记录《行车日志》		1. 监控行值的作业	填写列车车次；行值将行调的接发车顺序报值班站长
	2. 根据行调的命令和《行车日志》确认前方区段是否空闲，首列车与前方站及行调确认前方区段是否空闲				2. 根据行调的命令和《行车日志》确认前方区段是否空闲，首列车与前方站及行调确认前方区段是否空闲			
二、准备进路	3. 申请下线路	1. 带齐工具，穿戴好防护用品到站台待命		二、准备进路	3. 申请下线路	1. 带齐工具，穿戴好防护用品到站台待命		
	4. 到达手摇道岔处后按照规定在来车方向设置防护信号				4. 到达手摇道岔处后按照规定在来车方向设置防护信号			
	5. 布置进路："准备上/下行线发车进路"	2. 复诵"准备上/下行线发车进路"后下线路准备进路			5. 布置进路："准备上/下行线接车进路"	2. 复诵"准备上/下行线接车进路"后下线路准备进路		

续表

发车作业项目	发车作业程序			接车作业项目	接车作业程序			说明
	行车值班员	值班站长（准备进路人员）	客运值班员（交接许可证人员）		行车值班员	值班站长（准备进路人员）	客运值班员（交接许可证人员）	
二、准备进路	6. 复诵"上/下行发车进路准备好,人员已到安全位置"	3. 进路准备好并到达安全位置后报站控室："上/下行发车进路准备好,人员已到安全位置"		二、准备进路	6. 复诵"上/下行接车进路准备好"	3. 进路准备好并到达安全位置后报站控室："上/下行接车进路准备好,人员已到安全位置"		按手摇道岔六步曲执行
	7. 向行调报告"上/下行发车进路准备好,人员已到安全位置"				7. 向行调报告"上/下行接车进路准备好,人员已到安全位置"			
	8. 填写《行车日志》				8. 填写《行车日志》			填写接车股道
三、请求闭塞	9. 向接车站请求闭塞："××站××次请求闭塞"			三、承认闭塞	9. 接到闭塞请求后,发出电话记录"×时×分,同意××站××次闭塞,电话记录号×号"			
	10. 接到同意闭塞后复诵："×时×分,同意××站××次闭塞,电话记录号×号"				10. 听取复诵无误,填写《行车日志》			
	11. 填写《行车日志》				11. 听取发车站开车通知,复诵"××次×分开"			
四、填写行车许可证	12. 根据《行车日志》填写行车许可证			四、接车	12. 填写《行车日志》			
	13. 与客值（站台交接许可证人员）核对行车许可证		2. 与行值核对行车许可证		13. 通知接车人员："上/下行线接车"		2. 复诵"上/下行线接车"后到站台接车	

续表

发车作业项目	发车作业程序			接车作业项目	接车作业程序			说明
	行车值班员	值班站长（准备进路人员）	客运值班员（交接许可证人员）		行车值班员	值班站长（准备进路人员）	客运值班员（交接许可证人员）	
五、发车	14.指示发车"上/下行线发车"		3.复诵"上/下行线发车"		14.复诵"上/下行线列车到达"后填写《行车日志》		3.列车停稳后，报车控室"上/下行线列车到达"	
			4.向司机交递行车许可证，并核对行车许可证		15.向后方站、行调报点"××次×分到"		4.向司机收回行车许可证，并打×作废	
	15.复诵"上/下行线出发"，并填写《行车日志》		6.列车出清后报车控室"上/下行线出发"					
	16.向前方站、后方站及行调报开点"××次×分开"							

附件4　6502电气集中联锁单线半自动闭塞接发列车操作综合实训

1. 6502电气集中联锁控制台有关按钮的使用简介

（1）列车按钮：用于办理接发列车进路、开放信号或取消进路、关闭信号。

（2）调车按钮：用于办理调车进路、开放信号或取消进路、关闭信号。

正常情况下，准备列车进路或调车进路时，一般只需先后按压进路的始终端按钮，即可排列进路，开放信号；取消进路、关闭信号时，按压总取消+进路始端按钮。

（3）道岔按钮、道岔总定位（总反位）按钮、道岔锁闭按钮：用于单操单锁道岔。

单操：按压道岔按钮+道岔总定位（或总反位）按钮。将道岔单独操纵至定位（道岔表示灯亮绿灯）或反位（道岔表示灯亮黄灯）。

单锁：按压道岔锁闭按钮（京九站）或拉出道岔按钮（广昆站、大秦站、成昆站、京广站、湘桂站），表示灯亮红灯，道岔单独锁闭。

解锁：再次按压道岔锁闭按钮（京九站）或按压道岔按钮（广昆站、大秦站、成昆站、京广站、湘桂站），红色表示灯熄灭，道岔解锁。

（4）引导按钮：用于开放引导信号。

当进路上的道岔没有失去表示时，在进路准备妥当后，按压引导按钮，可开放引导信号（一个红色灯光+一个月白色灯光）。此时，进路上有白光带。

当进路上的道岔失去表示时，在进路准备妥当后，必须先按下引导总锁闭按钮，再按压引导按钮（次序不能颠倒），才能开放引导信号，此时，进路上没有白光带。

必须注意的是：当进站信号机内方第一轨道区段红光带开放引导信号接车时，必须一直按压引导按钮，待列车进入第一轨道区段后才能松手。

引导按钮为加铅封按钮，使用时须登记《行车设备检查登记簿》（运统46）。

（5）引导总锁闭按钮：道岔失去表示时，用于锁闭该咽喉区的全部道岔，并与引导按钮配合使用，开放引导信号。

引导总锁闭按钮为加铅封按钮，使用时须登记《行车设备检查登记簿》（运统46）。

（6）总人工解锁按钮：用于解锁接近区段有车（红光带）占用的进路。

按压总人工解锁和进路始端按钮：接车进路、正线发车进路延时 3 min 后解锁，调车进路、到发线发车进路延时 30 s 后解锁。

当开放信号后，因灯丝断丝或轨道区段红光带使信号自复，直接在原进路上补加引导信号接车，列车到达后解锁进路时：按压总人工解锁按钮＋进路始端按钮＋区段事故盘按钮。

当出站信号开放后，因道岔区段轨道电路故障（红光带或道岔无表示等），需取消发车进路时：按压总人工解锁按钮＋区段事故盘按钮。

当控制台停电后来电，解锁控制台光带时：按压总人工解锁按钮＋区段事故盘按钮。

总人工解锁按钮为加铅封按钮，使用时须登记《行车设备检查登记簿》（运统46）。

（7）总取消按钮：用于取消接近区段没有车占用的进路（按压总取消＋进路始端按钮），取消线路上按钮的稳定表示灯（按压总取消＋要取消的按钮），取消线路上按钮的闪光表示灯（按压总取消按钮）。

（8）接通光带按钮：用于检查该咽喉区的道岔开通情况。按压此按钮，该咽喉区的道岔开通情况以白光带显示出来。在非正常情况下以单操单锁方式准备进路时，可用此按钮来检查进路准备是否正确。

（9）接通道岔按钮：用于接通或切断道岔表示灯的显示。

（10）挤岔按钮：当道岔失去表示或发生挤岔时，挤岔电铃振铃，按下此按钮，可切断电铃；道岔修复后，挤岔电铃振铃，再次按下此按钮，恢复设备的正常状态。

（11）闭塞按钮：用于相邻两站办理闭塞（请求闭塞、承认闭塞）。

（12）复原按钮：用于取消原闭塞及列车到达后办理闭塞机复原（开通区间）。

（13）事故按钮：用于办理事故复原。在控制台停电后来电、列车进入区间后因故退回原发车站、列车到达后因轨道电路故障不能正常办理到达复原等情况下，不能用复原按钮办理闭塞机复原而需使用事故按钮办理事故复原。

事故按钮为加铅封按钮。使用时必须取得列车调度员的命令准许，登记《行车设备检查登记簿》（运统46），在"三确认"（确认列车没有出发、确认列车整列到达、确认区间空闲）后方可破封使用事故按钮办理事故复原。

2. 电气集中设备控制台安全帽的使用

（1）使用安全帽的情况。

① 排列列车进路或调车进路（驼峰推峰作业和连续溜放作业除外）。

② 到发线上有待发列车（或待解列车）或其他动力时。

③ 调车机在站上停留（包括等待作业）时。

④ 线路、道岔封锁或线路上停有暂无运行计划的动力时。

（2）安全帽颜色的规定。
① 旅客列车使用绿色安全帽。
② 货物列车使用黄色安全帽。
③ 调车机作业、停留使用白色安全帽。
④ 线路、道岔封锁或停有暂无运行计划的动力时使用红色安全帽。
（3）安全帽扣戴位置的规定。
① 接发列车排列进路，接车戴始端按钮和接车进路末端列车按钮，发车戴始端按钮和终端按钮，通过戴始端按钮和通过进路末端列车按钮。
② 调车作业排列进路戴进路始端调车按钮，调车机在站上停留（等待作业），戴移动方向第一调车按钮。
③ 线路、道岔封锁，在到发线上戴所封线路两端的列车按钮，在其他线上戴该线两端的调车按钮。
④ 停有暂无运行计划的动力的线路，在到发线上戴该线两端的列车按钮，在其他线上戴该线两端的调车按钮。
⑤ 到发线有待发（解）列车（包括按列车办理的其他动力）时，戴前端列车按钮。
（4）安全帽戴摘时机的规定。
① 列车接、发、通过，排列列车进路（排发车进路线摘下原列车安全帽），确认光带显示、信号开放正确后戴上安全帽；接车列车整列到达，摘下始端按钮安全帽（保留接车线末端按钮安全帽，以表示停留列车），发车列车整列出站时摘下始、终端按钮安全帽；通过列车整列进入接车线时摘下始端按钮安全帽，整列出站后摘下接车线末端按钮安全帽。
② 调车作业时，先摘下移动方向第一调车按钮安全帽，排列调车进路，确认光带显示正确，信号开放后在始端调车按钮戴上安全帽；机车、车列出清该进路后摘下安全帽。
③ 到发线上的待发列车，于本务机挂头后戴上列车安全帽；待解列车于本务机摘离本线后摘下列车安全帽。
④ 线路、道岔封锁时，从封锁之时起戴上安全帽，至开通恢复正常使用时摘下安全帽。
⑤ 停有暂无运行计划的动力的线路，从该动力进入该线时起戴上安全帽，至该动力有命令运行时再摘下红色安全帽。

3. 车机联控用语

车机联控必须"站站列列呼唤应答"，联控作业程序应规范，用语要准确、清晰并使用普通话。联控用语中，特快旅客列车称为"客车特××次"，快速旅客列车称为"客车快××次"，普通旅客列车称为"客车××次"，临时旅客列车称为"客车临××次"，旅游列车称为"客车游××次"，行包快运专列称为"行××次"。

将车机联控的呼叫时机及作业用语规定为以下几种。
（1）接车作业。
列车接近车站时（半自动闭塞接近预告信号机）。
列车司机呼叫："××（站）××（次）接近"。
车站值班员应答："××（次）××（站）×道通过（停车）"。
列车司机应答："××（次）×道通过（停车），司机明白"。

（2）进站、出站、进路作业。

列车机外、站内停车再开或列车始发时，在信号开放后。

车站值班员呼叫："××（次）×道出站（进站、进路）信号好了"。

列车司机应答："××（次）×道出站（进站、进路）信号好了，司机明白"。

（3）列车临时机外停车作业。

在列车接近前，车站值班员呼叫："××（次）××（站）机外停车"；列车司机应答："××（次）××（站）机外停车，司机明白"。

（4）车站引导接车作业。

在列车接近前，车站值班员呼叫："××（次）××（站）引导接车×道停车（通过），注意引导（手）信号"；列车司机应答："××（次）××（站）引导接车，×道停车（通过），司机明白"。

4. 正常情况下接发列车作业程序及技术要求

（1）接车（通过）作业表（表8.11）。

表8.11 接车作业表

作业程序		岗位作业技术要求			说明事项
程序	项目	车站值班员	信号员（长）	助理值班员	
一、承认闭塞（接受预告）	1.确认区间空闲	（1）听取发车站请求闭塞（双线接受发车站预告）			
		（2）根据闭塞表示灯、《行车日志》及各种行车表示牌，确认区间空闲			
		（3）按列车运行计划核对车次、时刻、命令、指示			
	2.办理闭塞手续（接受发车预告）	（4）同意闭塞："同意×（次）闭塞"（双线复诵："×（次）预告"）			列车闭塞（预告）后，按《站细》规定通知有关人员
		（5）通知信号员（长）："办理×（次）闭塞"	（1）复诵："办理×（次）闭塞"		
		（6）应答："×（次）闭塞好（了）"	（2）一听铃响、二看黄灯、三按闭塞按钮、四确认绿色灯光，口呼："×（次）闭塞好（了）"		双线无此项作业
		（7）填写《行车日志》			
		（8）必要时与列车调度员核对车次，了解列车停、通、会作业时间等			
		（9）确定接车线			
		（10）通知信号员（长）、助理值班员："×（次）×道停车（通过或到开）"	（3）复诵："×（次）×道停车（通过或到开）"，并填写占线板（簿）	（1）复诵："×（次）×道停车（通过或到开）"，并填写占线板（簿）	助理值班员是否填写占线板（簿），由车站自定（以下同）

续表

作业程序		岗位作业技术要求			说明事项
程序	项目	车站值班员	信号员（长）	助理值班员	
	3. 听取开车通知	（11）复诵发车站开车通知："×（次）×（点）×（分）开"			
		（12）填写《行车日志》			
		（13）通知信号员（长）及助理值班员"×（次）开过来（了）"	（4）复诵："×（次）开过来（了）"	（2）复诵："×（次）开过来（了）"	
		（14）按《站细》规定通知有关人员			
	4. 确认接车线	（15）确认接车线路空闲			停止调车作业时机，按《站细》规定。无影响进路的调车作业时，此项作业省略
		（16）通知信号员（长）"停止影响进路的调车作业"，并听取报告	（5）复诵："停止影响进路的调车作业"。确认停止后报告："影响进路的调车作业已停止"		
二、开放信号	5. 开放信号	（17）通知信号员（长）："×（次）×道停车（通过），开放信号"。听取复诵无误后，命令："执行"	（6）复诵："×（次）×道停车（通过），开放信号"		车站值班员不能从设备上确认时，由信号员（长）再次确认正确后向车站值班员报告。列车通过时，应办理有关发车程序
		（18）确认信号正确，应答："×道进站信号好（了）。通过时，应答："×道进、出上信号好（了）"	（7）开放进站信号，眼看、手指进路始端按钮，口呼："进站"，按下按钮；眼看、手指进路终端按钮，口呼："×道"，按下按钮。确认光带（表示灯）、信号显示正确，口呼："信号好（了）"。正线通过时，眼看、手指进路始端按钮，口呼："进站"，按下按钮；眼看、手指进路终端按钮，口呼："出站"，按下按钮。确认光带（表示灯）、信号显示正确，口呼："信号好（了）"		

续表

作业程序		岗位作业技术要求			说明事项
程序	项目	车站值班员	信号员（长）	助理值班员	
三、接车	6.列车接近		（8）通过控制台监视信号及进路表示		
		（19）再次确认信号正确，应答："×（次）接近"	（9）接近铃响，光带（表示灯）变红，再次确认信号开放正确，口呼："×（次）接近"		
		（20）通知助理值班员："×（次）接近，×道接车"，并听取复诵		（3）复诵："×（次）接近，×道接车"	特快旅客列车通知助理值班员接车时机按《站细》规定
	7.接送列车			（4）到《站细》规定地点接车。接通过列车时，眼看、手指出站信号，确认信号开放正确，口呼："×道出站信号好（了）"	
四、列车到达（通过）	8.列车到达（通过）		（10）通过控制台监视进路、信号及列车进（出）站	（5）监视列车，于列车尾部越过发车地点，确认列车尾部标志（有运转车长值乘的列车，按规定向运转车长显示互检信号）后返回	监视列车运行时，发现问题按规定处理
		（21）应答："好（了）"	（11）通过控制台确认列车整列进入（通过）接车线，口呼："×（次）到达（通过）"	（6）对通过列车擦（划）掉占线板（薄）记载	
		（22）对通过列车，通知接车站：×（次）（×点）×（分）通过"	（12）对通过列车擦（划）掉占线板（薄）记载		
		（23）填写《行车日志》			
	9.开通区间	（24）通知信号员（长）："开通×（站）区间"	（13）复诵："开通×（站）区间"		
		（25）应答："好（了）"	（14）一看闭塞表示灯、二按(拉)闭塞（复原）按钮、三确认灯光熄灭，口呼："×（站）区间开通"		
	10.报点	（26）通知发车站："×（次）×（点）×（分）到"			
		（27）向列车调度员报点："×（站）报点，×（次）×（点）×（分）到（通过）"。列车有异状时，一并报告			

（2）发车作业（表8.12）。

表8.12 发车作业

作业程序	程序项目	岗位作业技术要求			说明事项
		车站值班员	信号员（长）	助理值班员	
一、请求闭塞（发车预告）	1.确认区间空闲	（1）根据闭塞表示灯、《行车日志》及各种行车表示牌，确认区间空闲			
	2.办理闭塞手续（发车预告）	（2）请求闭塞："×（次）闭塞"（双线："×（次）预告"）			遇有超长、超限列车，单机挂车及列尾装置灯光熄灭的列车，应通知接车站
		（3）通知信号员（长）："办理×（次）闭塞"	（1）复诵："办理×（次）闭塞"		双线无此项作业
		（4）应答："×（次）闭塞好（了）"	（2）一按闭塞按钮、二听铃响、三看黄灯变绿，口呼："×（次）闭塞好（了）"		
		（5）填写《行车日志》			
二、开放信号	3.开放信号	（6）通知信号员长）："停止影响进路的调车作业"，并听取报告	（3）复诵："停止影响进路的调车作业"。确信停止后，报告："影响进路的调车作业已停止"		停止调车作业时机，按《站细》规定。无影响进路的调车作业时，此项作业省略
		（7）通知信号员（长）："×（次）×道发车，开放信号"。听取复诵无误后，命令："执行"	（4）复诵："×（次）×道发车，开放信号"		
		（8）确信信号正确，应答："×道出站信号好（了）"	（5）开放出站信号，眼看、手指进路始端按钮，口呼："×道"，按下按钮。眼看、手指进路终端按钮，口呼："出站"，按下按钮。确认光带、信号显示正确，口呼："信号好（了）"		车站值班员不能从设备上确认时，由信号员（长）再次确认正确后向车站值班员报告

续表

作业程序	程序项目	岗位作业技术要求			说明事项
		车站值班员	信号员（长）	助理值班员	
三、发车	4. 准备发车	（9）通知助理值班员："×（次）×道发车"		（1）复诵："×（次）×道发车"	助理值班员提前组织发车时，可提前通知
	5. 确认发车条件		（6）通过控制台监视信号及进路表示。	（2）发车前，眼看手指出站信号，确认信号开放正确，口呼："×道出站信号好（了）"	
				（3）确认旅客上下、行包装卸和列检作业完了	其他发车条件的确认按《站细》规定进行
	6.（指示）发车			（4）按规定站在适当地点显示发车信号或向运转车长显示发车指示信号并依式中转发车信号（使用发车表示器发车时除外）	
四、列车出发	7. 监视列车	（10）列车起动，通知接车站："×（次）×（点）×（分）开"			
				（5）监视列车，于列车尾部越过发车地点，确认列车尾部标志(有运转车长值乘的列车，按规定向运转车长显示互检信号）后返回	监视列车运行时，发现问题按规定进行处理
		（11）填写《行车日志》			
		（12）应答："好（了）"	（7）通过控制台确认列车整列出站，口呼："×（次）出站"		
	8. 报点	（13）向列车调度叫报点："×（站）报点，×（次）（×点）×（分）开"。列车有异状时，一并报告。始发列车应报告列车编组简报、机车号码、司机和运转达车长姓名或代号及晚点原因，摘挂列车应报告摘挂辆数等	（8）擦（划）掉占线板（簿）记载	（6）擦（划）掉占线板（簿）记载	
	9. 接受到达通知	（14）复诵接车站列车到达通知	（9）确认闭塞表示灯熄灭		
		（15）填写《行车日志》			

五、6502 几种非常情况下取消进路和原闭塞的方法

单线半自动闭塞集中联锁车站,在办理好闭塞和发车进路后,发现出站信号开放不了或开放后自复,道岔区段轨道电路红光带,道岔无表示等非正常情况下,应取消发车进路和原闭塞,再按非正常情况接发列车程序重新办理发车作业。几种故障取消进路和取消原闭塞的方法如表 8.13 所示。

表 8.13 几种故障取消进路和取消原闭塞的方法

故障种类	故障出现时机	取消进路和取消原闭塞的方法
出站信号机故障	办理开放出站信号之后(进路有了白光带)	总人工+始端按钮解锁原发车进路,然后按复原按钮办理闭塞复原
轨道电路故障(道岔区段出现红光带)	办理开放出站信号之前(进路尚无白光带)	按复原按钮办理闭塞复原
	办理开放出站信号之后(进路有了白光带)	总人工+事故盘有关按钮取消进路白光带,然后按复原按钮办理闭塞复原
轨道电路故障(道岔无表示)	办理开放出站信号之前(进路尚无白光带)	按复原按钮办理闭塞复原
	办理开放出站信号之后(进路有了白光带)	总人工+事故盘有关按钮取消进路白光带,然后,按复原按钮办理闭塞复原
控制台停电后来电		(1)总人工+事故盘有关按钮取消有关道岔区段白光带。 (2)请求使用故障按钮的调度命令,登记《运统46》,"三确认"后破封使用事故按钮办理闭塞机复原

《城市轨道交通运营调度工作》整周实训指导书

适用专业	城市轨道交通运营管理	课程名称	城市轨道交通运营调度工作	实训课时	56
编制执笔人	马成正　王智超		编制时间		年　月　日

《城市轨道交通运营调度工作》整周实训项目目录

整周实训名称	实训项目	课时数	实训目的	实训内容	主要仪器设备	备注
调度工作实训	项目一：列车正晚点运行调整图铺画	6	掌握列车运行调整的方法	正常情形下的列车运行调整，跳站，越行，扣停中心级及车站级的调整方法	运行实迹图	
	项目二：钢轨断轨故障列车运行调整图铺画	10	掌握列车分段运行组织方法	调度命令下达，工程列车的开行，小交路运行条件与组织	运行实迹图	
	项目三：大客流加开列车运行调整图铺画	10	掌握加开列车的运行组织方法	加开列车列数的计算，大客流疏解方法	运行实迹图	
	项目四：开行救援列车	4	掌握开行救援列车的组织方法	救援列车的开行组织，救援调车作业	运行实迹图	
	项目五：联锁设备故障列车运行组织	6	掌握联锁设备故障时的作业方法及根据运行图进行列车运行调整的方法	单个联锁区故障时的行车组织，单个道岔故障时的行车组织	运行实迹图	
	项目六：地面ATP地面设备故障时列车运行组织	6	掌握地面ATP设备故障时的作业方法及根据运行图进行列车运行调整的方法	地面ATP设备故障的处理过程，控制台故障现象，运行组织	运行实迹图	
	项目七：车辆故障时列车运行组织	6	掌握车辆故障时列车运行组织方法	车辆故障现象，运行组织方法	运行实迹图	
	项目八：中央ATS故障时列车运行组织	6	掌握中央ATS故障时的列车运行组织	中央ATS故障现象，组织方法	运行实迹图	
	项目九：正晚点统计	2	掌握列车正晚点统计方法	正晚点的判断方法	运行实迹图	

一、实训目的

学生在完成实训的过程中,通过对城市轨道交通行车组织所学过的列车运行组织、列车运行图及区间通过能力、运输调度指挥工作等知识的综合运用,进行比较全面的复习、巩固和深化,提高分析问题和解决问题的能力。

二、实训任务

(一)设备情况及有关规定

(1)深圳地铁 3 号线线路示意图详见附件 1(P248)。

(2)某月 27 日,根据日常客流情况,在基本图的基础上抽减运行线形成的运行图,如附件 2(附件 2 另附)所示。

(3)各站停站时分:

各站停站时间最小不得小于 20 s,最长不得大于 60 s,根据客流预测资料,车站站台形式,计算各站的停站时分如表 8.14 所示。

表 8.14 各站停站时分标准

车站	下行 停站时间(s)	上行 停站时间(s)
益田	35	35
石厦	50	50
购物公园	50	50
福田	50	50
少年宫	50	50
莲花村	50	50
华新	35	35
通新岭	35	35
红岭	35	35
老街	50	50
晒布	35	35
翠竹	35	35
田贝	35	35
水贝	35	35
草铺	35	35
布吉	50	50
木棉湾	35	35
大芬	35	35

续表

车站	下行 停站时间（s）	上行 停站时间（s）
丹竹头	35	35
六约	35	35
塘坑	35	35
横岗	35	35
永湖	35	35
荷坳	35	35
大运	35	35
爱联	35	35
吉祥	35	35
龙城广场	35	35
南联	35	35
双龙	35	35

（4）区间运行时间标准（见表8.15）。

通过查标与理论计算，各区间的运行时分（ATO模式）如表8.15所示。若采用RM驾驶，则区间运行时分为ATO模式下运行时分的400%，若采用URM模式驾驶，区间运行时分等同于ATO模式。

表8.15 区间运行时间标准

车站	区间里程（m）	区间运行时分（s）	
	上下行	下行	上行
益田			
	893	81	80
石厦			
	1 101	93	93
购物公园			
	699	74	74
福田			
	1 558	123	121
少年宫			
	800	75	75
莲花村			
	1 932	128	127

续表

车站	区间里程（m）	区间运行时分（s）	
华新			
	983	85	86
通新岭			
	763	74	74
红岭			
	1 405	107	108
老街			
	973	83	85
晒布			
	1 089	97	98
翠竹			
	1 391	110	108
田贝			
	1 100	94	91
水贝			
	1 525	116	118
草铺			
	2 175	146	155
布吉			
	1 087	91	91
木棉湾			
	1 161	94	92
大芬			
	1 257	98	96
丹竹头			
	3 915	226	226
六约			
	1 380	109	107
塘坑			
	1 989	137	134
横岗站			
	1 507	110	109

续表

车站	区间里程（m）	区间运行时分（s）	
永湖站			
	1 704	119	118
何坳站			
	1 470	107	107
大运站			
	1 475	108	108
爱联站			
	1 688	119	118
吉祥站			
	1 359	103	106
龙城广场			
	1 261	97	100
南联站			
	1 437	114	109
双龙站			

（5）出入段时间标准（见表 8.16）。

表 8.16 出入段时间标准

	出段（下行）（s）	入段（上行）（s）
中心公园停车场	270	210
横港车辆段	165	105

（6）折返作业时间标准。

列车运行交路为益田至双龙，益田站最小折返时间标准为 240 s，双龙站最小折返时间标准为 210 s。若采用渡线折返，则折返时间为 240 s。

（7）区间最小追踪间隔时间。

采用移动闭塞信号系统，最小追踪间隔时间标准为 120 s。

（8）备用车安排。

线备列车在华新停车场与塘坑停车线的安排如图所示，场备列车与线备列车按运营车总数的 10% 列备。

（二）临时情况

（1）00203 次益田站出发开晚 4 min，请采取措施恢复正点运行。

（2）7时32分行值通过CCTV发现荷坳站站台有不明黑色包裹，立即通知站务人员进行隔离处理并通知行调，行调立即发布口头指示扣停开往荷坳的列车，7时38分，警报解除。请恢复扣停列车到正点运行。

（3）8时23分，03603次通心岭—红岭站区间下行线YK11+851处发生车辆故障，请求开行救援列车进行救援（整个救援过程不超过10 min）。

（4）9时20分，行调在OCC控制中心监控时发现布吉—木棉湾区间出现红光带，9时21分令布吉站电务人员与工务人员到现场查看，9时24分经现场检查，布吉—木棉湾下行线YK22+403处出现钢轨断轨故障。要求封闭区间，请求由横岗车辆段开行工程列车前来抢修。调度命令发出后5 min工程列车开车（按客运列车时刻运行），木棉湾站至事故现场往返运行均为1 min，抢修需30 min。工务领工员张四化报告：10时30分修复。区间开通，要求前三列列车试运行。第一列以RM方式慢行（运行时分为原运行时分的400%），第二列运行时分为原运行时分的200%，第三列起恢复正常速度。

（5）10时20分，接到田贝站某大型展览活动将于11时30分结束，11时40分~12时10分大约有近20 000人需乘坐地铁疏散。

（6）12时20分，大运—爱联—吉祥联锁区在OCC与LOW工作站上均灰显，故障区域列车产生紧急制动，列车收不到速度码，12时25分，经信号维修人员确认，为联锁设备故障，为联锁区失电所致，故障人员维修需20 min，调度中心决定采用电话闭塞法与小交路运行。经测定，电话闭塞法运行时间标准为自动闭塞法的4倍。

（7）13时01分，晒布与红岭上行线发生白光带长显现象，信号维修人员判定为轨旁ATP设备故障，故障区列车产生紧急制定，列车收不到速度码，行调决定采用进路行车法。13时40分故障修复。此时区间运行时分为自动闭塞法的1.5倍。列车运行时要求前后均有一个站间间隔。

（8）14时，横岗站发生偷窃事件，小偷在偷窃时被发现，情急之下，小偷翻过安全门，进入横岗到永湖下行区间，站务员立即按压紧停按钮，车站报告行调，行调对区间进行了封锁。到14时15分，人员被带出线路，恢复正常。

（9）14时20分，行调发现控制台列车位置长时间不更新，遂于车站和司机核对列车位置，发现中央ATS故障，行调要求车站强行站控，改用进路行车法行车。

（三）任务要求

（1）对某月27日的列车运行图进行运行调整，并写明向有关人员发布的指示和命令。

（2）统计6时30分~16时列车到达正点率。

三、实训预备知识

掌握城市轨道交通运营调度指挥的基本原理。熟悉行车调度各岗位的知识与作业技能。清楚非正常情况下的接发列车作业流程，编制列车运行图、计算通过能力的知识；优化车底运用及有关行车指标的计算方法。

四、主要仪器设备及使用

模拟沙盘、车站模型、城市轨道交通运营调度实训室。

五、实训的组织管理

（1）以班级为单位，分组学习，每组设调度主任一名，行调4名，组内共同学习。
（2）时间安排。
第1周（见表8.17）。

表8.17　第1周的时间安排

教学时间		实训项目	实训内容	学时	备注
星期	节次				
一	1~4	列车正晚点运行调整图铺画	（1）起点，缓行，跳站，扣停，越行组织及运行图铺画 （2）书写口头指示及调度命令	4	
一	5~6	列车正晚点运行调整图铺画		2	
二	1~4	钢轨断轨故障列车运行调整图铺画	（1）故障报告 （2）扣车操作 （3）封锁区间 （4）列车退行组织 （5）开行工程列车 （6）开通区间 （7）小交路运行	4	
二	5~6	钢轨断轨故障列车运行调整图铺画		2	
三	1~4	钢轨断轨故障列车运行调整图铺画		4	
三	5~6	大客流加开列车运行调整图铺画	（1）加开列车 （2）跳站停车 （3）大客流车站作业组织	2	
四	1~4	大客流加开列车运行调整图铺画		4	
四	5~6	大客流加开列车运行调整图铺画		2	
五	1~4	开行救援列车列车铺画	（1）调度命令 （2）救援调车	4	

第2周（见表8.18）。

表8.18　第2周的时间安排

教学时间		实训项目	实训内容	学时	备注
星期	节次				
一	1~4	联锁设备故障列车运行组织	（1）单个道岔故障时的行车组织	4	
一	5~6	联锁设备故障列车运行组织	（2）单个与多个联锁区故障行车组织	2	
二	1~4	地面ATP地面设备故障时列车运行组织	（1）地面ATP设备故障时故障区列车运行组织	4	
二	5~6	地面ATP设备故障时列车运行组织	（2）故障现象	2	

续表

教学时间		实训项目	实训内容	学时	备注
星期	节次				
三	1~4	区间进人时的列车运行组织	（1）车站的应急处理 （2）中心应急理	4	
三	5~6	区间进人时的列车运行组织		2	
四	1~4	中央ATS故障时列车运行组织	（1）中央ATS故障设备故障时故障区列车运行组织 （2）中央ATS故障现象	4	
四	5~6	中央ATS故障时列车运行组织		2	
五	1~4	正晚点统计	正晚点统计	4	

六、实训项目简介、实训步骤指导与注意事项

（一）客车运行调整

（1）当客车发生早点的情况时，行调可操作HMI上的扣车按钮，使列车正点在下一站开出，当早点时间较多时，应分别在几个车站扣停，避免在一个车站停留时间过长。

（2）当客车发生晚点的情况时，行调应通过有关车站和司机了解晚点原因，并及时采取措施：

① 指示车站组织好乘客上、下车的引导工作，及时取消运营停车点，适当减少客车停站时分。

② 通知终点站和客车司机加快客车折返作业速度，缩短折返时间。

（3）遇列车内乘客拥挤时，行调应通知相关车站控制入闸人数，车站广播通知乘客搭乘下一列车，通过客运组织来配合赶点。

（4）因客车、供电、线路等设备故障影响客车正点运行时，除按上述办法组织外，还需按相关故障处理办法执行。

（5）列车运行间隔，最小不小于 2 min，最大不大于 10 min。

（6）停站时间最长不超过 60 s，最短不超过 20 s。

（二）工程车开行组织

1. 开行依据

（1）工程车按照《施工行车通告》《日变更计划》或《临时抢修计划》的要求组织开行，行调须发布工程列车开行的书面调度命令。

（2）特殊情况须临时开行工程列车时按行调命令执行。

2. 工程列车出入车场

（1）行调可根据具体情况安排工程列车出/入场路径。

（2）正常情况下工程列车出入车场按地面信号显示动车，联锁设备不能正常使用时按站间电话闭塞法组织行车，列车凭行车许可证动车。

（3）工程列车出场

① 行调与DCC值班主任（或车长），核对工程车编号、列车编组、车辆装载情况等。

② 行调与司机核对车载电台是否良好。

③ 落实运行安全防护措施。

④ 与车场信号楼值班员核对车次。

（4）工程列车回场。

① 工程列车回场时，行调应与DCC值班主任联系确认。

② 工程列车完全进入车场后，车场信号楼值班员应报告行调。

3. 工程车在正线运行

（1）工程列车在正线运行时按地面信号行车，同一方向上同一时间内如有两列及以上的工程列车占用时，相邻两工程列车之间必须保持至少两站、两区间的安全间隔。

（2）当联锁设备不能正常使用时，工程列车在正线运行时执行《行车组织规则》关于联锁故障行车组织的有关规定。

（3）工程列车需进入正线（包括与正线相连的辅助线）作业时，行调必须向有关车站发布封锁区间的书面调度命令，工程列车凭调度命令开行。

（4）工程列车因故不能按时返回时，应得到行调的批准，应做到尽量不影响其他列车运行。

（5）接到车站值班员（值班站长）施工结束、工程列车返回指定车站、工器具已出清的报告后，行调发布解除封锁的调度命令，组织工程列车返回车场。

（三）非正常情况下的运营组织

行调在非正常情况下处理故障、组织运营时，应详细了解现场情况、判断故障影响范围、与控制主任、OCC其他调度员、故障处理/抢修人员等加强联系，在需控制主任授权决定时，需控制主任决定后方可实施。在组织行车时注意确认行车条件，工作时分清主次、有条不紊地组织，维持最大限度的运营服务，并做好信息通报工作。

1. 客车不停站通过时

（1）特殊情况下，运营客车不停站通过时，需经控制主任批准。

（2）列车有计划、不停站通过车站时，行调提前向不停车的车站发布命令，同时通知司机执行。

（3）列车在ATO模式下运行时，后续第一列客车应以ATP模式进入前列客车不停车通过的车站。

2. 客车越出停车标时

（1）客车越出停车标的处理参照《行车组织规则》的相关规定执行。

（2）因下列原因造成客车越出停车标时的处理：

① 因车站线路涂油造成列车越出停车标时，行调通知后续列车司机控制进站速度。

② 当具备 ATP 保护功能，因停车点不能建立时，行调通知后续列车司机采用 ATP 模式进站停车，并控制速度，及时通报调度处理。

③ 因车辆原因造成列车越出停车标时，行调应及时通知检修调度。如是因制动不能及时施加引起的，行调要求司机在后续车站加强留意列车状态，控制好列车速度，或在检修调度要求并经控制主任同意后组织该列车本站或下一站的清客退出服务。

3. 客车清客的规定

（1）遇下列情况，须组织客车清客：

客车担任救援列车时，应在后方车站（相对于运行方向）组织清客，空车担任救援工作；客车发生故障不能继续维持运营时在清客后退出运营；客车在中途站折返时，行调组织列车在折返站清客；列车因故被迫在区间内停车，预计在 30 min 内无法通过自身动力或外力运行至车站时，行调需组织区间清客。

（2）清客时，需得到控制主任同意，由行调发布清客命令。

（3）客车在车站清客时，通知车站和司机执行清客程序。

（4）客车在区间疏散乘客时，通知车站和司机执行清客程序，同时做好以下工作：

扣停开往疏散区域的后续列车。待车站工作人员到达区间紧急疏散通道做好防护后开始进行故障情况下的隧道内区间清客，并组织邻线列车限速运行；列车发生故障在高架线路区间清客时，行调视情况组织邻线客车清客后到相应区间接运疏散乘客，运行到前方站。突发情况下立即组织列车清客，同时扣停开往疏散区域的邻线列车。通知电调停止相关区段的接触轨供电。通知环调执行隧道通风模式（地下站）。

4. 运行秩序紊乱的处理

发生运行秩序紊乱时，行调应报告控制主任，并尽快查找原因。当客车延误 5 min 以上时，应通知沿途各站，如在下一个往返不能恢复正点时：有备用车时，可利用备用客车在始发站正点替开的方式调整客车运行；没有备用车时，经控制主任同意组织抽线调整列车运行。同一方向多个客车发生运行秩序紊乱时，除按上述进行办理外，还可安排个别客车到折返线退出服务或中途折返，或在始发站调整客车服务号（改车次）恢复按图运行。采用抽线停运调整客车运行时，需经控制主任同意，行调向有关车站和司机发布停运命令。

5. 客车故障的处理

（1）客车故障处理的一般处理原则。

遇列车可能需救援时，行调提前组织救援列车到救援前一站清客，做好救援准备，达到救援条件时，经控制主任同意，行调及时组织救援，并组织线上其他列车维持最大限度地运营。通报全线车站、DCC 值班主任。

（2）列车广播信息系统故障时，司机使用人工广播，若人工广播故障，行调通报相关车站及 DCC 值班主任。派人处理，必要时组织车站人员带手持广播上车进行人工广播。如有备用客车，组织备用客车上线替开，将故障车调整下线检修。

（3）客车车门故障的处理，按《行车组织规则》中的相关规定执行。遇列车在运行过程中发生车门解锁时，按以下原则处理：

在列车具备 ATP 保护的情况下，列车会立即产生紧急制动；在列车无 ATP 保护的情况下，列车会失去牵引力。行调接报后，要求司机立刻到现场进行确认，同时要求司机做好乘客广播。当确认车厢内乘客安全，确认车门异常打开可以关闭、切除时，要求司机确认没有乘客掉下轨道后切除该车门，继续恢复运营，控制主任可根据列车使用情况，适当调整退出服务；当确认车厢内乘客安全，确认车门异常打开而又无法关闭时：要求司机疏散该车厢的乘客到相邻车厢，然后要求司机以 25 km/h 的限速驾驶到前方车站清客，清客完毕后组织列车运行到最近的存车线退出服务。

（4）客车故障被迫停车的处理。

客车在区间因故停车时，司机按照《车辆故障处理指南》进行处理，处理完毕后，确认前方进路安全后凭行调指令动车。行调应立即通知司机和车站查找停车原因，同时通知 DCC 值班主任和通号部门派人处理。客车在隧道内停车时，行调应口头通知环调（当停车超过 2 min 隧道风机无法自动开启或隧道感温光纤报警系统报警时，环调应及时打开隧道风机）。

若区间停车的原因是受信号系统影响时：

若进路未排列造成客车在区间停车，则由行调在 HMI 上或通知车站在 LCW 上排列客车进路；若因车站紧急停车按钮被按压引起，立即指示车站查明情况，并及时处理，尽快恢复，得到车站紧急停车按钮已经恢复，不影响行车的报告后，命令司机以 RM 模式动车；若信号系统故障造成客车区间停车时，行调使用无线调度电话指示司机以 RM 或 NRM 模式驾驶客车进入前方站；若因车站屏蔽门发生故障所引起的，立即指示车站进行处理，在保证站台线路安全的前提下可安排列车改用 RM 模式维持进站；若是因客车故障造成停车时，按《行车组织规则》的相关规定处理。

（5）救援列车的开行规定。

在列车发生故障且不能确定故障恢复时间时，行调应做好救援的准备工作，组织救援列车在进入故障救援区间的前一站清客待令。达到救援时间或司机申请救援时，控制主任决定救援后，行调及时向相关司机、车站发布救援命令。若列车在区间故障时，行调应及时发布区间封锁的命令，并在救援列车出清封锁线路后及时发布解封命令。救援列车运行前，行调需提前准备好列车进路。客车发生故障需要使用工程车担任救援列车时，救援采用双机重联的模式进行，具体按工程车救援电客车的相关规定执行。

（6）客车故障的救援。

运营时间内，由于车辆故障造成客车被迫停车，在司机处理的同时应通知 DCC 的检修调度，如 3 min 内司机无法排除故障，则由行调联系 DCC 的检修调度，由检修调度向司机提供技术支援；如司机请求救援或 8 min 后故障列车仍无法动车，控制主任应及时决定是否救援。由控制主任根据实际情况确定救援方案，行调根据救援方案向相关车站、司机发布救援命令，组织对客车进行救援。在事故救援的同时，行调应综合考虑全线客车运行情况，合理组织其他客车的运行，维持最大限度运营。进行正线客车救援时，应利用后续/前行客车将故障车推送/牵引至就近存车线，在确保安全的前提下尽快开通正线。救援列车原则上应由客车担当,若由于供电设备故障造成客车迫停时间较长时,在安全情况下,可组织内燃机车(双机)携带过渡车钩前往救援,但禁止使用单个工程车救援载客列车。

客车救援的清客时机:

被救援车在车站时,应在清客完毕后,再连挂救援;

被救援车在区间时,连挂后运行至前方最近车站清客。

(7)信号设备故障的处理。

行调处理信号联锁系统故障的注意事项:行调需确认故障是否为联锁系统故障。行调与全线司机确认列车位置,将相关列车扣停在站台,通知在无道岔区间运行的列车运行到前方站待令;如列车停在岔区,要求司机做好乘客广播,现场人员确认道岔位置正确且密贴后,15 km/h 的限速离开岔区,并通知环调打开隧道风机。与全线车站确认列车位置后,同意车站下线路钩锁相关道岔,要求车站按列车运行进路人工进行排列,两端折返站线路只挂不锁。车站确认道岔钩锁及人员出清后,通知停在有道岔区间的列车司机确认道岔位置正确后动车,沿途加强瞭望,注意安全;停在站台的列车由车站按站间电话闭塞法组织行车。

联锁系统故障下,确认列车位置的规定:

行调与故障联锁区运行的列车司机确认列车位置,在《行调工作日志》上标注,并与另一行调共同确认。行调通过运行图与故障联锁区的车站及故障联锁区相邻的车站核对列车位置,在《列车运行图》上标注,并与另一行调共同确认。当值行调共同确认后再与相关车站核对列车位置。

(8)反方向运行的组织。

行调需提前通知司机和车站做好客流组织工作,广播引导乘客上车;行调与相关车站确认线路空闲,提前准备好反方向运行列车的进路,扣停敌对进路上的列车,防止列车冲突。行调应提前通知车站派屏蔽门操作员协助司机操作屏蔽门开关。

(9)运营期间突发事件的一般性处理。

执行《行车组织规则》《行车设备维修施工管理程序》《接触轨区域安全管理规定》及《车务部应急处理程序》的相关规定。设备故障时及时通报,组织抢修。组织符合运行条件的线路维持最大限度的运营。如达到应急公交接驳条件时,经控制主任决定后,按《应急公交接驳启动流程》启动应急公交接驳。

(10)运营时间内的抢修施工。

因行车设备故障或事故影响客车正常运作,需临时划定抢修范围施工时,行调负责安排正线或辅助线抢修范围施工并组织实施。划定抢修范围前,行调应做到:

及时报控制主任并与抢修负责人协商有关抢修范围的安排。

需要时安排工程车配合。

需要停电时与电调商定停电区域。

按要求落实好防护措施。

组织符合运行条件的线路维持最大限度的运营。

检修作业销点时,行调需确认抢修施工作业完成,线路出清,所有设备恢复正常,然后在《施工情况控制表》注销施工承认号。

（11）中央 ATS 设备故障。

当控制中心 ATS 设备无显示时，无法实现对列车运行的监督与控制，将控制权交予联锁站控制，其操作步骤如下：

① 行调应授权给联锁站控制。

② 联锁站值班员确认 LOW 工作站上的 RTU 降级模式是否激活，当"RTU 降级模式"激活时，保持原状态。若"RTU 降级模式"未激活时，联锁站应在确认客车进站停稳后人工的在 LOW 上取消运营停车点。

③ 行调通知驾驶员在显示屏上输入当时的车次号，到换向运行时，输入新的目的地码和车次号，直至行调通知"停止输入"为止。

④ 报点站向行调报告各次列车的到开点，至行调收回控制权时为止。

⑤ 行调以报点站为单位铺画客车运行图，至 ATS 设备恢复正常，收回控制权时止。

⑥ 当车站在 LOW 工作站上取消不了运营停车点时，应立即报告行调，由行调转告驾驶员，用 RM 模式驾驶客车出站，直至转换为 ATO 模式；当车站取消运营停车点而客车目标速度仍为零，且超过 30 s 时，车站值班员应报告行调，由行调指示驾驶员开车。ATO 驾驶恢复正常时，应向行调报告。

6. 正晚点统计

（1）列车出发正点统计。

图定列车：早点、晚点不超过 2 min。

根据调度命令加开的列车均统计为出发正点。

（2）列车运行正点统计。

按列车出发所走运行线的时刻正点、早点到达或晚点不超过规定旅行时间到达进行统计。

（3）计算列车运行图的兑现率。

计划开行列车数：当日运行图计划开行列车总数（含空车）。

运休列车数：由于各种原因（客车、天气等），取消的计划列车数（包含计划空车）。

实际开行列车书：当日实际开行的计划列车数（不包含加开列车）。

实际开行列车数 = 计划开行列车数 − 运休列车数。

加开列车数：全天在计划开行列车数以外开行的列车数，包括空车和载客车。

$$兑现率 = \frac{实际开行列车数}{计划开行列车数} \times 100\%$$

总开行列车数 = 实际开行列车数 + 加开列车数。

（4）计算正点率指标。

$$列车正点率 = \frac{正点运行列车数}{总开行列车数} \times 100\%$$

（5）列车运行记录及调度命令。

① 列车运行记录。

列车运行线表示方法见表 8.16。

表 8.16 列车运行线的表示方法

序号	列车种类	服务号（待定，与信号系统一致）	表示方法	图例
1	普通客车	01~79	红实线	
2	空客车	80~89	红虚线	
3	调试列车	90~97	红实线+短竖红实线	
4	专运列车	9801~9828	红实线+方向箭头	
5	救援列车	601~628	红实线+红叉	
6	工程列车	501~528	蓝实线	
7	轨道车（含打磨车）	801~828	黑实线+黑双杠	

② 列车运行图（此处专指手绘运行图，下同）符号。

- 列车始发（见图 8.1）。

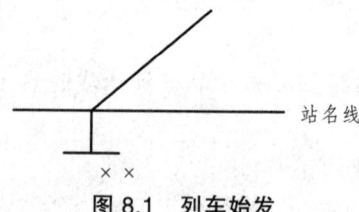

图 8.1 列车始发

- 列车终到（见图 8.2）。

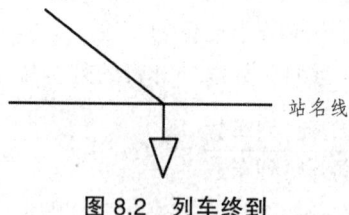

图 8.2 列车终到

- 列车折返（见图 8.3）。

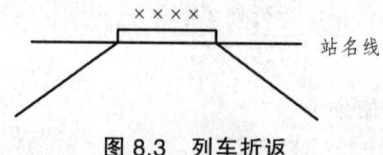

图 8.3 列车折返

- 列车在区间停车，应注明停车原因（见图 8.4）。

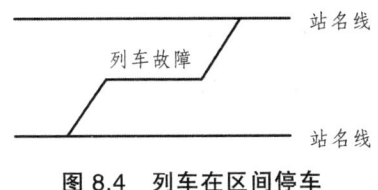

图 8.4　列车在区间停车

- 列车站停时分超过 5 min 及以上时的表示方法，并要求注明站停原因（见图 8.5）。

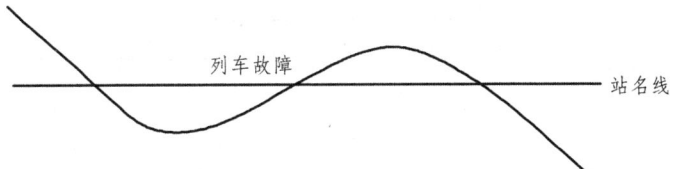

图 8.5　列车站停时分超过 5 min 及以上时的表示方法

- 列车在区间折返（见图 8.6）。

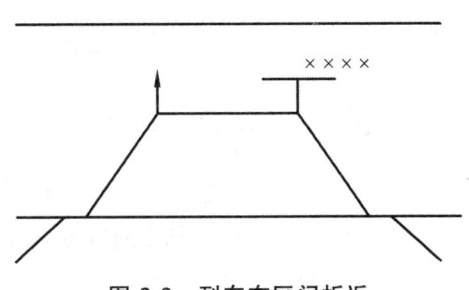

图 8.6　列车在区间折返

- 列车反向运行时，在运行线上反向运行的始端和终端位置注明"反向"（见图 8.7）。

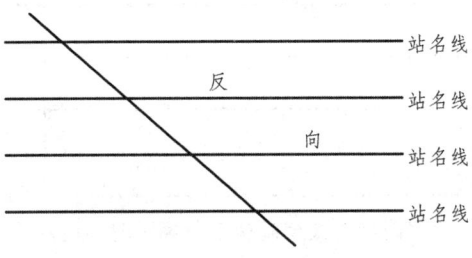

图 8.7　列车反向运行时

- 列车晚点标蓝圈，统计晚点指标在圈内标记晚点时分，晚点时分以秒数的形式计入圈内，不统计晚点指标的不需填入晚点时分（见图 8.8）。

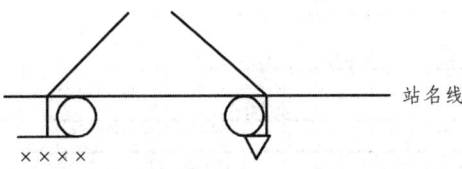

图 8.8　列车晚点

- 运行图过表表示，不能在本张运行图内到达的运行线，在运行线末端和另一张运行图的该列车运行线始端各划一直线，颜色与运行线同色，并在相应的位置填记车次号，如图 8.9 所示。

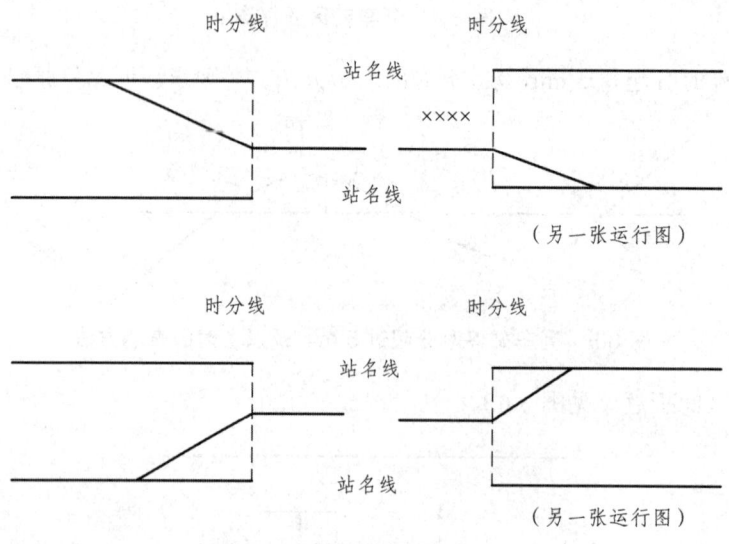

图 8.9　运行图过表表示

- 在运营时间内或夜间进行施工作业时，需要长时间占用（封锁）某段线路时，用蓝框将占用（封锁）的区间框起来，在框内注明事由、起止时间和封锁区段（车站或里程）。起止时间分别标注在封锁时间的起点和终点处（见图 8.10）。

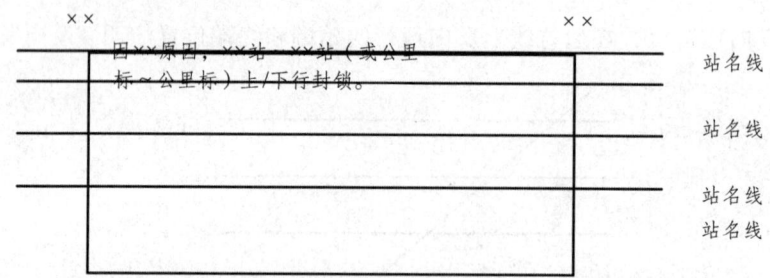

图 8.10　运营时间内或夜间施工需要长时间占用某段线路时

- 在运营时间内和夜间施工作业时，区间线路需要限速时，在限速区间内，画一条蓝色虚线，并在线上注明限速的速度，限速的时间和限速的区段（车站或里程）。限速起止时间分别标注在限速时间的起点和终点处（见图 8.11）。

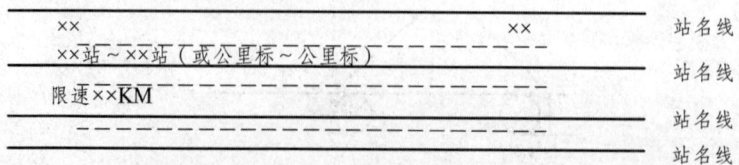

图 8.11　在运营时间内和夜间施工作业时，区间线路需要限速时

（6）调度命令管理。

① 发布调度命令的注意事项按《行车组织规则》的相关规定执行。行调在发布调度命令时，应先发受令处所、后发命令内容，在受令人复诵正确后，再给出发令时间、命令号码和行调代码。发布命令的范围按《行车组织规则》中的相关规定执行。

② 调度命令号码：

调度命令号码实行按号循环，根据不同的调度种类作不同的划分：

控制主任使用 101～199#；

行调使用 201～299#；

环调使用 301～399#；

电调调度命令使用 501～599#；

电调作业命令使用 601～699#；

③ 调度命令登记簿

行调发布有命令号码的调度命令，须在调度命令登记簿上填记，并简要记载命令内容。命令号码、发令时间、发令人、受令处所、受令人和复诵人的相关内容须准确、详细地登记。

④ 严格按标准用语下达命令，用语格式如附件三所示

（7）行调标准调度用语格式。

A1　施工

A1.1　办理施工请点：

A1.1.1　同意施工请点时，行调对车站：

"作业代码×××，作业单位：××，作业地点：××～××（车站）上/下行区间，作业时间：×时×分～×时×分，同意××（作业代码）计划请点作业。施工承认号××，同意作业时间：×时×分～×时×分，行调×××（行调代码，下同。）"

A1.1.2　预请点时，行调对车站：

"作业代码××，作业单位：××，作业地点：××～××（车站）上/下行区间，作业时间：×时×分～×时×分。××作业已备案，正式请点时再给行调工作号、施工承认号××、同意作业××时间。"

A1.1.3　不同意施工请点时，行调对车站：

"作业区域不具备安全条件（例如：未停电/未挂地线/须让道给工程车路过）。××（作业、代码）作业等行调通知。"

A1.2　同意施工延迟销点，行调对车站：

"同意××（施工承认号、作业代码）施工作业延迟到×时×分销点。行调×××。"

A1.3　办理施工销点时，行调对车站：

"（确认线路出清后）同意××号（施工承认号、作业代码）施工销点，销点时间：×时×分。行调×××"。

A1.4　巡道作业销点时，行调对巡道人员：

"××～××（车站）线路情况怎么样？"（线路正常时，巡道人员答：线路正常、可以行车。线路异常时，巡道人员如实报告情况）。

A2 扣车

A2.1 由行调扣车时，对车站：

"（因××原因），××××次在××站上/下行线由行调扣车（×时×分开）。行调×××。"

A2.2 由车站扣车时，对车站：

"（因××原因），××站，××××次由你站扣停在上/下行线，（×时×分开）。行调×××。"

A2.3 行调对司机：

"（因××原因），××××次在××站上/下行线扣车（×时×分开）。行调×××。"

A3 放行

A3.1 由行调放行时，对车站：

"××站上/下行线的××××次由行调取消扣车（×时×分开）。行调×××。"

A3.2 由车站立即放行时，对车站：

"××站，由你站立即取消上/下行线的××××次的扣车。行调×××。"

A3.3 行调对司机：

"××××次司机，××站上/下行线（××站~××站上/下行线）取消扣车（×时×分开）。行调×××。"

A4 列车越站

A4.1 行调对车站：

"（因××原因），××××次在××站（或~××站）上/下行线不停站通过，各站做好客运服务。行调×××。"

A4.2 行调对司机：

"（因××原因），××××次在××站（或~××站）上/下行线不停站通过，到××站待令/到××站退出（投入）服务，（做好乘客广播）注意安全。行调×××。"

A5 晚点，行调对车站

"（因×××原因），××××次在××站~××站上/下行晚点××分。行调×××。"

A6 客车增加停站时间，行调对司机

"（因××原因），××××次/所有列车在××站（或~××站）上/下行线多停××秒。行调×××。"

A7 紧急停车，行调对司机

"××××次司机，立即紧急停车。行调×××。"

A8 联锁设备操作

A8.1 控制权的交接。

A8.1.1 正常情况下，行调执行"交出控制"命令后对车站：

"××站接收控制权（负责监控联锁区内列车的运行）。行调×××。"

A8.1.2 行调收回控制权：

"××站交出控制权。行调×××。"

A8.2 紧急情况下,行调对车站:

"××站强行站控,负责监控联锁区内列车的运行/使用××××(安全相关命令)操作×××(区段/信号机/道岔),注意安全。行调×××。"

A8.3 车站接收控制权情况下,授权操作安全相关命令,行调对车站:

"××站,使用××××(安全相关命令)操作××(区段/信号机/道岔号码),注意安全。行调×××。"

A9 加开备用车。

A9.1 行调对车站:

"(因××原因),××站~××站上/下行正线加开×××次载客服务,××××次××站发车时间为×时×分。行调×××。"

A9.2 行调对司机:

"(因××原因),××站~××站上/下行线正线加开×××次,××××次在××站发车时间为×时×分。行调×××。"

A9.3 行调对 DCC 值班主任/信号楼/塘坑站:

"因×××(原因),车场~出/入段线~塘坑站加开×××次,××××次车场发车时间为×时×分。行调×××。"

A10 运营信息的收集与通报。

A10.1 应急(重大故障/事件/事故)信息的收集/通报。

A10.1.1 行调对车站/司机:

"××站/司机,请报告事件概况。"(内容包括:发生时间(时/分),地点,车次/车组号,概况及初步原因,设备损坏情况,是否需要救援。)

A10.1.2 行调向控制主任报告:

"×时×分,××××次(××+××),在××站~××站上/下行线××(km)+××(m),发生××事。"(其他包括:概况及初步原因,设备损坏情况,是否需要救援。)

A10.2 故障信息的收集/通报。

A10.2.1 行调向维调(轮值)/DCC 值班主任报故障:

"×时×分,在××(车站/设备房/区间),××设备(××次,车底是××)发生××故障名称或等级)故障,影响××(范围及程度)。行调×××。"

A10.2.2 发布影响运营的设备故障(如信号故障/车门故障)信息,行调对车站:

"××站~××站,因××设备故障,请各站做好客运服务。行调×××。"

A10.2.3 发布影响运营的设备故障(如信号故障/车门故障)信息,行调对司机:

"各司机请注意(必要时"点名"),因××设备故障,请做好相关客运服务。行调×××。"

A10.2.4 AFC 设备需要使用降级模式,行调对车站:

"××站~××站,××站 AFC 设备现在使用降级模式,请各站做好配合。行调×××。"

A11 使用纸票时,行调对车站:

"××站~××站,××站现在出售纸票,请各站做好配合。行调×××。"

七、考核标准

考核内容的分值组成,实训成绩进行考核与评定,技能实训项目考核要求如表 8.7 所示。

表 8.7 行车调度工作实训考核要求与评分标准

序号	考核内容		考核标准	评分标准	考核形式
1	实训纪律（20%）		实训认真,态度端正,严格遵守课堂及实训纪律,不旷课、不迟到、不早退,听从指导老师安排	旷课扣 5 分/节;迟到、早退扣 3 分/次;其他违反实训纪律扣 3~5 分/次;扣完为止	随堂考核
2	技能考核(70%)	实训 1:列车正晚点运行调整图铺画（10%）	1. 赶点,缓行,跳站,扣停,越行组织铺画正确。 2. 口头指示用语标准。 3. 调度命令用语与格式正确	1. 运行图每绘制错误一处扣 1 分。 2. 口头指示与调度命令用语不规范扣 2 分,调度命令不符合模板要求扣 2 分。 3. 扣完 10 分为止,不倒扣分	实作考核
		实训 2:钢轨断轨故障列车运行调整图铺画（15%）	1. 会根据司机报告及时做出应急对策并及时作出口头指示与调度命令。 2. 会进行中心级与车站级的扣车操作。 3. 下达封锁区间的调度命令及时正确。 4. 会进行列车的退行组织作业并在运行图上正确铺画。 5. 会进行工程列车的开行组织,并在运行图上正确铺画。 6. 会正确组织双线改单线运行,能正确组织在线列车小交路运行。 7. 会进行收车作业并在运行图上正确铺画。 8. 会进行开通区间作业	1. 故障应急处置时的口头指示与调度命令每错一处扣 2 分,有可能造成事故的项,扣 5 分。 2. 列车退行运行车铺画不正确,扣 3 分。 3. 工程列车开行组织铺画不正确,扣 5 分。 4. 在线列车调整正确,但效率较低,扣 3 分。造成事故的,扣 10 分。 5. 列车折返时间标准不符合要求的,扣 5 分。 6. 未组织列车小交路运行的,直接停运的,本项目不得分。 7. 收车作业铺画错误的,每错一处,扣 2 分。 8. 扣完 20 分为止,不倒扣分	实作考核
		实训 3:大客流运行调整图铺画（10%）	1. 会确定加开列车数量。 2. 车站发生客流聚集时,会组织跳站停车并正确铺画调整图。 3. 出车作业正确	1. 列车加开数量计算或估算错误扣 2 分。 2. 列车加开运行图每铺画错误一处扣 2 分	实作考核
		实训 4:开行救援列车列车铺画（10%）	1. 开行救援列车调度命令与口头指示正确。 2. 会铺画加开救援列车运行图	1. 调度命令与口头指示每错一处,扣 2 分。 2. 运行图每错一处,扣 2 分。 3. 出现安全隐患或事故,扣 5 分	实作考核

续表

序号	考核内容	考核标准	评分标准	考核形式
2	技能考核(70%)	实训5：联锁设备故障列车运行组织（5%）	1. 单个道岔联锁故障时行车组织作业与运行调度图铺画。 2. 单个与多个联锁区故障行车组织	1. 调度命令与口头指示每错一处，扣2分。 2. 组织方法错误，扣10分	实作考核
		实训6：地面ATP地面设备故障时列车运行组织（5%）	1. 地面ATP设备故障时故障区列车降级运行组织时调度命令与口头指导的下达。 2. 列车运行调整方法	1. 改用进路行车法行车时的调度命令及口头指示每错漏一处扣2分。 2. 后行列车减速，慢行，多停的列车数量，效率，耽误的运行时间，根据合理程度，酌情扣分	实作考核
		实训7：区间进人时的列车运行组织（5%）	1. 掌握区间进人时OCC的应急处理过程。 2. 掌握区间进人时调度命令与口头指示用语	1. 应急处理过程有漏项，每错漏一处，扣1分，造成安全事故的，本项目不得分。 2. 区间进人时调度命令与口头指示用语每错一处，扣2分	实作考核
		实训8：中央ATS故障时列车运行组织（5%）	1. 会进行中央ATS设备故障时故障区列车运行组织。 2. 掌握中央ATS故障时调度命令与口头指示用语	1. 降级运行组织时的调度命令与口头指示每错漏一处，扣2分。 2. 会在运行图上铺画好降级运行时的调整运行图	实作考核
		实训9：正晚点统计(5%)	1. 会统计出发正点率。 2. 会统计运行正点率。 3. 会统计技术速度与旅行速度。 4. 会统计车辆日平均走行公里	每错一项，扣2分	实作考核
3	实训报告（10%）	内容充实，文理通顺，书面整洁，字迹清晰，如实反映自己的实训过程，实训内容、方法，实训收获、体会等	优：9-10分 良：7-8分 及格：6分 不及格：5分以下	上交实训报告检查考核。
4	综合成绩（100%）	按总评成绩分数，分为： 优秀（90~100分）， 良好（80~89分）， 中等（70~79分）， 及格（60~69分）， 不及格（0~59分）五级		综合评定

八、实训成果

（1）列车运行调整图。
（2）行车调度指挥时的指示与命令。
（3）实训报告。

附件1：正线信号布置示意图

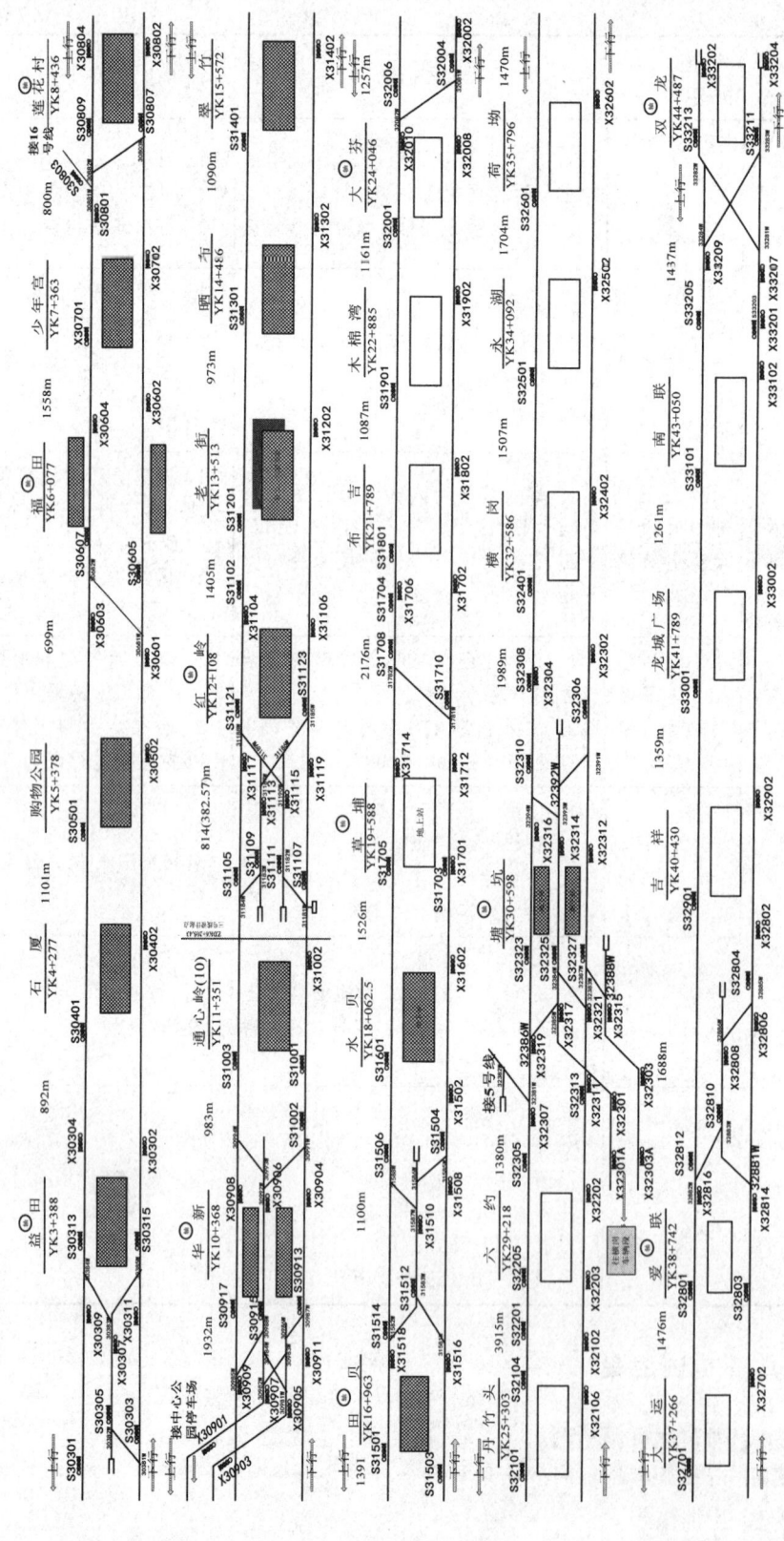